法庭规则与技巧研究

孙青平◎著

中国政法大学出版社

2015·北京

图书在版编目（ＣＩＰ）数据

法庭规则与技巧研究/孙青平著. —北京：中国政法大学出版社，2015.9
（2021.1重印）
ISBN 978-7-5620-6143-4

Ⅰ. ①法… Ⅱ. ①孙… Ⅲ. ①法庭－研究－中国 Ⅳ. ①D926.2

中国版本图书馆CIP数据核字(2015)第195600号

出 版 者	中国政法大学出版社
地 　 址	北京市海淀区西土城路 25 号
邮寄地址	北京 100088 信箱 8034 分箱　邮编 100088
网 　 址	http://www.cuplpress.com (网络实名：中国政法大学出版社)
电 　 话	010-58908289(编辑部) 58908334(邮购部)
承 　 印	固安华明印业有限公司
开 　 本	880mm×1230mm　1/32
印 　 张	12
字 　 数	300 千字
版 　 次	2015 年 9 月第 1 版
印 　 次	2021 年 1 月第 2 次印刷
定 　 价	48.00 元

序

实用主义法学家霍姆斯说："法律的生命不是逻辑，而是经验。"这是每个法律人都熟知的法律格言。虽然我们都明白这个道理，但是由于中国法学教育惯性的存在，许多的学者对实践性的法律语言、法律思维、法律逻辑、法律规则、法律职业伦理等铸造和提升法律职业人，或者换句话讲，培养合格法律工匠的基本技能和职业操守等现实问题，要么不屑一顾，要么无所适从。我们看到的是大批法学专业毕业的本科生、研究生没有基本的法律思维，不会写最基本的法律文书。这些人到了法律实践部门常常需要重新学习，这不禁让实务界对我们学术界感到失望。司法部、教育部也关注到这一现实，近年开始重点投入实践性教学，因此，在市面上看到了几本缺乏系统性、技巧性的模拟法庭教材，因为过于简单，缺乏经验的总结，对法律角色没有分类，很难让初学者获得较多、较快的收益。

作为法律职业共同体的摇篮——法学院，培养法律人走职业化路线是其历史使命，因此，本书紧扣现行立法，尤其是将2013 年实施的《刑事诉讼法》及相关解释，2013 年实施的《民

事诉讼法》及 2015 年最新解释，2015 年实施的《行政诉讼法》
及司法解释悉数纳入本书视野之中，避免知识的陈旧，及时更
新法律规范。

　　打开本书，你将发现不同的知识体系，从法律职业人对法
庭的认识开始，讲述一个合格的法律工匠应当具备的逻辑思维、
法庭语言表达、应当遵守的职业准则等，就像其他专业入职时
的培训一样，认识自身角色。接下来按照刑事、民事、行政三
类诉讼，分角色进行技能的训练讲解，通过讲解技能和规则，
让初学者有一个最基本的训练，这是作者的初衷。

　　不过，作者不希望读者对本书或者其他类似书籍抱过高期
望，毕竟每个人的学习背景、社会经历不同，思维方式和观念
也是不同的，本书的技能培训仅仅是法律职业的入门，更多的
经验需要靠你自己去积累。

　　最后，感谢潘牧天教授将本书纳入上海市高等教育内涵建
设项目"上海政法学院诉讼法学重点学科"。感谢好友范真、朱
迎春、罗开卷为本书的顺利完成提出宝贵的意见和建议。感谢
家人的理解和支持。

孙青平

2015 年春于上海田林

目 录
Contents

第一章

法庭道具与法庭布置

法庭是人们解决纠纷的场所，对于普通公民来讲，一生中难得有几次到法庭来，但是，对于法律职业人来讲，关于法庭中的法袍、法槌、法庭座次，甚至于法庭建筑都有不同的意义。了解法庭道具与法庭布置，是我们法律学子走近司法、了解司法的开始。

一、中外法袍文化

（一）国外法袍的历史演变

法官庭审时穿着专门服饰是司法礼仪的重要内容。例如，英国刑事法庭上的法官，头戴银白色假发身披绯红色法袍正襟危坐甚是威严。不过，我们也能够发现各国、各时期的法官服饰实际上是千差万别的。那么，这些服饰间存在着怎样的承继关系，背后又蕴藏着怎样的文化内涵呢？

法袍产生于欧洲中世纪宗教裁判时期，那时的司法活动由僧侣掌握，因此僧侣的制服——僧袍就是当时的法官服，虽然后来教会人士退出了世俗法庭，但是，教会法律和服饰对以后的司法制度产生了深刻的影响。在当时的欧洲，僧侣的地位远远高于世俗平民的地位，各国国王为了显示法官职业的特殊性和重要性，纷纷恩赐法官穿着与僧袍相似的具有明显职业特点的服饰。据有关人士考证，早期的法袍有红、黑、粉红、紫、蓝和绿等多种颜色，其中以红色和黑色最为常见。

17 世纪开始，欧洲各国才开始统一法袍的颜色、样式和穿着方式。英国 1635 年威斯敏斯特委员会颁布法令，对法官和法庭其他成员服装及其穿着样式作出统一规定。该法令将法袍分为正装法袍和便装法袍，正装法袍为猩红色，便装法袍有黑色和紫色两种。在审理刑事案件及圣徒日、国王生日和其他重大礼仪场合时穿着猩红色正装法袍，并装饰白貂皮；在审理民事案件时穿着便装法袍，紫色或黑色由法官自行选择。这是因为在刑事诉讼中法官是作为主权代表审理国王的诉讼，因此着装最为庄重正式；而当事人主义模式下的民事诉讼，律师才是诉讼的主导者，法官仅仅是为当事人居间裁判，所以穿着也相对简易。

当然，当时也有人对穿法袍、戴假发的司法传统表示反对。美国总统杰斐逊就是其中坚持废除法袍的倡导者，在很长一段时间里，除了联邦最高法院外，其他法院的法官均不穿法袍。

21 世纪以来，简化法庭仪式成为各国司法改革的趋势，普通法系法庭服饰也开始有所变革。法袍的意义从最初的神秘逐渐成为法律正义的象征。

（二）我国法官法袍的发展和寓意

中国的法官服最早可以溯及清末，当时从日本、德国引进大陆法系司法制度，同时也引进了黑袍式法服。到了民国时期，法服在黑袍上镶着红、紫、白三种不同颜色的边，来区分推事（审判官）、检察官、律师。都戴方形的黑帽。黑袍的红色、紫色、白色，分别象征公平、正义、青天、清白等意义。

中华人民共和国成立后，军警成为无产阶级专政的机器，法院在国家社会生活中并未获得重要地位，法官没有法服规定，审判人员穿着中山装样式的干部制服。

到了 1984 年，随着法律在国家管理中发挥的作用越来越强大，全国法院系统首次统一着装，采取了军装式法官服，佩肩章，戴大檐帽，和警察区别不大。这样的着装随着司法改革的推进而被批评。2000 年，时任院长为肖扬的最高人民法院，结合中国国情并借鉴外国经验，在广泛听取和征求了各方面意见的基础上，取消了肩章和大檐帽等军事色彩较浓的装饰，法官服分法官袍和西服式制服佩戴胸徽两种款式。2000 式法官袍为黑色长袍，黑色代表庄重和严肃；红色前襟有装饰性金黄色领扣，与国旗的配色一致，体现人民法院代表国家行使审判权；4 颗塑有法徽的领扣象征审判权由四级人民法院行使，同时也象征人民法院忠于党、忠于人民、忠于事实、忠于法律。西服式制服分春秋装、冬装和夏装，春秋装和冬装为黑色，夏装为浅灰色，审判人员身着西服式制服执行职务需同时佩戴专用徽章作为其身份标志。

2012 年法官换发 2010 式法袍，新法袍增加法徽、领徽、袖章衣领、袖口处增加了对称的金色麦穗状图案，左胸前增加了一枚红色的天平法徽。这是继 2000 年法官正式着法袍开庭之后，法官第二次换装。

法袍，较好地体现了司法的性质和法官职业特点，在法庭上，法袍这种服饰，给参加诉讼的各方当事人和旁听者以一种肃然起敬之感，在激发法官的神圣感、约束当事人的诉讼行为，培养旁听者的法律意识上，产生了推动作用。

二、法槌

"法槌"是"维护法庭秩序、体现法律尊严、控制庭审节奏"的法庭用具。我国法庭使用的法槌来源于古代的惊堂木，共分为两部分，一部分是底座，一部分是法槌，法槌及其底座均选用优质的实木制作，分别重 1500 克和 500 克。底座呈矩台形，上底面是 18 厘米见方的正方形，四角镶嵌着蝙蝠形的白色铜花，十分精美，一个用铜丝围成的 8 厘米见方的正方形镶嵌在底座的中间，下底面是

26 厘米见方的正方形，高度为 3 厘米。法槌槌部高 3 厘米，直径 4.5 厘米，槌部两端呈对称的半圆形，中间的圆柱形上用黄色的铜片包着，铜片上面刻着法槌所属的法院名称。

法槌寓指司法的公正和法官刚直廉洁、坚韧不拔的优秀品质，槌、座相击，声音清澈坚定，烘托出法庭的庄严神圣。体现现代司法审判活动的"程式性"和权威性理念，更好地维护法庭秩序，提醒诉讼参与人正确行使诉讼权利，增强法庭权威性和严肃性。

根据《人民法院法槌使用规定》（以下简称《法槌使用规定》）规定，自 2002 年 6 月 1 日起法院在开庭审理案件时使用法槌。《法槌使用规定》规定，法庭开庭审理案件时，由审判长或独任审判员使用法槌。宣布开庭、继续开庭时，先敲击法槌，后宣布开庭、继续开庭；宣布休庭、闭庭以及判决、裁定时，先宣布休庭、闭庭以及判决、裁定，后敲击法槌。其他情形使用法槌时，应当先敲击法槌，后对庭审进程作出指令。使用法槌时一般敲击一次。

在法庭调查阶段，诉讼参与人在法庭上喧哗、吵闹、违反法庭纪律，法官予以制止时；旁听人员违反法庭纪律，法官予以制止时都可以使用法槌。

在法庭辩论阶段，控辩双方向证人、鉴定人发问的内容与案件无关或发问方式不当时，控辩双方认为对方发问不当而提出异议的、法官应当判明情况予以支持或者驳回时，对于控辩双方与案件无关、重复意见或互相指责的发言法官应当制止时，也要使用法槌。

三、法庭布置

世界各国、各地区由于文化传统，诉讼理念不同，法庭席位设置上存在一定差异。

（一）美国陪审团刑事法庭席位的设置

法庭正面是法官席，高于其他席位；低于法官席的是证人席，位于法官席的左侧——面向陪审团和旁听者；低于证人席的是书记员席，位于法官席的左侧。法官席前方左侧是陪审团席，一般有 14 个座椅，供 12 名正式陪审员和 2 名候补陪审员使用。控辩双方律师席和被告人席的安排有两种情况：第一种是安排在法官席前方右侧，面对陪审团，分为两部分，一部分是公诉律师（即检察官）席，另一部分是被告人及其辩护律师席，两个位置无高低之分；另一种安排是控辩双方在法官对面，律师席和被告席的背后是旁听席，法警席靠近被告人，以防被告人逃逸或防止法庭可能发生的突发事件。美国的陪审团刑事法庭席位设置体现出明显的当事人主义对抗制理念。

（二）德国刑事法庭席位的设置

法庭正面中间是法官席，高出地面约 20 厘米。法官席右下首是书记官席。法官席前方左侧是被告人及其辩护人席，供被告人及其辩护律师就座，右侧是检察官席和告诉人、辅助起诉人（即被害人）及其代理人席，与被告人及其辩护人席对向设置，完全不垫高。证人（鉴定人）席位于与控、辩、审三方等距离的法庭正中位置，面对法官席。证人（鉴定人）席背后是旁听席。被告人、被害人、证人和鉴定人都坐定应讯。德国法庭席位设置的重要特点是强调法庭角色的对等沟通互动，而非强调法庭的威严权力。

（三）芬兰法庭席位的设置

法官席、检察官席（原告）、被告人及其辩护律师席、证人席及书记员席都围绕一张圆形（或椭圆形、半月形、U 形）法台设置，法官席位于法庭正面中间，位置不垫高。法官席前方右侧是检察官席（原告），左侧是被告人及其辩护律师席，双方对向设置。法官席对面是证人席。必要时还可以增设被害人席。芬兰法庭席位设置凸显诉讼民主和人权保障，更具人文关怀色彩。

（四）我国台湾地区法庭席位设置

根据 2005 年的我国台湾地区"法庭席位布置规则"规定，审判活动区除法官席地板离地面25厘米至50厘米外，其余席位均置于地面，无高度，法官席正前右、左两侧下方，分置书记官席、通译席，均面向旁听区。高等法院及其分院民事法庭、刑事法庭，于法官席左侧，置调办事候补法官席。少年保护法庭采用椭圆形或长方形会议桌布置，以亲和、教化与辅导之方法，取代严肃之审判气氛。旁听区置学习司法官席、学习律师、记者席。法庭天花板及四周墙壁宜漆乳白色，以显轩敞庄严之气氛。桌椅褐色或原木色。职称名牌，木质，置于桌面。其他席位，以塑胶类板片标示，粘于座椅等适当位置。法官席桌面设置法槌，供法官使用。台湾地区的法庭席位规则，体现了控辩双方、当事人双方诉讼地位平等的基本诉讼理念，对未成年人的圆桌式、会议桌式审判席位设置，体现出对未成年人的人文关怀。

（五）我国大陆地区法庭席位的设置

大陆地区法庭席位的设置尤其是刑事法庭席位设置经历了一定演变。20世纪70年代末80年代初期，刑事法庭席位的设置是法官和检察官并排而坐，这种控审不分的席位设置受到人们的批评。因此，1985年最高人民法院、最高人民检察院共同制定了《关于人民法院审判法庭审判台、公诉台、辩护台位置的规定》〔法（司）发〔1985〕11号〕，对人民法院审判法庭的审判人员、公诉人、辩护人的座席位置作出以下规定："审判法庭的审判区正面设审判台，高20至60公分（高度要与审判法庭面积相适应）；审判台前方右侧设公诉台，高度与审判台相同；审判台前方左侧设辩护台，高度也与审判台相同。在审判台、公诉台和辩护台上，分别设置审判人员、公诉人、辩护人的座席。公诉台与辩护台呈八字形，都面对被告人。证人座席位置设在公诉台右下方平地上。"这一规定改变了公诉台和审判台并排设置的现状，法官居中而坐，公诉人与辩护人对席而坐，符合了控辩双方对抗，法院居中裁判的诉讼格局。

最高人民法院《关于法庭的名称、审判活动区布置和国徽悬挂问题的通知》（法发［1993］41号）规定，人民法院开庭审理民事、经济、海事、行政案件时，审判活动区按下列规定布置：审判活动区正中前方设置法台，法台的面积应满足审判活动的需要，高度为20至60厘米。法台上设置法桌、法椅，为审判人员席位。审判长的座位在国徽下正中处，审判员或陪审员分坐两边。法桌、法椅的造型应庄重、大方，颜色应和法台及法庭内的总体色调相适应，力求严肃、庄重、和谐。法台右前方为书记员座位，同法台成45°角，书记员座位应比审判人员座位低20至40厘米。审判台左前方为证人、鉴定人位置，同法台成45°角。法台前方设原、被告及诉讼代理人座位，分两侧相对而坐，右边为原告座位，左边为被告座位，两者之间相隔不少于100厘米，若当事人及诉讼代理人较多，可前后设置两排座位；也可使双方当事人平行而坐，面向审判台，右边为原告座位，左边为被告座位，两者之间相隔不少于50厘米。有条件的地方，可以将书记员的座位设置在法台前面正中处，同法台成90°角，紧靠法台，面向法台左面，其座位高度比审判人员座位低20至40厘米。

人民法院应当按下列规定悬挂国徽：人民法院、人民法庭的法庭内法台后上方正中处悬挂国徽；与法院其他建筑相对独立的审判法庭正门上方正中处悬挂国徽；人民法院和人民法庭机关正门上方正中处悬挂国徽。人民法院的审判委员会会议室内适当处悬挂国徽。调解室、接待室内不悬挂国徽。国徽直径的通用尺度为：基层人民法院、人民法庭：60厘米；中级人民法院：60厘米；高级人民法院：80厘米；最高人民法院：100厘米。

1997年，中共中央政法委员会下发《中共中央政法委员会关于实施修改后的刑事诉讼法几个问题的通知》（政法［1997］3号）就刑事审判的法庭席位设置问题作出新规定："审判法庭的审判区正面设审判台（高度与审判法庭面积相适应）；审判台右下方设书记员席，以区分审判人员与书记员的不同职能；公诉人席置于审判台前方右侧；被害人席、附带民事诉讼原告人席置于公诉人席右侧；辩护人席置于审判台前左侧；证人、鉴定人席置于公诉人席右侧；被告人席设于审判台正面，采用低栅栏。审判台适当高于其他席位，以体现审判法庭以法官为主导的特点，同时可避免因审判台与其他席位都在一个平面上，以致旁听席人员的视线被书记员、证人、鉴定人、被告人挡住，而看不到审判员的弊端。"将被告人席单独设置在审判席正面，并且与辩护席隔开，但降低了公诉席、辩护席的位置，不再与审判席处于同一平面上，同时，在公诉席右侧增设了被害人、附带民事诉讼原告人及其诉讼代理人席，这样，保证被害人、附带民事诉讼原告人及其诉讼代理人在庭审中能够与公诉人并排而坐。此外，还明确了书记员席和证人、鉴定人席的具体位置。应该说，该规定在保留原来法庭席位设置优点的基础上，进一步凸显了法官席的权威性，并且考虑到了被害人诉讼地位当事人化的要求，显然是一种进步。

第二章

法庭语言

一、法庭语言概说

语言对于每个会讲话的人来说都是再平常不过的事情，它就像空气一样，随时随地的存在，那么的不引人注意，但是又是我们工作生活不可或缺的东西。因此，很少有人能认真地关注它、研究它。作为法律职业人，是需要通过法律语言来工作，来服务社会、影响社会的，语言的作用更是不可忽视。美国法律语言专家皮特·M. 第尔斯马（Peter M. Tiersam）认为："没有多少职业像法律那样离不开语言，法律就是语言的法律，道德和习俗也许包含在人类的行为中，但是，法律却是通过语言而产生。"持相同观点的还有美国人类学家、法律语言学家的威廉·M. 奥巴马（William M. Obama）。在西方，法律语言研究经历法律语言特征的静态的研究（句法词汇特征的研究），法律语言过程的动态研究（语用研究、话语分析），到法律语言作为工具的研究（社会语言学研究）的发展过程，这三个层面的研究，对于法律人在从事法律工作，与不同的社会人交往起到一定的指导意义。

（一）法庭语言的特点

法律语言与其他的文学语言、日常语言相比较，有明显的独特性和规范性，一字之差可能会谬之千里，在法庭上讲与不讲，如何来讲，都会产生不同的意义和作用。因此，作为法律职业人，在法庭上首先要掌握的技能是法律语言的表达。法庭语言作为一种特殊语言，有其自身特征：

1. 法庭语言目的的特定性。法庭对于法庭参与者来讲是没有硝烟的战场，因为身份不同，从事法庭活动的目的和利益诉求也有所不同，在民事、行政诉讼中原被告双方、刑事诉讼中的控辩双方诉求利益目的冲突是法庭语言的本质体现。参与法庭进程的人员总是在诉讼的最初就有了角色定位，然后根据诉讼目的展开具体语言的讲述。如：审判人员的诉讼目的是查清案件事实，依法公正裁判；各方当事人及其委托的人的诉讼目的是阐明己方观点和主张，反驳对方观点和主张，争取使法官作出对自己有利的裁判；证人、鉴定人、翻译人员等其他诉讼参与人的诉讼目的是协助法院查明案件事实。总之，诉讼活动的各方为实现自己的诉讼目的进行法律话语交际，法律话语交际的过程就是法律语言结构、法律语言功能建构的过程。对对抗中的当事人、代理人双方来说，在法庭上，语言的选择意味着不是成功就是失败。

2. 法庭语言表达的规范性。法庭语言不同于日常生活用语，它具有法律的专属性，是法律与语言的结合。法庭语言受司法裁判为中心的观念的限制，有着特定的严格的程序规范和程式化，法庭语言在运用的过程中，谁说话、说什么以及什么时候说都必须遵循一定的法律规则。法庭语言规范性最突出的特点是它的法律性，就是指在法庭上要说法言法语。法庭交流的语言围绕着"法律与事实"来进行，语言句子成分要求齐备，结构需要完整。主语特别是涉及当事人时不得随意省略。

3. 语言的精确性。法庭尤其是法律文书对语言有很高的要求，这是因为法律文书都是涉及国家、集体、个人根本利益的，有现实法律意义的。因此，语言运用必须高度精确，不能模棱两可、似是而非。它要求用词正确精当、言简意赅、通俗易懂。使用规范的语言和文字，不能随意将方言、土话、网络语言移植进来。

4. 法庭语言的平实性。法庭中的语言交流不仅仅是法律人的交流，也是法律人与普罗大众的语言交流。但是，由于法律术语通常使用常用词的不常用意义（如故意一词，通常的故意：副词，指存心；有意识地，明知不应或不必这样做而这样做。法律中的故意：名词，是指希望或者放任某种结果发生的心理状态。），使用专业术语会造成法庭语言晦涩难懂。这除了有法律语言自身要求表达的精准性外，还有大多数的法律人为了体现其专业性，往往不自觉的会选择适用法律专有语言。为解决这一矛盾，应当提倡法律工作者多使用当事人、社会公众能听得懂的语言进行交流。这就要求语言文风平实，能够为社会公众理解和接受，语言要简化易懂，适用当时社会中的一些常用语言措词，使当事人的权利得到保护的同时，更好地让他们接近司法，参与司法，提高人们的法治观念。

（二）法庭语言的表达

法庭语言包括书面语言和口语语言表达。法官、检察官、辩护人、代理人往往因特定案件中的角色不同，法庭的语言运用也不同。书面法律语言是静态的，主要体现在立法、执法、司法、法律适用各个环节，是法律人在书面法律文件撰写过程中常常使用的词语和语法结构以及写作方法。它是培养法律人思维的基础。法庭语言的口语表达体现在法庭诉讼活动中。诉讼中的直接言词原则决定了诉讼参加人，包括法官、检察官、律师、当事人、证人、鉴定人在参与诉讼活动中，应当以口头的方式进行诉讼活动。法庭调查中的举证质证，法庭辩论中的攻防博弈，都应以口头语言为载体进行，一般不以书面方式进行。

英国的丹宁勋爵曾说过："要想在与法律有关的职业中取得成功，你必须尽力培养自己掌握语言的能力。"法律与语言存在着密切的关系，法律是依靠语言表达的，法律的意义也是依靠语言建构的，因此，法学其实不过是一门法庭语言学。法律凭借话语权威建构起社会中人们生活和活动的准则。有人将法律工作者的笔力评价为"笔下有财产万千，笔下有人命关天，笔下有是非曲直，笔下有荣辱忠奸"，这番话极为形象地概括出了法庭语言在法律活动中的重要意义。由此我们看出法庭语言关系到当事人的生命与财产等基本人权。想成为优秀的法律人才，法庭语言的表达应当从以下几个方面来把握。

1. 字词的准确性。它要求，语言不仅能客观反映事物的本来面目，同时要能揭示出其在法律上的本质意义。也就是说其语言的准确程度，应该达到语义解释的单一性，并能一语中的揭示出事物的法律性质。比如，在一份刑事自诉状中这样叙述伤害案的起因：被告人阿毛于2014年12月3日晚9时许，看到四周无人，溜进自诉人家院内，在通过窗户玻璃偷看自诉人洗澡时，被邻居王大妈瞧见……。诉状中用了三个表示看的动词叙述了被告人在案件起因时的违法行为的具体表现。虽然事情是交待清了，但语言准确程度远远不够，所以没有突出行为的违法性质，显得平淡。如果将这三个动词分别改写为"环顾"、"窥视"、"目击（与法定的证人称谓'目击者'相吻合）"，这样不仅将实施违法行为的下流神态表现得淋漓尽致，而且起到了强化控诉力、深化主旨、揭露有力的语言功效。准确选择适当词语是法庭语言准确的必要手段，对所要使用的词语要进行词意辨析，否则只能含糊不清，语义两歧，词不达意，违背写作初衷。做到字词精准，应当从以下几个方面着手：

（1）对于表示事物性质状态的词语要准确。特别是在刑事犯罪事实的叙述中，动词的使用往往涉及法定的犯罪情节或者性质。所以特别要求其用词的准确性。如"原告手持木棒向被告头部猛击"和"原告顺手拿起木棒向被告头部猛击"。前句说明其木棒是事先备好的凶器表明了行为的故意；后句说明其木棒是事发中随意捡起的，表明犯罪的无预谋。二者的区别在于对量刑的影响。

（2）近义词使用要准确。在法律文书中即便是很相近的词也不得相互替代，否则便会产生法定意义的歧义。比如，一份合同书中由于没有准确辨析"代销"和"代理"的词义，引起了不必要的纠纷。甲方（河南）供给乙方（陕西）面粉 50 吨/月，共 4 个月合同。甲供 2 个月时因乙不付款，停止供货，并起诉要求结算货款并支付违约金。乙辩称，粮食未售完不能付款（原口头约定，售完付款）。其纠纷焦点集中在"代销"、"代理"。代销，是指厂商委托中间商，以中间商的名义销售货物，盈亏由厂家自行负责，中间商只取佣金报酬，若销售不出产品，仍可将产品退还给委托人。代理，是指一人代另一人为法律行为，其所产生的法律效果直接归属于所代理的另一人。代他人为法律行为的人，称为代理人；为其所代并承受法律行为效果的人，称为被代理人。二者相比较，甲乙双方的风险有所不同。代销，乙风险大；代理，甲风险大。此外，程度副词使用要恰当，如数额特别巨大、情节非常严重、手段极其残忍、后果十分严重等，是对客观事实的认定，不能随意夸大或缩小。如：轻微、显著轻微。近义词的使用要准确。如：被告、被告人；罚金、罚款；抢、夺、掠；侦查、侦察；起诉书、起诉状；审讯、询问；拘役、监禁等都有着特定的法学含义，不得随意使用。

（3）人称代词的使用要准确。司法实践中许多人习惯性地只写诉讼称谓不写具体的当事人姓名。如本案原告、本案被告。但是如若包括多个当事人的案件，文书中这样表达就会出现指代不明的情况。在叙事中如果人称代词使用不当还可造成叙事不清。如"甲与乙发生争执，并捡起一块砖向其头部砸去，使矛盾进一步激化"。由于缺少了主语，加之后面人称代词指代不明，所以很难看出是谁砸了谁，在这个起因中谁应当负主要责任。

（4）正确使用多义词。语词的多义性是现代汉语一大特点。如果我们对词与词的组合理解不正确必然会导致语义两歧的语病。如："被告人因两次盗窃被劳改"，与"被告人因盗窃两次被劳改"。后句模棱两可，可以理解为盗窃两次被劳改一次，也可理解为盗窃两次，劳改两次。又如："三根以上肋骨骨折或者多发性肋骨骨折致使呼吸困难。"这一个短语从语法结构上分析，可看成是联合关系，也可看成是偏正关系。也就是说，可以理解为只要"三根以上肋骨骨折"或者是"多发性肋骨骨折致使呼吸困难"便可定为重伤；也可以理解为"三根以上肋骨骨折或者多发性肋骨骨折"都必须"致使呼吸困难"，才可定为重伤。该标准本身的歧义使它在适用过程中出现许多不利。应修改为："肋骨骨折致使受害人呼吸困难。"这样，表意就很明确了。由此可见，法庭语言必须十分准确，不能有任何理解上的模糊和歧义。

2. 专业性。在广阔的社会领域中，由于交际对象和目的的不同，语言被分作各种不同的语言体系即行业语言。法律语言是在长期的立法和司法实践中形成并为法律活动服务的特定的法律专业用语。根据语言的产生、功效、表现形式的不同分为：法律术语和司法习惯用语两种。法律术语是指法律规范所规定的用语，它是法律行为和法律事实的科学概括，有其特定的内涵。如"侦查终结"（"侦察终结"是军事用语）。"终结"不要写为"完结"，表明侦查阶段的结束，案件将要进入下一个诉讼阶段。"未遂"表明实施了犯罪行为，但由于行为人意志以外的原因，没有达到目的。它是对犯罪形态的表述，不可用其他语言进行表述。要约、承诺、第三人、共同诉讼人、诉讼保全、配偶、抚养、赡养等属于民事和行政文书的特定语言。司法习惯用语，是指在长期司法实践中形成的法庭语言体系。他具有表意准确、深刻、严谨之特点。如：供认不讳、图谋不轨、畏罪自杀、犯罪在逃、杀人灭口、缉拿归案、遂起盗窃之念、赃款、赃物、凶器、赌具、分家析产等。蓄谋已久、尾随其后、伺机作案、动机卑鄙、用心险恶、手段残忍、后果严重、见财起意。如"携带匕首一把，尾随其后，伺机作案，犯罪动机是卑鄙的，手段是残忍的，后果是严重的。"

3. 理性。一切以语言为媒介的社会关系都需要一套语言意义的识别机制和制度，以达到交往的目的。例如，我们必须通过人们所说的，判断他是否真诚、诚实，他的话是否有道理，他的言行是否一致，等等。作为沟通与交流媒介的语言一般具有两类：①以纯粹的语言表达技巧达致交流乃至说服人的目的，包括所谓花言巧语，也包括那些诱惑、蛊惑、煽动的语言；②以关于真理的知识话语达到沟通目的。法律话语是两者的结合，尤其关注后者，其目的是保证人们能够平等、严肃、真诚地交流与交往，以形成稳定的具有一定价值共识的社会关系；它也不完全排斥前者，因为个别的法律活动和法律判断并不以追求绝对的善为目的，不存在判断法律活动，例如法官裁决正确与否的绝对的、永恒的、唯一的标准。法律人的语言是为说服人而构想和设计的，而人之所以能够被说服，是因为他的已有的背景知识和经验使他愿意或者不能不接受法律人的此时此刻的判断以及判断中所包含的叙事话语的权威。因此，理性的表述，比贬低与谩骂更能折服人。

法律语言应当是对事实与证据的叙述和对法律适用的理性表述。激烈的和情绪化的表达用语不宜使用，例如不得用"丧心病狂"、"狗急跳墙"之类语词形容犯罪嫌疑人。迄今为止，我们法律话语中十分情绪化的表达，是从前阶级斗争年代的流风遗韵，在两个阶级你死我活的年代里，司法作为无产阶级专政的工具，当然是要具有鲜明的阶级立场，例如要区分两类不同性质的矛盾，对人民要春风化雨，对敌人要无情打击。但是，放在法治化建设的今天，这明显的不合时宜。法律决策最基本的准则恰好就是理性和严密。法律要求遣词造句上的精确，要求贴切地反映事件和法律原理的本来面貌，要求严格地遵循形式逻辑进行法律推理。我们使用的法律术语和概念，便是对人类行为加以细致研究之后的提炼、分类和精确化。它们尽可能地避免夸大煽情，最大限度地减少决策主体个人情感对决策结果的影响，力求将法律分析与道德和政治考量相分离，并且在追求法庭语言与日常语言的区别过程中实现法律以及司法的独立，实现现代司法对人格尊严和人权的妥帖保护。

4. 针对性。法庭语言是针对某一具体案件来进行，不能不着边际、夸夸其谈，胡言乱语。法律职业人在法庭上语言要具有针对性，只有具有针对性，才有说服力。古希腊时，有人向法庭控告曾两次领兵打败斯巴达人的雅典著名将军——卡伯利亚私通斯巴达人。那些嫉妒他功勋的人，四处散布谣言并威胁说谁敢为他辩护就要谁的命。法庭在开庭审理此案时，真的就没有人敢站出来为卡伯利亚辩护。这时候，柏拉图走进法庭说："尊敬的法官，难道您不知道这些控告者背后的作为吗？您总该想想，一个在战场上屡立奇功的将军怎么会通敌？一个为理性和正义拼命的人怎么会放弃理性和正义？那些居心叵测的控告者，蝇营狗苟、狼狈为奸、挟人为恶，又怎么能看得惯理性呢？理性正义的法官啊，请学一学哲学吧！"在柏拉图的辩护下，法官将被告无罪释放。在这段辩护中，柏拉图针对卡伯利亚在战争中的表现为其辩护，使法官相信这样的人不可能通敌。

二、法庭文书的表达方法

表述特定内容所使用的特定的语言方法、手段，是表达方法。它是文章构成的一种形式要素，随语言表达的产生发展而逐步形成。写作学中的表达方式一般有叙述、议论、说明、抒情、描写五种。表达方法的选择与文体关系密切，如在文学作品中抒情、描写运用的比较多。法律文书自身的特点决定了它对表达方式的选择，即以叙述、说理、说明为主，以抒情、描写为辅。

（一）叙述

叙述是作者通过一般性的陈述，介绍、交待人物、事件、环境及其发展演变过程的表达方法，回答"是什么"的问题。叙述在文章中可起到如下作用：一是介绍人物的经历、事迹、交待人物的关系；二是交待事物发生的时间、地点及其发展过程；三是概括事实事例，为文章的议论提供依据；四是联系故事情节、过滤转换上下文的意思。在法律文书的制作中，正文的事实部分采用叙述方式。由于案件的类别、性质不同，事实的叙述有繁有简，形形色色，不一而足。法律文书的叙述方法有以下几种：

1. 时间顺序法。时间顺序法，是指按时间顺序，将案件的发生、变更、发展直至结果的情况依次进行记叙的方法。这是基本的方法。民事案件一般采用此法叙述案情，以客观、全面、真实地反映纠纷事实。当然，叙述时亦应抓住重点，详述主要情节和因果关系。刑事案件在叙述凶杀、抢劫、强奸等一次作案的始末时，叙述被告人或犯罪嫌疑人多次犯性质相同的罪行时，叙述重大责任事故案或伤害案时多采用时间顺序法。因为一次作案依时间线索叙述，条理清晰；数次触犯相同罪名时依时序陈述，能够让人清楚地把握每次作案的时间、地点、过程、后果、程度，以免混淆；重大责任事故案或伤害案均与时间密切关联，尤其适用时间顺序法。

这种叙述方法与顺叙一样，都是以时间顺序进行叙述的，但其区别却在于角度不同：前者叙述的是某一罪或者某一纠纷发展的全部进程，着眼于反映案件的完整性；后者则只是对案件中的某一具体事项的叙述，具有局部性的特点。

2. 突出主要事件（主罪）法。突出主要事件（主罪）法，是指对于有几件事或者数罪的，为了突出主要事件或者重点罪，而将主要事实或者主罪提前，次要的后移，主要事实或主罪详写，次要事实或次罪略写，不受时间顺序约束的叙述方法。这种叙述方法对于事与事、罪与罪之间来说，是分叙，对于每一事件或者每一具体罪来讲，则又是顺叙。因此，也可以说，这是一种写作技巧的综合运用。

3. 突出主要当事人（主犯）法。突出主要当事人（主犯）法，是指在有多个当事人的情况下，不宜平铺直叙，而应突出主要当事人（主犯），围绕其侵权或者犯罪的事实、情节进行记叙的方法。它通常适用于多人一次一罪、多人一次多罪、多人多次一罪或者多人多次多罪的情况。如果共犯中单独犯有罪行的，应在叙述完共同犯罪后再单叙。主犯如果犯有数罪的，在突出主犯的前提下，具体叙述某一罪时，仍应使用自然顺序法。对于民商事权益纠纷的叙述，同样要突出主要责任人，切忌不分主次，平均使用笔墨。

4. 综合归纳法。综合归纳法，是指对于手段、对象相同，时间相连、多起事实加以综合归纳而予以叙述的方法。这是一种概括叙述的方法，目的在于避免繁琐、记流水账。从某种意义上讲，综合归纳法实际上是前述叙述方法的综合运用。

5. 纵横交错法。纵横交错法，是指将纠纷发展变化情况与诉辩双方争执意见相结合的叙述方法。它主要用来记叙民事案件的事实。从"纵"的方面说，既要写清案件的来龙去脉；从"横"的方面讲，又要把双方争执放在一个平面上介绍清楚。

6. 总分法。适于记叙触犯多种罪名的共同犯罪案件。这类案件案情错综复杂，叙述时要点面结合，既不能疏漏残缺，又不能平行罗列，所以难度较大。总分法的特点是：先把该案的犯罪事实提纲挈领地总括叙述，然后再依犯罪嫌疑人主从顺序或罪行重轻顺序分别叙述，以区分罪责，严谨结构。

7. 罪名标题法。根据罪名的不同，加上序号，列出标题，按突出主罪法，逐罪分段叙述被告人所实施的犯罪事实。这种写法适用于一人多次多罪、多人多次多罪的案件。

以上几种写作方法既可以独立使用也可以互相渗透配合使用。

叙述应当注意的问题：

第一，叙述要素要明确、交代清楚。叙述要素也是构成案件事实的要素。从一定程度上讲，它是案件事实在法律关系和法律特征上的体现。各类案件事实所反映的叙述要素不尽相同。刑事案件有八要素：时间、地点、动机目的、手段、过程、结果、涉及的人和事、事后态度。民事、行政案件有六要素：当事人之间的法律关系；法律关系发生的时间、地点及内容；纠纷的原因；纠纷的过程；纠纷的情节；纠纷的后果。上述要素在具体叙述时，不能含糊不清。特别是与犯罪构成或者民事法律关系有着密切的内在联系的要素，更应注意它的法律特征。以时间、地点为例，两者都是事物运动存在的形式，是案件事实发生所借以表现的时空环境。在孤立叙述时间时，一定要以年月日表示，地点地段所属关系要明晰。对于某些构成犯罪要件的时间、地点，如《刑法》规定的禁渔区、禁渔期等，一定要与相应的法律规定相联系，逐一把它叙述得一清二楚。

第二，叙述事实必须把原因与结果之间的关系交代清楚。因果关系是现象之间的一种客观联系。有因必有果，有果必有因，且原因发生在前，结果产生在后，这是因果关系的一般规律。存在于刑事、民事和行政纠纷中的因果关系往往比较复杂，因此，对于事实的叙述，要善于透过现象，找出行为与结果之间有无必然的内在联系，不能有果无因，或者因果关系相脱离。

第三，叙述事实要具体、真实。只有这样，才能分清是非责任，正确裁判。所谓具体，就是不抽象，不笼统，能使人感受到它的真实存在。所谓真实，就是不虚假，真正反映了客观存在。

第四，叙事寓理，法在其中。在叙述事实的过程中也要说理，将理渗透于叙事之中，这个理就是法理。

第五，叙述要讲究分寸，注意界限的区分。对于那些表现罪与非罪、此罪与彼罪、严重犯罪与轻微犯罪的事实，表现民事权利与义务关系以及侵权有无过错责任的事实，具体叙述时要注意用词，表达要恰如其分，准确无误。

（二）说理

说理，是指作者对某个议论对象发表见解，对事物进行分析评价，阐述道理，论证是非曲直，以表明自己的观点和态度。它是法律文书制作过程中不可或缺的表达方式之一，通常运用于理由部分。法律文书的理由，不完全同于一般议论文，它不上纲拔高，也不具有鼓动性，不作长篇大论。而是力求客观、充分、公正，是依法对事实所作的分析、论证。从文章的结构布局角度来讲，理由是事实和结论之间的过渡桥梁，具有承上启下的联结作用。一篇好的法律文书，仅有充分的论据（事实、法律）、正确的论点（结论）尚不够，还必须具备严密有序的推理论证过程，以使最后的决定或结论建立在坚实的事实和法律基础上。材料和论点达到完美、有机的结合，是法律文书之魂。

说理通过概念、判断、推理进行论述。它由论点、论据和论证三部分构成。

1. 论点。法律文书的论点，是对案件事实所作的判断或者结论。论点是法律文书制作者就事实和法律提出的观点和见解。表述形式往往是个判断句，是明确的表态性的句子，语言精练。例如，"被告人张×系主犯"、"被告人刘××不具有自首情节"，这两个判断就是论点。一篇说理文可以有若干论点，其中，贯穿全篇的论点为中心论点，围绕这个中心论点进行论述的是分论点。法律文书的论点有以下特点：

（1）论点必须正确、合法、鲜明。法律文书论点的确立，必须坚持以证据确定的事实为原则，做到正确、合法、鲜明。所谓正确，就是要客观地反映案件事实的本质。正确的论点，还必须合乎逻辑，准确地把握概念的内涵与外延，正确处置概念中的属种关系，并严格遵循逻辑思维的基本规律。只有这样，才能使论点立于不败之地。所谓合法，就是论点的内容要符合法律规定，不能与法律的规定相悖。现举例如下："原告与被告签订的合同合法有效"，"被告违约"。这种表述与现行的民事法律规定是相一致的，因而判断准确，论点成立。所谓鲜明，就是主张见解旗帜鲜明，不含糊其辞，不模棱两可。支持什么，反对什么，必须清清楚楚，一目了然，绝不含糊。例如，某人民法院判决的某人身损害赔偿案，在理由部分这样明确："保证产品质量，特别是保障消费者人身财产安全是产品生产者必须履行的基本法律责任和义务。因产品质量问题造成的侵权损害结果依法应当赔偿，以维护社会公平与市场秩序。"

（2）不同主体撰写的法律文书的论点，各具特色。由于写作主旨不同，因而所提出的论点也有各自不同的特性。如，侦查机关的立案报告的主旨在于论述立案的必要，围绕已开展的侦查活动提出的论点，主要表现为对案件性质及其情节作出的初步分析和判断。检察机关的起诉书的论点主要说明犯罪嫌疑人的行为已经构成犯罪，依法应当追究其刑事责任，提起公诉。

2. 论据。论据，就是用来说明论点的材料。法律文书的论据，是指文书制作者提出论点的依据。在法律文书中，用做论据的材料通常包括以下几个方面：一是案件事实情况，它是构成论据中的主要材料。包括证人证言、物证、书证、鉴定结论、勘验检查笔录、当事人陈述、视听资料等各种证据材料。二是数据，包括各种犯罪的数额、违法所得数额、诉讼标的数额，以及其他相关的数字材料。三是法律，包括两个方面。一方面是法学理论，主要是指引用的法学基本原则、原理。另一方面是法律、法规或者司法解释规定等规范性法律文件。论据要真实、可靠、充分、有力。如果仅有论点的正确，没有确实有力的材料来说明它、支撑它，文章就干瘪，剩下一堆口号，无血无肉，空洞无力，难以服人。作为论据的事实材料，一定要可靠，必须选择那些经过查证核实的、典型的，并经得起推敲的材料使用。由于这些材料反映了事物本质，并具有代表性，因而也最具有说服力。"事实胜于雄辩"，说的就是这个道理。对于作为论据引用的法律条款，则务必准确，准了才有力。

3. 论证。论证就是用论据证明论点的过程和方法，使论据与论点之间有机地联系起来，构成一个统一的整体。论证的方法，一般都是先提出论题，经过论证、分析后得出结论。论证的过程和方法，有的逐层剖析，有的边分析边作结论，有的用设问引出问题进行论证。在法律文书中，论据是论点提出的前提基础，论点则是论据的最终结论。任何一个论点都离不开论据。同样，没有论点为统率的论据，只是一些杂乱无章的材料，不具有说理的功效。可见，法律文书中的论点与论据并非孤立存在，而是相互联系，互为依存的。能把论点与论据联系起来，形成一个统一整体，使论据能更好地服务于论点的，正是通过论证这一方法来完成的。因此，论证揭示了论点与论据之间的逻辑联系。也可以说，说明论点与论据关系的过程，就是论证的过程。

如果对理由部分加以分析，从内容、结构上可以分为两个层次：事实论证和法律论证。

（1）事实论证。首先采用概括记述的表达方法，对犯罪事实或民事纠纷等事实以及有关法律事实进行概括。要求简洁有力，概括而不疏漏、简约而不空洞。它是在正文的第一部分"事实和证据"的基础上形成的、用来反映案件个性的文字。

其次针对事件性质进行论证。比如，刑事案件，在概括写明认定的犯罪事实之后，运用犯罪构成原理分析论定犯罪行为的社会危害性及犯罪性质、罪责、从轻或从重处罚的必要性；而民事纠纷则主要对争议的性质、焦点、当事人的责任加以分析，并提出如何解决纠纷的看法；对经济合同纠纷则要认定合同是否合法有效，当事人一方或双方有无违约行为，分清是非、责任，明确处理纠纷的目的。注意必须把有关事实、情节，提到法律的高度来认识，以体现文书整体结构的有机性，体现法律的公正、无私，做到以法服人，以理服人。

（2）法律论证。即援引法律条文以充分论证事件性质。在引证法律依据时应坚持准确、具体、完整、有序这一原则。所谓准确就是指引用的律文应与事实相一致，所认定的事实恰恰适用该条法律。以刑事案件为例，所引用的法律必须能够准确定罪定性，即不能用刑法分则中的类罪罪名代替案中具体罪名，如不能将"抢劫罪"定为"侵犯财产罪"；也不能用不同犯罪阶段的犯罪行为代替所指控的罪名，如不能写成"杀人预备罪"或"抢劫未遂罪"等。所谓具体，即所引律文必须与事实有直接关系，不能泛泛而谈，缺乏针对性。又如对于共同犯罪的案件，其中有主犯、从犯，犯一罪、犯数罪以及成年、未成年的，因情况不一，在引用法律条文时应分别对待，而不能采取"一揽子"的引法，令人无法分清各被告人、犯罪嫌疑人所应适用的法律条款。

另外，所引法律条文要完整、有序。完整，就是将所要援引的律文全部引出，不能只引一部分，使所得结论具有充分的法律依据。如凡是律条之下有款、项、目者，均应引到所适用的款项目，不能只引到某条；有的既要引用实体法条文，还应引用程序法，既要引用分则，还要引用总则的律文，缺一不可，该援引的全引到，才能保证法律的严谨性。所谓引律有序，是指在援引的法律条文较多时，排列顺序要合理、科学，体现出一种严密的内在逻辑关系，而不能随心所欲、罗列堆砌。比如刑事判决书援引律文的先后次序为：先引述有关定罪与确定量刑幅度的条文，后引述从重、加重、从轻、减轻和免除处罚的条文；先引主刑的条文，后引附加刑的条文；适用以他罪论处的条文时，先引用本条条文，再按本条的规定，引用相应的他罪条文；等等。

（3）常见论证方法。论证分为立论和驳论两大类。立论是对某一事物或问题提出自己的见解、主张，表明自己的态度，并且申明所以有这样的主张、持这种态度的理由，这就是立论。侧重立论的文章，通常称为立论性议论文。立论的提出一般有三种方式：一是篇末归纳中心论点；二是开门见山提出中心论点；三是论证过程中提出中心论点。从正确的论点出发或者以正确的论点为指导，揭露、驳斥错误的见解和主张的文章称为驳论性议论文。驳论性议论文中，批驳是文章的主体。批驳对方的论点一般有三种方法：一是驳论点。论点的错误是要害，论据和论证是为错误的论点服务的。反驳错误的论点，是写驳论文的主要的一种反驳方法。二是驳论据。错误的论点总是依靠站不住脚的或荒谬的理论、虚假的事例作为论据来支撑的。只要把这些论据推翻驳倒，论点就失掉了它的支撑，也就会不攻自破了。三是驳论证。错误的论点不仅依靠荒谬不实的论据来支撑，而且常常利用论点与论据之间的错误论证、推理来作诡辩。驳论证就是要揭露错误论点和论据之间的不合理联系，指出两者之间的逻辑关系的混乱和荒谬。

法律文书中的单纯的立论文主要体现在起诉状中，而许多的文书既有立论也有驳论。如：答辩状、判决书、辩护词、代理词等。在法律文书中，人们常用的论证方法有以下两种：

第一，夹叙夹议法。夹叙夹议法，是指边叙述边议论。对证据的分析认定就是这种方法。法律文书中单纯地列举证据是不够的，还要对证据的"客观性、关联性、相关性"进行分析认定，才能使举出的证据有充分的说服力。下面是一份判决书对证据的列举和分析：

"上述事实，有被害人黄××的陈述笔录，指控被告人李××于××年×月×日下晚班，在车间内对其实施了强奸（在实施强奸时李××被张××、王××发现并当场抓获，张、王两人分别写上了证言）；经××市公安局法医检验，被害人黄××裤头上遗留的精斑与被告人血型一致，均为 B 型；现场勘查，提取的物证有被告人饭盒一个，蓝色工作服一件，经法庭查证是被告人留在现场的；被告人对上述证据无疑义，对强奸事实供认不讳。证据确实、充分，足以认定。"

这一强奸案，一是列举了各方面的证据，二是围绕着证据的"三性"——客观性、关联性、相关性进行了分析说明，证明被告人李××对黄××实施强奸无疑。

第二，立论驳论兼济法。立论驳论兼济法就是立论、驳论兼而使用的方法。这种方法广泛运用在法律文书中，如判决书、裁定书、抗诉书、辩护词、代理词等，一方面要驳对方的观点，另一方面又要立自己的观点，这尤其以检察院的抗诉书体现得最为明显。"驳回上诉，维持原判"的判决裁定也是这样，即一方面用驳论的方法，驳回上诉人的上诉理由；同时又要用立论的方法，证明原审判决是正确的。下面是一份民事判决书的理由部分："本院认为：上诉人龚××与被上诉人陆××虽系自主婚姻，婚后感情尚好，但是，近年来由于陆××思想起了变化，致夫妻感情破裂，原审法院在查明事实、分清是非的基础上，作出准予双方离婚的判决是正确的。关于子女抚养、财产及房屋租赁等项处理亦无不当。龚××上诉不愿意离婚，理由不足，本院难以支持。据此，根据《中华人民共和国民事诉讼法》第 153 条第 1 款第 1 项之规定，判决如下：驳回上诉，维持原判。"

（三）说明

说明是对事物的物理特性、成因、功用，或有关人员的基本情况、特点，以及事理的概念、意义等的解释和介绍。在法律文书的制作中，说明是极其重要的表达方式，并得到广泛运用。如笔录类文书中的现场勘查笔录，需要借助说明来介绍地理位置、现场遗留物品等；填充类文书要运用简洁的说明文字；叙述类文书除了事实和理由两大部分，其余均为说明性文字。由此可见，说明在法律文书中的重要性。

1. 说明的方法。说明的方法主要有概括说明、定义说明、数字说明、引用说明。

（1）概括说明，将有关事情进行概括性介绍，给人留下一个总体轮廓。比如文书中有关案由、案件来源便采用了此种说明方法，线条性地列述办案的法定程序，以示制作文书的合法性。

（2）定义说明，通过下定义明确事物的内涵与外延，指出事物的性质特点，使它与别的事物严格区别开来，是一种比较严密、比较科学的说明方法。在法律文书中往往用来说明法律上的概念。

（3）数字说明，有些案件只用文字难以说清，需要借助数字，与文字配合起来，才能收到明确、清晰的效果。法律文书中的勘查笔录常用此法说明地理位置、现场遗存物件；各类案件中所涉及的物证等也要用数字说明方法讲清。

（4）引用说明，即引用能够说明案情的或与案件密切相关的文字来增强说服力的一种手段。可以引用当事人的话，也可引用律文以及名言警句。

另外，还有举例说明、对比说明等具体方式，皆可因案情与文种的不同加以选用。不论哪种说明方式，都应注意说明的层次性（顺序性）、简洁性、客观性。说明的语言简练平实，内容客观真实，不能掺杂主观感情色彩和推理判断。

2. 说明的基本要求。说明用的是解释性文字，总的写作要求是真实、明确、具体。

（1）简而明，不繁冗。文字简练是手段，意思明确才是目的。"简"应以"明"为前提，简而不明，就失去了简的意义；虽明不简，文字啰唆，则有悖于说明要旨。

（2）明白无误，没有歧义。说明的文字不仅要具体、准确，而且具有排他性，是什么就是什么，只能有一种释义，而不能有多种说法。否则，将给实际工作造成困惑，甚至贻误工作，造成损失。

（3）圆满周详，滴水不漏。说明旨在使人了解全貌，不能以偏概全，有所疏漏。对于复杂的事物或者过程的说明，必须严密周详。该详述的要详述，不能单纯求简。只有这样，才能对这一事物或者过程有个全面、清晰的了解。

（4）言之有序，不紊乱。客观事物是有序的，反映事物的文字说明也应该是有序的，特别是对错综复杂的事物，尤其要注意语言表达的条理性和文字结构的层次性，要按照客观事物发展规律或者依存联系，使文字前后相连，合乎逻辑。

（四）描写与抒情

描写，就是用生动形象的语言，把人物的状态、动作、景物的性质、特征、环境的色彩、布局等具体地描绘出来。它回答的是"怎么样"的问题。抒情，即作者在文章中抒发主观感受和思想感情。法律文书中的抒情与描写不是最重要的表达方法，这两种方法一般在法庭演说词中使用，其目的是展现人物的形态、举止、言谈及内心世界，唤起人们的爱恨情仇，影响人们的感情，加深人们对案件的感受，增强演说词的感染力，开拓意境，表现和深化主题思想，渲染气氛，显示行文格调，贯通文章意脉。在国外，描写与抒情在法庭文书中经常运用，它往往穿插于议论说理之中。

为体现法律的严肃性，人们在制作法律文书时常用叙述、议论和说明三种手法，以体现法律的严肃性，有些教科书甚至明确认为，法律文书不能使用抒情和描写。但是这样往往使我们的法律文书缺乏温情，不能打动人心。在近年，许多法官正试图打破这种教科书的禁锢，尝试在文书的理由部分以情动人，使法院的判决逐步变得温情和人性化起来。如在一起赡养老人案中，老母亲患晚期癌症，子女却为房产闹上法庭。两个儿子拿出字据，上面写着房子归他们所有；但由于字据没有公证，三个女儿不认可。于是，老母亲的证词成了关键。为赢得官司儿女们争夺"母爱"，老母亲的证词最终倾向了儿子一方，法院判决房产归两个儿子所有。法院在论述判决理由时使用了这样抒情的手法："慈母手中线，游子身上衣。"孝乃大义，耄耋老母已是身患绝症、垂危暮年，所剩时间无几。对六位子女来说，让她安详地走完最后一程，让她临终前看到子女的和睦、亲善，即为大孝。没有一个母亲愿意看到子女因为家产的分配争吵不休、闹上法庭。而她更为担心的是，自己的表态会让子女漠视亲情、矛盾不止。对一个暮年老人来说，财产已经没有意义，而子女们生活殷实、平安和睦，才是最大的安慰。对父母尽心尽孝，不仅是道德的应有内容，从法律上讲，也是法院分割财产的重要考虑。如果弃垂危老母的感受及安危于不顾，对财产的关注度超越亲情、高于养育之恩，那将来不仅是道义上无法弥补的缺憾，也同样将在法律上获得否定性评价。希望各方平心静气、搁置争议，让老母亲安详地度过人生最后一程，也为自己的后代做个好榜样。

　　法官宣读完这段充满感情的话问双方当事人有何感想，儿子一方说"您说到我心坎里了，我们确实应该这样做，让母亲不伤心"。女儿一方看见判决书后哭了，说"我们很明白您写的内容，我们一定要照顾好老母亲，请法官放心"。这段充满感情的论述，在这个判决中起到了点睛作用，值得我们借鉴。

三、法庭文书的主旨与材料

（一）法律文书的主旨

1. 法律文书主旨的概念。法律文书主旨，是指法律文书的制作者依据案件事实材料，正确适用法律而对文书所形成的核心观点。法律文书主旨反映某一具体文书制作的目的，体现文书的中心思想。构成法律文书主旨的要素有两个，一是案件事实，二是对法律的适用。主旨的产生，是文书制作者基于对案件反映的客观事实的不断认识，以及对有关法律规定适用不断深化的结果。因此，法律文书主旨既不同于这类文书的标题，也不完全同于一般公文的主题词，在实质上更具有集中性、鲜明性和深刻性。

2. 法律文书主旨的作用。法律文书主旨是文书灵魂的体现。正确确定文书主旨，对于法律文书的制作及其质量的提高，都有着重要的作用。

（1）有利于确定写作重点。法律文书主旨就像一条红线贯穿文书全篇，统率全文，成为整个文书的中心。有了明确的主旨，就可以提出文书写作的重点，什么问题该突出，重点叙述，什么问题只需兼顾，予以略述，一目了然。写作重点一经确定，各个项目的写作都要围绕它展开叙述。

（2）可以为选用材料定标准。一篇较好的法律文书，制作者必须按照文书主旨的要求精心选材，文书主旨一经明确，就有材料选择、取舍的标准。

（3）对运用写作技巧有指导作用。明确的主旨，不仅有利于文章结构组合，而且对组合的方法也有不容忽视的指导作用。比如，对一件事实的叙述或者一个法理的阐述，如何下笔，先叙述什么，后叙述什么，是以事论理，还是叙事寓理，什么地方详述，什么地方略述，等等，都需要视文书的主旨而定。不同的主旨，写作技巧运用的方法不同。技巧作为表达文书主旨的一种手段，必须从属于主旨，服务于主旨，只能根据文书主旨的要求，并在它的指导下展现。离开了主旨的指导，写作技巧的运用就将无的放矢，难以发挥它应有的作用。

（二）法律文书的材料

1. 材料包括的范围。法律文书写作离不开材料，有了材料，写作才能完成。可见，材料是制作法律文书的物质基础，是构成法律文书机体的重要组成部分。构成材料的基本要素，主要包括以下几个方面：

（1）当事人和其他诉讼参与人的基本情况。因为任何一个案件都是在特定主体之间产生的。因此，通过当事人及其他诉讼参与人的介绍说明，使阅读者明白涉案的人员及相互关系。当事人的基本情况一般包括：姓名、性别、年龄、籍贯、文化程度、职业、住址，等等，是文书首部使用的主要材料。

（2）案件事实材料。这是叙述案件或者事件事实部分使用的材料。一般包括法律关系发生、变更、消灭的过程，以及纠纷产生的原因、经过以及结果等相关联的各种证据材料。

（3）论证材料。就是用来分析、论证案件性质，评判是非曲直，阐明处理理由的材料。主要包括法学理论、法律的基本原则、基本原理，以及相关的法律解释等。

2. 选材写作材料的来源。法律文书写作不同于文学作品，无论是第一手素材还是第二手素材，必须经过核实，才能选用。因此，在选材时应当注意以下问题：

（1）法律文书写作前，制作者应当调查并获取占有大量和丰富的材料，这是搞好写作的基本前提。这些证据材料应经过查证属实，不能虚构或者捏造。材料收集的方法主要有四种：一是直接向当事人及其代理人、证人，以及涉案的相关人员调查核实，取得第一手材料；二是从经办的案卷中获取已经核实的材料，或者适用其他程序制作的司法文书材料；三是收集和了解适用本案的法律、法规和司法解释的有关规定材料；四是收集由上级司法机关发布供参照使用的典型案例。

（2）材料收集后，要按照一定的程序进行严格筛选。文书制作者不能把所有收集到的材料统统堆上去，那样，是写不出好的实用文书的。材料是主旨形成的客观依据，是主旨赖以存在产生的土壤；而主旨则是材料土壤滋养出的结果。因此，在收集、鉴别、确认材料时，必须从法律规定出发，并以实施法律为归宿。当然，主旨一旦确定，反过来又要以主旨为指导，选用足以说明主旨的材料。

（3）运用的法律条款材料，要准确、完整，有针对性。以事实为根据，以法律为准绳是处理案件的基本准则。因此在法律文书上引用的法律，无论是实体法还是程序法，必须与案件的性质、阐述的理由及其结论相适应，使其言之有据。所谓准确、完整，一是指引用的法律、法规的名称要准确无误，要全称，不得任意简化、缩写；二是条款须要明确、具体，其序号要准，不能省略，该引用某款、项的，不能只引某条而不引款项，要加强针对性。

四、法庭口头语言的表达

法庭语言的表达，除了书面语言的表达外，更多的是口头语言的表达，法庭审判的直接言词原则决定了口头语言表达的重要性。在我国的三大诉讼中，法庭调查、法庭辩论程序都是以口头的方式来进行的。很多法庭技巧，就是语言的运用和发挥，技巧因法庭角色而不同，而角色的语言又受制于诉讼目的。法官的目的是查明案件事实，作出公正裁判；原被告双方和控辩双方的目的是争取让法官作出对自己有利的裁判。法庭口头语言的表达根据法庭不同阶段，可分为调查式语言和演讲式语言。

（一）调查式语言表述

调查式语言通常是一问一答，问者通常是法官、检察官、辩护人、代理人等法律人，回答问题的通常是当事人、证人、鉴定人等。询问与回答的方式不同，产生的法律效果也是不同的，因此，作为法律专业人员应当掌握询问与回答的方式与技巧。

1. 询问的方式与技巧。当事人、证人、鉴定人通常不具备专业法律知识，对他们的询问应当遵守以下规则和技巧。

（1）要明确想从被询问人处获得哪些信息，因此需要关注被询问人，能够有足够的能力驾驭被询问人。

（2）让被询问人陈述。提问往往起到引导作用，询问者的每一个提问都会影响被询问者的陈述方向，给被询问者充分的陈述空间，可以更好地发现案件真实。因此，应当避免在被询问者自由陈述时中途插话，当被询问者陈述完毕后应当让他对陈述进行补充。

（3）在审问或者提问时进行筛选性提问。筛选性提问的目的是查清被询问人了解案件真实情况的依据。通过筛选性提问弄清楚被询问人是亲眼所见还是道听途说，是全程目击还是事后赶到等。因为筛选性提问涉及判断被询问人陈述的可靠性和可采性，因此，常常需要放在询问的开头。

（4）多用开放式的提问，如用何因、何人、何事、何地、如何发生、何结果等方式提问，尽量避免对被询问人的心理影响。

2. 回答的方式和技巧。在法庭调查中，当提问者对被提问者提出问题后，回答者虽然是被动的，但是，他也可以通过选择有利于自己的方式来回答，这就是回答的策略技巧。

（1）了解最佳回答效果的判断规则。根据提问者与被提问者的关系不同，回答者的回答达到以下效果为最佳：①在提问者与回答者双方利益和目的冲突的情况下，回答者尽可能地使答话产生最大的，有利于自己的而不是有利于提问方利益的语境是最佳效果，同时又尽可能地让对方、裁判方感受到你遵守了回话的合作原则；②在提问方与回答方双方目的利益一致或者无利害冲突时，回答者的回答有利于共同目的实现或者有利于双方利益是最佳语境效果。

（2）回答问题的技巧方法。

第一种情形是一对一问题的回答方式。一对一提问是指提问者提出一个问题，就需要回答者回答，这是符合提问要求的提问方式，针对这种提问方式，回答者每一问都要回答。回答可以遵循以下技巧：

一是无信息型，无信息型是指针对提问表示"不知道、不清楚、你无权知道"等表述方法。这往往是基于回答者不了解案情或者不愿意回答产生。除此之外，还可以采取回避的方式回答，答非所问，提供的信息与提问不一致。

二是跳出预设型，这种回答往往是提问者设置一定的前提，提问者提问的问题隐藏一个假设成立的前提，如果回答者不能辨别这一陷阱，有可能做出对自己不利的回答，因此，破解这类提问的有效方法是直接否认隐藏的提问预设前提。如公诉人问被告："下次你还敢去偷吗？"这个提问有一个预置的前提"这次你偷了"，如果回答"不敢"或者"敢"，都意味着你承认这次的偷盗行为的存在。要想破解此类提问，最好的回答方法是"我从来没偷过"，或者"这次没有偷，更别说下次再偷了"等回答。

三是脱责型，回答者要想摆脱提问者的束缚，不自认或者不自证其罪，可以采取以下回答方法：一种是回答"形式是我的，内容不是我的"，即这个东西既是我的又不是我的。这样做把问题甩给了对方。另一种就是不直接回答是或者不是，而是做出解释。

四是配合型，在提问人与自己的目的一致时，或者问话于自己有利的时候，尽量提供合作，采用最有利于己方标准的方式回答。

第二种情形针对多个问题混在一起提问的回答方式。堆积问题原本就是提问的禁忌，但是由于诸多原因，不可避免地在法庭审理中，控辩双方或者原被告双方均有可能犯此类错误，面对这种错误提问方式，回答者可以采取以下技巧：①优先回答最近的问题；②优先回答最后的问题；③优先回答记得最清楚的问题；④选择性优先回答对自己最有利的问题，优先回答或者只回答这一个问题；⑤选择性优先回答最容易回答的问题或者只回答这一个问题；⑥选择性优先回答对自己伤害最小的问题或者只回答这一个问题。

（二）演讲式语言表达

法庭辩论中的口头语言表达是演讲，对于中国人来讲，在大多情况下是不擅长演讲的，我们的学习传统也不重视演讲，这一点，西方和我们恰恰相反。西方国家，最早追溯到古希腊、古罗马时期，演讲是非常盛行不衰的。一场煽动性的演讲，可以引发一场战争，法庭上演讲的好与坏，直接关系到被告人的生死离别。

法庭演讲是以申辩和质问的形式指控或辩护，其焦点在于过去是谁做了些什么事，需不需要承担法律责任，应当承担怎样的法律责任。这就要求演讲者十分擅长把握听众心理，刑事案件要分析被告人害人的动机、受害人的性格，民事案件要分析民事行为的性质和法律责任的承担，除此之外，好的演讲者还必须洞悉公众价值观、正义观、人格观等以辨别当事人行为的正当性与不正当性。

法庭演讲应把握以下几个方面：

1. 明确演讲的目的。亚里士多德认为演讲就是对听众的一种说服，让听众形成某种判断，认同、赞成并采纳自己所持的观点或采取某种行动。法庭辩论演讲目的是说服法官，通过演讲表达己方观点，反驳对方观点，说得对方服气，佩服，说得法官信服，采纳你的观点和理由，作出对自己一方有利的裁判。因此，记住，在中国的法庭受听对象是法官、合议庭，而不是旁听席上的旁听人员。

2. 善于运用肢体语言。演讲不仅仅是口头语言，肢体语言的配合也很重要。比如，在正式发表演讲前与受听者进行眼神的交流，不要急于发言，通过无声的眼神交流可以让听众将注意力关注到演讲者身上，同时演讲者也可以感知听众的态度和情绪，为后面正式演讲提供认识上的准备。

3. 法、理、情并用。法律从文字上来看，是冰冷理性的，但是，运用法律的人是有情感的。法庭演讲首先突出"法"字，就是以事实和证据为基础探讨法律的适用，但是法律中的情节的考虑，为演讲者以理、以情动人留下较大的发挥空间。谈法的同时不要忘记谈理和情，只有法理情相结合，才会获得利益最大化。

4. 善于使用修辞语言。古希腊哲学家安提斯蒂尼有句名言："你要想让孩子跟神们生活在一起，就教他哲学；要想让他跟人们生活在一起，就教他修辞术。"这句名言道出与人相处语言表达中修辞的重要性，法庭演说更是如此。在法庭演说中，常用的修辞有以下几种：

（1）比喻。比喻就是"打比方"。即抓住两种不同性质的事物的相似点，用一事物来比喻另一事物。比喻的关键是甲和乙必须是本质不同的事物，甲乙之间必须有相似点，否则比喻不能成立。比喻的作用主要是：化平淡为生动，化深奥为浅显，化抽象为具体，化冗长为简洁。如，在一起拆迁纠纷案件中，原告因为处在繁华地带的别墅被拆，对拆迁补偿不满发生纠纷，拆迁方主张我们已经补给了几套郊区公寓，已经是等价补偿了。被拆迁方使用一个比喻："你拆我的别墅补我几套公寓就像你砸了我的宝马，赔我几辆自行车一样"，这个比喻立刻化平淡与生动，让我们看到别墅与公寓在价值功能上的不同。

（2）排比。排比由三个或三个以上结构相同或相似，内容相关、语气一致的短语或句子组合而成。常用强调的同一词语重复出现在各个短语或句子的同一位置上。其作用在于加强语势，强调内容，加重感情。如：正是被告人的行为，让年轻的生命从此戛然而止，正是被告人的行为，让被害人的理想再也无法实现，正是被告人的行为，让被害人双亲失去挚爱。

（3）设问。无疑而问，往往明知故问，自问自答或提出问题不需要回答。目的是强调问题，以引起人们注意，启发人们进行思考。如：是谁给了被告人滥杀无辜的权利？

5. 多用短句。短句由于修饰成分少，简明有力，自然平易，宜于叙事和表达强烈的思想感情，也便于反映明快的对话，因此法庭辩论中应当多用短句。

6. 适度把握法庭演讲中语速。

（1）一般情况下语速不能过快。如果演讲者语速快到受听者听不清的程度，就成了自说自话，就无法说服法官，演讲目的不能实现。

（2）该快则快。法庭辩论中在反驳对方重要论点时或者表达激烈感情时，可以使用较快的语速表达。

（3）该慢则慢。在下列情况下演讲者语速要适当放慢。①向法庭特别强调观点时要慢；②自己的论点或论据需要引起对方及法官注意时要慢；③向对方发问时要慢；④列举悲痛事实时语速要适当放慢。

第三章

法庭基本逻辑运用

一、法律职业人掌握法律逻辑与法律思维的必要性

　　美国资深法官鲁格罗·J. 亚狄瑟（Ruggero J. Aldisert）在他的《法律的逻辑——法官写给法律人的逻辑指引》一书这样写道："受人尊重的法律必须有其理由，而且只有符合逻辑思考规律的法律推理才能被接受。"他这样对法学院新生讲："从你们进入法学院，不知所措的第一天起，到成为律师或法官，甚至成为美国最高法院的大法官，都会被'雾失楼台，月迷津渡'的现象困惑着，那就是我们所说的法律推理……这是一段令人困惑的经验，坦白说，大多数学生都不知道教授到底在干什么……让我们面对这个让人挫败、不安、困窘而又不愉快的体系吧。"他的这些话的主要观点实质是法律应当符合逻辑，逻辑思维蕴含在法律思维之中。

　　逻辑思维对于法律人的意义是不容置疑的，逻辑思维的作用领域很广泛，包括立法、案件侦查、法律事实认定领域，以及法律推理、法律论辩和法律论证领域等。因违背逻辑规律，造成不正确的推理，导致虚假的结论而引起的社会危害是其他领域无法比拟的。新中国成立以来，诸多的冤假错案除了司法人员的违法裁判外，有一大部分案件是因为司法工作人员不懂法律逻辑，缺乏法律思维能力。因此，法律逻辑思维能力的培养，有助于正确认识事物，从已知进到未知；有助于准确、严密地表达和论证思想；有助于揭露谬

误，驳斥诡辩；有助于培养分析理性精神和创新意识；有助于提高立法工作的水平；有助于法律适用的一致性和提高依法办案的能力。

柯克（Edward Coke）大法官认为："作为法律之基础的理性是一种人为理性而非常识分析，这种理性只有经历过法律训练、有法律经历的人才会运用。"在本章中，结合司法实践，笔者将从三个方面简要介绍法律职业人应当掌握的逻辑规则。

二、逻辑思维的基本规律

逻辑思维有四条基本规律：同一律、矛盾律、排中律及充足理由律。同一律保证思想的同一性，矛盾律保证思想的无矛盾性，排中律保证思想的明确性，充足理由律保证推理的充分性。而同一性、无矛盾性和明确性则是思维有确定性的不同角度的表现。

（一）同一律

1. 同一律的基本内容与逻辑要求。同一律是指在同一思维过程中，每一思想必须与其自身具有同一性。

同一律基本要求：①在同一思维过程，表达思想时所用的词项，必须保持其确定的内涵和外延。即是说，在同一思维过程中，一个词项，原来指称什么对象就要一直指称这一对象，而不能随意变更。这样，运用概念和命题进行推理的时候，才能保证思想内容的确定性，否则就会发生思维混乱并引起行动上的错误。②在同一思维过程中，不仅要保持词项内容的确定性，而且还必须保持命题的确定性。即是说，一个命题陈述什么就陈述什么，并且其前后的陈述应当一致。同样，一个命题是真的就真的，是假的就是假的，也不能随意变更，否则也会发生思维混乱。

2. 违反同一律的要求产生的逻辑错误。①混淆概念，混淆概念是无意识违反同一律的要求，把不同的概念当成同一个概念来使用所犯的逻辑错误。这种逻辑错误主要是由于不善于准确使用概念来表达思想而造成的。②偷换概念，偷换概念是故意违反同一律的要求，将不同的概念当作同一概念来加以运用。偷换概念是辩论中论敌经常使用的诡辩手段之一，其目的在于颠倒黑白，混淆是非，使人上当受骗。③转移论题，转移论题是指无意识违反同一律的要求，使议论离开论题所犯的逻辑错误。

（二）矛盾律

1. 矛盾律的基本内容与逻辑要求。在同一思维过程中，两个互相否定的思想不能同真，必有一假。

矛盾律的基本要求：①在词项方面，矛盾律要求在同一思维过程中，不能同时用两个相互否定的词项指称同一对象；②在命题方面，矛盾律的要求是不能同时肯定两个互相矛盾或互相反对的命题同真，必须肯定其中有一个是假的。

2. 违反矛盾律要求的逻辑错误：违反矛盾律所产生的逻辑错误就是"自相矛盾"。

（三）排中律

1. 排中律的基本内容与逻辑要求。排中律是在同一思维过程中，两个互相矛盾的思想不能都假，必有一真。

排中律的要求：①在词项方面，排中律要求在同一思维过程中，在用两个具有矛盾关系的词项指称同一对象的情况下，必须承认其中有一种情况是真的，而不能对两者都加以否定。②在命题方面，排中律要求在同一思维过程中，不能同时否定两个具有矛盾关系的命题，必须肯定其中有一个是真的。

2. 违反排中律要求的逻辑错误。违反排中律的要求所产生的逻辑错误被称之为"模棱两可"。如果对两个互相矛盾的思想既不承认这个，又不承认那个，就违反了排中律的要求。排中律是人们正确思维必须遵守的逻辑规律，它对于保证人们思维的明确性具有极为重要的作用。但是，排中律只是正确思维应遵守的规律，它并不否认客观事物本身有可能存在两种以上的情况，也不否认事物发展过程中存在着某种过渡和中间状态。

3. 排中律与矛盾律的区别。①适用范围不同。矛盾律适用于不可同真的两个命题，即适用于具有矛盾关系或反对关系的两个命题；排中律只适用于两个不可同假的命题，即只适用于具有矛盾关系命题。②逻辑要求不同。矛盾律要求对相互反对或相互矛盾的命题不能同时加以肯定，即不能两可。排中律则要求对相互矛盾的命题不能同时加以否定，即不能两不可。③逻辑错误不同。违反矛盾律的逻辑错误是"自相矛盾"，而违反排中律的逻辑错误是"模棱两不可"。

（四）充足理由律

1. 充足理由律的基本内容与逻辑要求。充足理由律是指任何一个正确的、真实的思想必有它的充足理由。充足理由律的逻辑要求：①必须有理由，而且理由必须是真实的和全面的；②从理由能够推出所要论证的思想。

2. 违反充足理由律要求的逻辑错误。①理由虚假，以主观臆造的理由为依据进行论证，就要犯"理由虚假"的逻辑错误；②推不出，有时，理由孤立地来看是真实的，但它同推断没有必然联系，从理由推不出推断。

充足理由律和前三条规律有着密切的联系，前三条规律是它的基础和必要条件：思想不确定，自相矛盾，模棱两可，就谈不上有论证性。概念和判断本身无法确定，就无法讲清判断与判断之间的联系是否合乎逻辑。充足理由律是前三条规律的必要补充，在前三条规律的基础上，保持了概念和判断的确定性之后，要求更进一步，指出判断与判断之间的联系具有必然性，具有论证性。

三、推理

(一) 演绎推理

演绎推理是由普遍性的前提推出特殊性结论的推理。演绎推理有三段论、联言推理、选言推理和假言推理等形式。

1. 三段论。三段论是由三个性质判断组成的演绎推理。它是借助两个性质判断中所包含的一个共同的概念把该性质判断的另外两个概念联结起来，从而推出一个新的性质判断的推理。任何一个三段论都有并且只有三个不同的词项。这三个词项分别叫做中项、小项和大项。中项是指在两个前提中都出现而在结论中不出现的词项。小项是作为结论主项的词项。大项是指作为结论谓项的那个词项。小项和大项都在前提和结论中各出现一次。在三段论中，是由于中项在前提中的媒介作用，才把小项和大项联结起来。这里，前提中大项和小项分别与中项的联结、结论中大项和小项的联结，实际是指词项外延之间的关系。

三段论规则：①中项在大小前提中必须是相同的概念。②中项至少要周延一次。这条规则要求中项至少有一次是以全部外延和另一个词项（大项或小项）发生关系。这样才能确保中项在小项和大项之间起到媒介作用，从而确定小项和大项之间的联系。③前提中不周延的词项，在结论中不得周延。一个有效的三段论，它的结论是从前提必然推出的，前提蕴涵着结论。而只有结论中某词项被陈述的范围不超出前提中该词项被陈述的范围，才能保证结论必然为前提所蕴涵。反之，如果一个词项在前提中不周延而在结论中周延了，即前提只陈述一个词项的部分外延，结论却陈述了这一词项的全部外延，那么，结论的陈述就超出了前提所陈述的范围。这样，结论便不被前提蕴涵，不能保证从真前提必然推出真结论。④两个否定前提不能推出必然结论。如果两个前提都是否定命题，则它们所陈述的是小项与大项的外延分别和中项的外延之间部分地或全部地具有排斥关系。这样，中项就不能在大项和小项之间起媒介作用，从而无法确定大、小项之间的关系。因此，也就不能从两个否定前提有效地得出结论。⑤如果前提中有一个是否定的，则结论必是否定的。根据规则④如果两个前提中有一个是否定的，那么另一个必是肯定的。否定的前提陈述中项和一个项在外延上排斥，肯定的前提陈述中项和另一个项在外延上相容。这样，通过中项的媒介作用，大、小项之间的关系必是互相排斥的，而不会是相容的。因此，结论必然是否定的。⑥两个特称命题做前提，不能推出必然结论。⑦如果前提中有一个是特称的，那么结论必是特称的。

2. 联言推理。联言推理是前提或结论为联言命题，并且根据联言命题联结项的逻辑性质推出结论的演绎推理。联言推理的种类主要有分解式、合成式两种：①联言推理的分解式。联言推理的分解式是由一个联言命题的真，推出它所包含的支命题也真的联言推理。②联言推理的合成式。联言推理的合成式是由全部联言支的真，推出联言命题真的联言推理。

3. 选言推理。选言推理是前提中至少有一个是选言命题，并且根据选言命题的逻辑性质推出结论的演绎推理。选言推理根据选言前提的选言支是相容的还是不相容的，可分为相容选言推理和不相容选言推理。

（1）相容选言推理。相容选言推理是两个前提中有一个是相容选言命题，并且根据相容选言联结项的逻辑性质推出结论的选言推理。相容选言推理有两条规则：①否定一部分选言支，必然要肯定另一部分选言支。②肯定一部分选言支，则不能否定另一部分选言支。相容选言推理只有一种推理形式是有效的，即否定肯定式。

（2）不相容选言推理。不相容选言推理是两个前提中有一个是不相容选言命题，并且根据不相容选言命题联结项的逻辑性质推出结论的选言推理。不相容选言推理有两条规则：①肯定一个选言支，必然要否定其余的选言支。②否定除一个选言支以外的其他选言支，必然要肯定那个未被否定的选言支。不相容选言推理有两个有效式，即肯定否定式和否定肯定式。

4. 假言推理。假言推理是前提中至少有一个为假言命题，并且根据假言命题的逻辑性质推出结论的演绎推理。由于假言命题分为不同的类型，因此，假言推理也相应分为不同的类型。

（1）充分条件假言推理。充分条件假言推理是前提包含有一个充分条件假言命题，并且根据充分条件假言命题前后件的逻辑性质推出结论的演绎推理。这种推理的规则是：①肯定前件就要肯定后件；肯定后件不能肯定前件。②否定后件就要否定前件；否定前件不能否定后件。

（2）必要条件假言推理。必要条件假言推理是前提包含有一个必要条件假言命题，并且根据必要条件假言命题前后件的逻辑性质推出结论的演绎推理。这种推理的规则是：①否定前件就要否定后件；否定后件不能否定前件。②肯定后件就要肯定前件；肯定前件不能肯定后件。

（二）归纳推理

凡是从个别知识的前提推出一般的结论的推理，称之为归纳推理。人们通过归纳，可以使已有的知识扩大和推广，可以发现新的知识，而且演绎推理是离不开归纳推理的，在演绎推理中，表达一般知识的大前提是靠归纳得来的。

1. 完全归纳推理。完全归纳推理是根据某类的每一个对象具有（或不具有）某种属性，推出一个关于某类的一般性知识的结论。从前提和结论之间的联系程度看，完全归纳推理是必然性推理，因此也可以看作是演绎推理的一种。应用完全归纳推理要获得正确的结论，必须遵循以下两点：①前提中的每一个经验命题必须是真实可靠的。如果前提中有不真实的命题，那么就不能得出真实的一般性结论。②完全归纳推理必须毫无遗漏地考察到一类事物中的全部对象，否则得出的结论就不是必然的了。

2. 不完全归纳推理。不完全归纳推理是根据某类思维对象的部分分子（或小类）对象具有（或不具有）某种属性，从而推出该类的全部类对象都具有（或不具有）某种属性的归纳推理。不完全归纳推理分为简单枚举归纳推理、科学归纳推理。

（1）简单枚举归纳推理。它是根据某类思维对象的部分分子（或小类）对象都有（或没有）某种属性，并且没有遇到矛盾情况，从而推出该类的全部类对象有（或没有）某种属性的归纳推理。为了提高简单枚举归纳推理结论的可靠性程度，必须注意以下三点：①前提中所列举的对象情况要尽量增多；②尽可能选择具有广泛代表性的对象情况；③注意搜集可能出现的反面事例。

（2）科学归纳推理又称科学归纳法。它是根据某类思维对象的部分分子（或小类）对象都具有某种属性，并且这一部分分子（或小类）对象与某种属性之间具有因果联系，从而推出该类的全部类对象有某种属性的归纳推理。

3. 求因果联系归纳推理。就是要注意探求被考察的对象与其属性间的因果联系。求因果归纳推理具有以下特征：一是求因果归纳推理的前提和结论之间体现着有关现象间的因果联系。二是求因果归纳推理仍然是一种或然性推理。近代英国逻辑学家穆勒提出了五种探求因果联系的方法，这五种方法是对历史上求因果联系方法的比较严格、全面的总结。它们是一些比较简单的，但又具有一般性的方法。这五种方法是：求同法、求异法、求同求异并用法、共变法、剩余法。逻辑史上称之为"穆勒五法"。

（1）求同法。求同法又称契合法，是指如果在被研究的那类现象出现的几个场合中，其他有关情况都不相同，只有一个情况是相同的，那就得出结论：这个唯一相同的情况与被研究的那类现象之间有因果联系。要提高求同法结论的可靠性，就要注意以下两点：①各场合是否还有其他的共同情况；②要尽量增加可比较的场合。

（2）求异法。求异法，又称差异法。比较被研究现象出现和不出现的两种场合，若其他情况完全相同，只有一个情况不同，而唯一不同的这个情况，在被研究现象出现的场合中是存在的，在被研究现象不出现的场合是不存在的。于是得出结论：这两个场合中唯一不同的情况与被研究现象之间有因果联系。应用求异法时应注意以下两点：①两个场合是否还有其他差异情况。②两个场合唯一不同的情况，是被研究现象的整个原因，还是被研究现象的部分原因。如果被研究现象的原因是复合的，而且各部分原因的单独作用是不同的，那么，总原因的一部分情况消失时，被研究现象也就可能不出现。只有找出被研究现象的原因，才能真正把握这些情况与被研究现象之间的因果联系。

（3）求同求异并用法。求同求异并用法，又称契合差异并用法。它的内容是如果在被研究现象出现的几个场合中，都有某一情况出现，而在被研究现象不出现的几个场合中，都没有这个情况出现，那就得出结论：这个情况与被研究的那类现象之间有因果联系。运用求同求异并用法时应注意以下问题：①尽量在每组场合中考察更多的场合。因为考察的场合越多，就越能排除凑巧的偶然情形，就不大容易把一个不相干的因素，与被研究现象联系起来。②选择被研究现象不出现的反面场合时，应尽量与被研究现象出现的正面场合的其他情况相似。因为被研究现象不出现的场合是很多的，它们对于探求被研究现象的因果联系并不都是有意义的。反面场合组的情况与正面场合组的情况越相似，结论的可靠程度就越高。

（4）共变法。共变法的内容是如果在被研究现象发生变化的几个场合中，其他有关情况都不变化，唯有一个情况相应地变化，那就得出结论，这个相应变化的情况与被研究现象之间有因果联系。运用共变法时应注意以下两点：①与被研究现象发生共变的现象必须是唯一的，否则，结论便不可靠。②两个现象间的共变关系有一定的限度，超过这个限度，就会失掉原来的共变关系，就会适得其反。

（5）剩余法。剩余法的内容是如果已知某一复合现象与另一复合现象之间有因果联系，又知前一现象中某一部分与后一现象中某一部分有因果联系，那就得出结论，前一现象的剩余部分和后一现象剩余部分之间有因果联系。

四、论证与反驳

（一）论证

论证，就是从一些事实命题（论据）出发，经过推理确定另一个命题（论题或论点）真实性的逻辑方法。论证根据其方法的不同，可以分为直接论证和间接论证。

1. 直接论证。直接论证是用论据的真实性直接推出论题的真实性的论证方法。论题直接从论据中推导出来，论据蕴涵论题，论据真则论题必真。

2. 间接论证。间接论证是通过论证其他命题的虚假性，从而确定论题真实性的逻辑论证方法。间接论证方法通常包括反证法和排除法（选言证法）两种。

（1）反证法。反证法就是通过论证与原命题相矛盾的反论题的虚假性来确定原论题真实性的间接论证方法。反证法的论证步骤为：先设定一个与原论题相矛盾的反论题；然后论证反论题为假，通常是用假言推理的否定后件式推出矛盾或者荒谬，从而推翻反论题；最后，根据排中律，确定原命题的真实性。

（2）排除法（淘汰法）。排除法，也称其为选言证法，是通过论证选言命题所包含的除论题所指的可能性外，其余可能都是虚假的，从而推出论题真实性的间接论证方法。其论证步骤为：首先，找出与原论题有关的所有可能性，构成一个选言命题；其次，论证原论题外的其他所有选言支不成立，从而根据选言推理的否定肯定式，推出原论题为真。

3. 论证的规则。①论题应当清楚、明确，不能含糊其词、具有歧义；②论题应当保持同一，不得偷换或转移论题；③论据应当是已被确认为真的命题；④论据的真实性不应依赖于论题的真实性；⑤从论据应能推出论题。

（二）反驳

反驳是运用真实命题来确定某一命题为假或某一论证不能成立的逻辑推演过程。

1. 反驳的对象。反驳的目的在于推翻对方的论证，由于论证是由论题、论据和论证方式三部分组成的，因此，反驳的对象也是上述三者。①反驳论题就是通过反驳确定对方的论题是虚假的、不能成立的，这是律师作无罪辩护时的常用方法；②反驳论据就是通过反驳确定对方的论据是虚假的或是没有得到论证的；③反驳论证方式，就是指出对方的论据与论题之间不具有必然的逻辑联系，即对方的论证犯了"推不出"的逻辑错误。

2. 反驳方法。反驳根据其论据与论题联系方式的不同，可以分为直接反驳和间接反驳。

（1）直接反驳就是直接用真实命题确定某命题虚假的反驳方法。直接反驳是最主要、最常用的反驳方法。直接反驳常用的论证方式是根据对当关系中的矛盾关系或反对关系进行的推理。

（2）间接反驳有两种情况。

第一，另立相反论题反驳法，就是通过论证与被反驳的命题有矛盾关系或反对关系的命题的真实性，从而确定被反驳的命题为假的反驳方法。这是由于具有矛盾关系或反对关系的命题是不能同真的，因而只要能够论证某一论题为真，则和它相矛盾或相对立的论题都只能是虚假的。基本步骤为：首先，设定与被反驳的论题相矛盾或相对立的论题（反论题）；其次，通过推理论证反论题为真；最后，根据矛盾律推出被反驳的论题为假。

第二，归谬法，归谬法是从被反驳的论题推出明显的荒谬结论，进而由否定错误的结论推出被反驳的论题虚假的反驳方法。归谬法的基本步骤为：①假设被反驳的论题为真，并以其作为假言命题的前件，从而推出后件，构成一个充分条件的假言命题；②由这一假言命题的后件明显荒谬否定假言命题的后件，进而根据充分条件假言推理否定后件式否定前件，最终达到反驳的目的。

第四章

法庭中的证据规则和审查判断

一、证据概述

（一）证据的概念

证据是事实内容与法律形式的统一，即以法律规定的形式表现出来的能够证明案件真实情况的一切事实。诉讼证据有以下属性：

1. 客观性。诉讼证据必须是客观存在的事物。诉讼证据的客观性表明，诉讼证据是不以人的主观意志为转移的，是客观的、真实的，而不是想象的、虚构的、捏造的。具体内容：①证据的内容必须具有一定的客观性，必须是对客观事物的反映；②证据必须具备客观存在的形式，必须是人们可以通过某种方式感知的东西。

2. 关联性。证据与需要证明的案件事实或其他争议事实具有的某种内在的联系。具体内容包括：①这个证据能够证明什么事实；②这个事实对解决案件中的争议问题有没有实质性意义；③法律对这种关联性有没有具体的要求

3. 合法性。证据必须符合法律的要求，不为法律所禁止。包括：①收集证据的主体合法；②证据的形式合法；③收集证据的程序合法。

（二）证据的种类

证据的法定种类是指证据在法律上的表现形式。我国三大诉讼都对证据的法定种类有直接规定。包括：物证、书证、证人证言、

当事人陈述、犯罪嫌疑人供述与辩解、视听资料、鉴定意见、电子数据、勘验笔录、现场笔录等。

（三）证据的分类

证据的分类是指按照不同的标准对证据进行的划分。

1. 原始证据与传来证据。按照证据与案件事实的关系不同，可以把证据分为原始证据与传来证据。凡是直接来源于案件事实或原始出处的证据就是原始证据，即原生证据。凡是间接来源于案件事实的证据，也即经过转述、传抄、复制的第二手以及第二手以下的证据，是传来证据，也叫"派生证据"或"衍生证据"。

2. 直接证据与间接证据。依据证据与案件主要事实之间的关联方式来划分。直接证据与案件主要事实的关联是直接的，没有中间环节的，可以不依赖任何其他的证据，其对案件事实的证明是"一步到位式"。间接证据的证明则具有间接性，即必须与其他证据相结合，往往要以某种推论为中介才能证明案件的主要事实，其对案件事实的证明是"借助中介式"。

3. 言词证据与实物证据。言词证据，是指以人的陈述为表现形式的证据。包括证人证言、鉴定意见、当事人陈述等。所谓实物证据，则是以物品或者痕迹为表现形式的证据。包括物证、视听资料、书证、勘验笔录等。

4. 本证与反证。根据证据与证明责任承担者的关系，可以将证据分为本证与反证。本证，是负有证明责任的一方当事人，依照证明责任提出的证明自己主张的事实的证据。反证，是不负证明责任的当事人提出的证明对方主张的事实不真实的证据。

5. 控诉证据与辩护证据。按照证据对刑事案件的证明作用，可以将证据分为控诉证据和辩护证据。控诉证据，是指能够证明犯罪事实的发生，犯罪嫌疑人、被告人犯罪，或者是应当从重处罚犯罪嫌疑人、被告人的证据。辩护证据，是指能够证明案件事实没有发生，犯罪嫌疑人、被告人无罪、罪轻，或者是能够减轻、免除犯罪嫌疑人、被告人刑事处罚的证据。

（四）与证据概念相关联的几个概念

1. 证据能力，是指能够用以证明案件事实的一种资格。对证据能力的有无，由法律具体规定。

2. 证明力，是指有证据能力的证据，在多大程度上对案件事实有证明作用。对证明力的有无及大小，由法官根据证据本身的信用性，以及法庭调查和法庭辩论情况，依自由心证决定，但法律另有规定的除外。

3. 证明，是指控辩双方或者原被告双方提出证据，使人民法院就其主张的事实，或提出的抗辩事由，能够产生较强的心证，相信该事实或事由确实如此。在民事诉讼中，当事人在诉讼上所主张的事实，通常必须证明。在刑事诉讼中，所有案件事实，必须证明。

4. 举证责任，是指原被告双方或者控辩双方对自己提出的立证事项，为得到法院裁判支持，必须对其立证事项提出证据、进行辩论，以证明该立证事项真实成立的一种危险负担。

二、民事诉讼证据规则

根据《民事诉讼法》和《最高人民法院关于适用〈中华人民共和国民事诉讼法〉的解释》（法释〔2015〕5号，以下简称《民诉解释》）规定，民事案件的证据、证明责任负担应当遵循以下规则：

（一）当事人证明责任规则

当事人对自己提出的诉讼请求所依据的事实或者反驳对方诉讼请求所依据的事实，应当提供证据加以证明，但法律另有规定的除外。在作出判决前，当事人未能提供证据或者证据不足以证明其事实主张的，由负有举证证明责任的当事人承担不利的后果。

人民法院应当依照下列原则确定举证证明责任的承担，但法律另有规定的除外：①主张法律关系存在的当事人，应当对产生该法律关系的基本事实承担举证证明责任；②主张法律关系变更、消灭或者权利受到妨害的当事人，应当对该法律关系变更、消灭或者权利受到妨害的基本事实承担举证证明责任。

1. 举证责任分配。

（1）主张请求权存在的，应就该请求权发生所需事实承担证明责任。主张对方请求权消灭或主张该请求权的效力受制的当事人，应当就权利障碍、权利消灭、权利排除的规定的要件事实，承担举证责任。但法律另有规定的除外。

（2）对于法律行为，主张欠缺行为能力、意思表示不真实、意思表示系因诈欺或胁迫而为的当事人，应当就所欠缺行为能力、意思表示不真实、被欺诈或被胁迫的事实，承担举证责任。

（3）在消极确认之诉，当事人提出确认该消极事实的，应当就权利障碍、权利消灭、权利排除的规定的要件事实，承担证明责任，对方当事人应当就权利根据的规定的要件事实，承担举证责任。

（4）主张民事法律行为所产生的权利的当事人，应当就该民事法律行为已经依其主张的方法成立的事实，承担举证责任。

（5）以排除通常效力的特别事实为理由，否定法律构成要件的效力的当事人，应当就该特别事实的存在，承担举证责任。

（6）对代理权的有无，以及代理范围发生争议的，主张有代理权存在的一方当事人，应当就该代理权存在的事实，承担举证责任。

（7）对债务是否履行发生争议的，负有履行义务的当事人，应当对履行该债务的行为事实、结果事实，承担举证责任，但有抗辩权情形存在的除外。主张不履行债务不是出于可归责于债务人的事由而产生的，债务人应当就该债务不履行的免责事实，承担举证责任。

（8）债务人主张债务因超过诉讼时效而不愿承担的，债权人主张有中断、中止或延长的事由存在的，应当就中断、中止或延长的事由存在的事实，承担举证责任。

（9）提出非债清偿的不当得利返还请求的当事人，应当就原债务已经清偿的事实、再次清偿的事实，或得利人利得的事实，承担证明责任。得利人应当就债务存在的事实，承担举证责任。

（10）主张无因管理费用偿还请求权的当事人，应当就管理事物的行为事实和结果事实，承担证明责任。主张该管理行为具有法定的原因或约定的原因的当事人，应当就该原因存在的事实，承担举证责任。

（11）对于必须具备特定形式才能有效的民事法律行为，当事人主张该法律行为所产生的权利的，应当就该特定形式存在的事实，承担举证责任。但主张该民事法律行为的订立，另外附有停止条件、解除条件、始期或终期的当事人，应当对该所附条件存在的事实，承担举证责任。

（12）主张合同关系成立并生效的当事人，应当对合同关系成立并生效的事实，承担举证责任。主张合同关系变更、解除、终止、撤销的当事人，对引起原合同关系变更、解除、终止、撤销的事实，承担举证责任。

（13）因用人单位做出开除、除名、辞退、解除劳动合同、减少劳动报酬、计算劳动者工作年限等发生劳动争议而引起的诉讼，主张其行为有法律依据或合同根据的用人单位，应当就其行为所依据的事实，承担举证责任。

（14）主张自己的权利受到不法侵害，请求损害赔偿的当事人，应当就其权利是由于行为人的故意或过失而遭受损害的行为事实、结果事实、危险状态事实，承担举证责任。但法律另有规定的除外。

（15）因新产品制造方法发明专利引起的专利侵权诉讼，提出抗辩的当事人，应当就其抗辩所依据的事实，或者其产品的制造方法不同于专利方法的事实，承担举证责任。

（16）在因国家机关和国家机关工作人员违法行使职权而引起的侵权诉讼中，提出抗辩的国家机关，应当就其行为的合法性事实、法定免责事由存在的事实，承担举证责任。

（17）因医疗纠纷引起的诉讼，提出抗辩的医疗机关，应当就医疗行为的及时性、科学性、适当性、医疗行为与损害结果之间不存在因果关系，以及法定免责事由存在的事实，承担举证责任。

（18）因危险行为致人损害而提出赔偿诉讼的当事人，应当就自己所遭受损害的结果事实、行为人的行为与损害后果事实间有关联的事实，承担举证责任。提出抗辩的危险行为实施人或物件所有人、管理人、占有人，应当对损害或者危险状态是由受害人的故意或过错行为造成的事实，承担举证责任。在因共同危险行为致人损害的侵权诉讼中，提出抗辩的行为人，应当就损害后果的真正加害人，承担举证负担。不能证明真正加害人的，不能卸除其举证责任。

（19）引用为人民法院所不知的交易习惯、外国现行法律的当事人，应当就该交易习惯、外国现行法律存在的事实，承担举证责任。

2. 无需举证规则。

（1）一方当事人的自认。一方当事人在法庭审理中，或者在起诉状、答辩状、代理词等书面材料中，对于己不利的事实明确表示承认的，另一方当事人无需举证证明。但是，对于涉及身份关系、国家利益、社会公共利益等应当由人民法院依职权调查的事实，不适用自认的规定。

（2）自然规律以及定理、定律。

（3）众所周知的事实。

（4）根据法律规定推定的事实。

（5）根据已知的事实和日常生活经验法则推定出的另一事实。

（6）已为人民法院发生法律效力的裁判所确认的事实。

（7）已为仲裁机构生效裁决所确认的事实。

（8）已为有效公证文书所证明的事实。

上述（3）至（5）项规定的事实，当事人有相反证据足以反驳的除外；（6）至（8）项规定的事实，当事人有相反证据足以推翻的除外。

（二）法院收集证据规则

举证责任本应当由当事人负担，但是，在信息公开制度不完善、证据制度不完善的今天，完全由当事人负责提交证据在诸多案件中是不可能的，一旦这样实施，可能会引发司法不公。基于以上原因，在现行《民事诉讼法》中对于当事人及其代理人因客观原因不能提供的证据，对于涉及国家利益、社会公共利益、第三人利益以及不涉及当事人实体权利的程序性事项，人民法院可以调取相关证据。根据《民诉解释》第94条、第96条规定，法院调查收集证据有两种情形。

1. 依申请收集证据。当事人及其诉讼代理人因客观原因不能自行收集的证据包括：①证据由国家有关部门保存，当事人及其诉讼代理人无权查阅调取的；②涉及国家秘密、商业秘密或者个人隐私的；③当事人及其诉讼代理人因客观原因不能自行收集的其他证据。当事人及其诉讼代理人因客观原因不能自行收集的证据，可以在举证期限届满前书面申请人民法院调查收集。调查当事人申请调查收集的证据，与待证事实无关联、对证明待证事实无意义或者其他无调查收集必要的，人民法院不予准许。

2. 依职权收集证据。法院依法调查的证据包括：①涉及可能损害国家利益、社会公共利益的；②涉及身份关系的；③涉及《民事诉讼法》第55条规定诉讼的；④当事人有恶意串通损害他人合法权益可能的；⑤涉及依职权追加当事人、中止诉讼、终结诉讼、回避等程序性事项的。

（三）法庭质证规则

质证是指当事人及其诉讼代理人在法庭主持下就证据的真实性、合法性、关联性以及证明力的有无或者大小予以说明和质辩的活动与程序。质证应当在法庭庭审中进行。未经当事人质证的证据，不得作为认定案件事实的根据。当事人在审理前的准备阶段认可的证据，经审判人员在庭审中说明后，视为质证过的证据。涉及国家秘密、商业秘密、个人隐私或者法律规定应当保密的证据，不得公开质证。

当事人应当围绕证据的真实性、合法性以及与待证事实的关联性进行质证，并针对证据有无证明力和证明力大小进行说明和辩论。能够反映案件真实情况、与待证事实相关联、来源和形式符合法律规定的证据，应当作为认定案件事实的根据。

（四）证据的审查运用采信规则

1. 非法证据排除规则。又称合法性规则，是指收集证据必须依法进行，违法取得的证据不得作为定案根据。《民诉解释》第106条规定，对以严重侵害他人合法权益、违反法律禁止性规定或者严重违背公序良俗的方法形成或者获取的证据，不得作为认定案件事实的根据。

2. 最佳证据规则，即原始证据应优先于派生证据被提供和被采用。当事人应当提供原始证据，法官应当采用原始证据来认定事实。有如下理由之一的可以提供和采用派生证据，人民法院应当结合其他证据和案件具体情况，审查判断书证复制品等能否作为认定案件事实的根据：①书证原件遗失、灭失或者毁损的；②原件在对方当事人控制之下，经合法通知提交而拒不提交的；③原件在他人控制之下，而其有权不提交的；④原件因篇幅或者体积过大而不便提交的；⑤承担举证证明责任的当事人通过申请人民法院调查收集或者其他方式无法获得书证原件的。

3. 补强证据规则，是指某一证据不能单独作为认定案件事实的根据，只有在其他证据予以佐证补充的情况下，才能作为定案根据。下列证据需要补强：①未成年人所作的与其年龄和智力状况不相当的证言、与一方当事人或其代理人有利害关系的证人出具的证言等。②存有疑点的视听资料。难以识别是否被删改的视听资料，不能单独作为定案的根据。③无法与原始证据核对的派生证据。④无正当理由未出庭作证的证人证言。

4. 庭前证据交换与举证时限规则，是指开庭审理前人民法院组织当事人相互就支持自己主张的证据材料出示给对方，并就对方的证据材料发表意见和看法的活动。经当事人申请，人民法院可以组织当事人在开庭审理前交换证据；人民法院对于证据较多或者复杂疑难的案件，应当组织当事人在答辩期届满后、开庭审理前交换证据。

人民法院应当在审理前的准备阶段确定当事人的举证期限。举证期限可以由当事人协商，并经人民法院准许。人民法院确定举证期限，第一审普通程序案件不得少于 15 日，当事人提供新的证据的第二审案件不得少于 10 日。举证期限届满后，当事人对已经提供的证据，申请提供反驳证据或者对证据来源、形式等方面的瑕疵进行补正的，人民法院可以酌情再次确定举证期限，该期限不受前述规定的限制。当事人申请延长举证期限的，应当在举证期限届满前向人民法院提出书面申请。申请理由成立的，人民法院应当准许，适当延长举证期限，并通知其他当事人。延长的举证期限适用于其他当事人。申请理由不成立的，人民法院不予准许，并通知申请人。

5. 公开查证规则，是指除涉及国家机密、商业秘密和个人隐私等应当保密的证据外，作为定案根据的证据必须当庭出示，在公开审理的法庭上经双方当事人辨认、质证。未经当庭查证的证据，不得径直作为定案根据。

6. 交叉询问规则，是指由当事人或其律师在法庭上对证人进行的盘诘性询问。《最高人民法院关于民事诉讼证据的若干规定》第 55 条第 1 款规定："证人应当出庭作证，接受当事人的质询。"

7. 意见证据规则，是指证人只能陈述自己亲身感受和经历的事实，而不得陈述对该事实的意见或者结论。我国将证人和鉴定人予以区分，鉴定意见是一种独立的证据种类，作为某一方面专家的鉴定人的意见可以作为诉讼中的证据。专家辅助人也可以针对专门性问题提出意见。

当事人可以依照《民事诉讼法》第 79 条的规定，在举证期限届满前申请一至二名具有专门知识的人出庭，代表当事人对鉴定意见进行质证，或者对案件事实所涉及的专业问题提出意见。具有专门知识的人在法庭上就专业问题提出的意见，视为当事人的陈述。

8. 调解或和解认可证据部分排除规则，《民诉解释》第 107 条规定，在诉讼中，当事人为达成调解协议或者和解协议作出妥协而认可的事实，不得在后续的诉讼中作为对其不利的根据，但法律另有规定或者当事人均同意的除外。

9. 妨碍举证法则，举证妨碍是指不负举证责任的当事人，故意或过失以作为或不作为的方式，使负有举证责任的当事人不可能提出证据，使待证事实无证据可资证明，形成待证事实存否不明的状态，故而在事实认定上，就负有举证责任的当事人的事实主张，作出对该人有利的调整 。

妨碍举证法则的具体规定：

（1）仅仅适用于书证在对方控制之下的情形。

（2）可以在举证期限届满前书面申请人民法院责令对方当事人提交。

（3）申请理由成立的，人民法院应当责令对方当事人提交书证，因提交书证所产生的费用，由申请人负担。对方当事人无正当理由拒不提交的，人民法院可以认定申请人所主张的书证内容为真实。

（4）持有书证的当事人以妨碍对方当事人使用为目的，毁灭有关书证或者实施其他致使书证不能使用行为的，人民法院可以依照《民事诉讼法》第111条规定，对其处以罚款、拘留。

三、刑事诉讼证据规则

（一）举证责任的承担

在我国的刑事诉讼中，依然遵循古老的"谁主张，谁举证"的证明法则，举证责任的承担者是控诉机关和负有证明责任的当事人。根据《刑事诉讼法》第49条规定："公诉案件中被告人有罪的举证责任由人民检察院承担，自诉案件中被告人有罪的举证责任由自诉人承担。"我国刑事诉讼举证责任的分担如下：

1. 人民检察院负有证明被告人有罪的责任。刑事诉讼法明确规定，检察机关决定提起公诉的案件，必须达到犯罪事实已经查清，证据确实、充分，依法应当追究刑事责任的标准。

2. 自诉案件的自诉人应当对其控诉承担证明责任。在自诉案件中，自诉人处于原告的地位，独立承担控诉职能，对自己提出的控诉主张依法应当承担证明责任。

3. 例外情况下，被告人应当承担提出证据的责任。例如，根据《刑法》第395条（《刑法修正案（七）》第14条）规定，国家工作人员的财产、支出明显超过合法收入，差额巨大的，可以责令该国家工作人员说明来源，不能说明来源的，差额部分以非法所得论，处5年以下有期徒刑或者拘役；差额特别巨大的，处5年以上10年以下有期徒刑。财产的差额部分予以追缴。也就是说，对于巨额财产来源不明罪，被告人负有说明明显超过合法收入的那部分财产、支出的来源的责任，如果不能说明来源的，则以巨额财产来源不明罪论处。但是，证明财产、支出明显超过合法收入并差额巨大这一事实存在的责任，仍然由公诉机关承担。

（二）证据运用规则

1. 禁止强迫自证其罪规则。

（1）禁止强迫自证其罪的含义。禁止强迫自证其罪意指任何人都没有协助他方证明自己实施了犯罪行为的义务，而且侦控机关亦不得强迫任何人负担此项义务。《刑事诉讼法》第50条规定：审判人员、检察人员、侦查人员必须依照法定程序，收集能够证实犯罪嫌疑人、被告人有罪或者无罪、犯罪情节轻重的各种证据。严禁刑讯逼供和以威胁、引诱、欺骗以及其他非法方法收集证据，不得强迫任何人证实自己有罪。

（2）该规则包含的内容：①这一规则适用于任何提供言词证据的人，包括犯罪嫌疑人、被告人和证人；②这一规则的核心要求是非强制性，它所禁止的不是"自证其罪"，而是"强迫"犯罪嫌疑人、被告人、证人自证其罪；③要避免犯罪嫌疑人、被告人被强迫自证其罪，就必须给予一系列的法律保障。例如，我国刑事诉讼法规定的权利告知制度、非法证据排除规则等。

2. 自白任意规则。

（1）自白任意规则的含义。自白任意规则，又称非任意自白排除规则，是指在刑事诉讼中只有基于被追诉人自由意志而作出的自白（即承认有罪的供述），才具有可采性；违背当事人意愿或违反法定程序而强制作出的供述不是自白，而是逼供，不具有可采性，必须予以排除。

（2）要求。根据自白规则，在法庭审判过程中，对于控方举出的违反自白任意性规则的犯罪嫌疑人、被告人供述，如果辩护方表示异议的，法官应当禁止控方向法庭提交该证据，并不得以该证据作为裁判的依据。

（3）我国现行规定。从我国《刑事诉讼法》第 50 条等条文的规定来考察，我国已经基本确立了自白任意规则。

3．传闻证据规则。

（1）传闻证据规则概念。传闻证据规则，也称传闻证据排除规则，即法律排除传闻证据作为认定犯罪事实的根据的规则。根据这一规则，如无法定理由，任何人在庭审期间以外及庭审准备期间以外的陈述，不得作为认定被告人有罪的证据。所谓传闻证据，主要包括两种形式：①书面传闻证据。亲身感受了案件事实的证人在庭审期日之外所作的书面证人证言及警察、检察人员所作的（证人）询问笔录。②言词传闻证据。证人并非就自己亲身感知的事实作证，而是向法庭转述他从别人那里听到的情况。

（2）排除的理由。①传闻证据有可能失真；传闻证据因具有复述的性质，可能因故意或过失导致传述错误或偏差；②传闻证据无法接受交叉询问，无法在法庭上当面对质，其真实性无法证实，也妨碍当事人权利的行使；③传闻证据并非在裁判官面前的陈述，基于直接言词原则，证据调查应当在法庭上进行，以保证裁判官能够察言观色，辨明其真伪，但是，对于传闻证据，由于裁判官未能直接听取原陈述人的陈述，因而无法观察原始证人作证时的表情和反应，很难判断其真实性和准确性，故而予以排除。我国《刑事诉讼法》第59条规定，证人证言必须在法庭上经过公诉人、被害人和被告人、辩护人双方质证并且查实以后，才能作为定案的根据。但是，该法第187条规定，公诉人、当事人或者辩护人、诉讼代理人对证人证言有异议，且该证人证言对案件定罪量刑有重大影响，人民法院认为证人有必要出庭作证的，证人应当出庭作证。由此可见，我国现行立法并没有规定传闻证据排除规则，只是部分地体现了该规则的精神。

4. 意见证据规则。

（1）意见证据规则概念。意见证据规则，是指证人只能陈述自己亲身感受和经历的事实，而不得陈述对该事实的意见或者结论。

（2）排除的理由：①证人发表意见侵犯了审理事实者的职权；②证人发表意见有可能对案件事实的认定产生误导；③普通证人缺乏发表意见所需要的专门性知识或者基本的技能训练与经验；④普通证人的意见证据对案件事实的认定没有价值，证人的职责只是把事实提供给法院，而不是发表对该事实的意见。

5. 补强证据规则。

（1）补强证据的概念。所谓"补强证据"，是指用以增强另一证据证明力的证据。一开始收集到的对证实案情有重要意义的证据，称为"主证据"，而用以印证该证据真实性的其他证据，就称之为"补强证据"。补强证据规则，是指为了防止误认事实或发生其他危险性，而在运用某些证明力显然薄弱的证据认定案情时，必须有其他证据补强其证明力，才能被法庭采信为定案根据。一般来说，在刑事诉讼中需要补强的不仅包括被追诉人的供述，而且包括证人证言、被害人陈述等特定证据。

（2）补强证据必须满足的条件：①补强证据必须具有证据能力；②补强证据本身必须具有担保补强对象真实的能力，设立补强证据的重要目的就在于确保特定证据的真实性；③补强证据必须具有独立的来源，即补强证据和补强对象之间不能重叠，例如被告人在审前程序中所作的供述就不能作为其当庭供述的补强证据。

（3）我国的立法规定。我国《刑事诉讼法》第53条第1款规定："对一切案件的判处都要重证据，重调查研究，不轻信口供。只有被告人供述，没有其他证据的，不能认定被告人有罪和处以刑罚；没有被告人供述，证据确实、充分的，可以认定被告人有罪和处以刑罚。"由此可见，我国规定被告人供述需要补强的规则。

6. 最佳证据规则。

（1）最佳证据规则概念。又称原始证据规则，是指以文字、符号、图形等方式记载的内容来证明案情时，其原件才是最佳证据。

（2）要求。该规则要求书证的提供者应尽量提供原件，如果提供副本、抄本、影印本等非原始材料，则必须提供充足理由加以说明，否则，该书证不具有可采性。最佳证据规则的着眼点是书证的真实性、可靠性。书证的原件，其真实可靠程度显然要高于抄件和复印件。由于在抄写或复制的过程中很可能遗漏了重要内容或是故意弄虚作假，因而抄件或复制件存在虚假的可能性。

7. 特权规则。

（1）特权规则概念。证人的特权规则，即证人拒绝作证特权，（证言特免权规则）是英美法系国家的一项传统的证据规则。所谓的证人拒绝作证权的内涵一般指称"一个证人可以依法对已经掌握的有关涉及案情的事实不予陈述，拒绝法庭对其进行调查询问以及提供有关的证据材料"。

（2）我国刑事诉讼对证人作证的规定。第59条规定，证人证言必须在法庭上经过公诉人、被害人和被告人、辩护人双方质证并且查实以后，才能作为定案的根据。

（3）特权规则在我国刑事诉讼中的规定。第188条规定：经人民法院通知，证人没有正当理由不出庭作证的，人民法院可以强制其到庭，但是被告人的配偶、父母、子女除外。拒证权设置的主要目的，在于协调、平衡查明案情的需要与特定的权益或社会关系之间的矛盾与张力。

8. 直接和言词规则。

（1）直接和言词规则的含义。直接规则有两个方面的含义：一是"在场规则"；二是"直接查证规则"。言词规则又称为"言词辩论规则"，是指法庭审理活动的进行，必须以言词陈述的方式进行。这一规则也有两个方面的含义：一是参加审判的各方应以言词陈述的方式从事审理、攻击、防御等各种诉讼行为；二是在法庭上提出任何证据材料均应以言词陈述的方式进行。

（2）直接和言词规则在刑事审判中具体包含以下几点要求：①法庭审判必须在被告人、检察官等亲自在场的情况下进行；②在法庭审判过程中，所有提供言词证据的原证人、鉴定人、被告人必须出庭作证；③法官对证据的调查和采纳必须亲自进行；④法庭审判须持续而集中地进行，一般不得间断；⑤从事法庭审判的法官须自始至终地参加审判，不得中途更换。

9. 交叉询问规则。

（1）交叉询问的含义。交叉询问，又称反询问，是英美法中在庭审时对证人（包括一般证人、被害人、放弃沉默权出庭的被告人、专家证人等）进行询问的方法。

（2）交叉询问规则：①不得质疑己方证人规则；②禁止诱导性询问规则；③反对复合式问题及其他混乱性问题的规则。

10. 关联性规则。所谓关联性，是指证据必须与案件的待证事实有关，从而具有能够证明案件的待证事实的属性。关联性规则，则是指只有与诉讼中的待证事实有关联性的证据才可以采纳，一切没有关联性的证据均不予采纳。

不得作为认定案件事实的依据包括：

（1）品格证据。一个人的品格或者品格特征的证据，在证明这个人于特定环境下实施了与此品格相一致的行为问题上不具有关联性。

（2）类似行为。被告人在其他场合的某一行为与他在当前场合的类似行为通常没有关联性。

（3）特定的诉讼行为。例如曾作有罪答辩后来又撤回等，不得作为不利于被告人的证据采纳。

（4）特定的事实行为。例如关于事件发生后某人实施补救措施的事实等，一般情况下不得作为行为人对该事实负有责任的证据加以采用。

（5）被害人过去的行为。例如在性犯罪案件中，有关受害人过去性行为方面的名声或评价的证据，一律不予采纳。但是，上述证据不具关联性也并非绝对，而是存在一些例外的情况。

11. 非法证据排除规则。

（1）排除对象。①言词证据。采用刑讯逼供等非法手段取得的犯罪嫌疑人、被告人供述和采用暴力、威胁等非法手段取得的证人证言、被害人陈述，属于非法言词证据。经依法确认的非法言词证据，应当予以排除，不能作为定案的根据。（绝对排除）②实物证据。物证、书证的取得明显违反法律规定，可能影响公正审判的，应当予以补正或者作出合理解释，否则，该物证、书证不能作为定案的根据。（相对排除）

（2）排除阶段。在侦查、审查起诉、审判时发现有应当排除的证据的，应当依法予以排除，不得作为起诉意见、起诉决定和判决的依据。

（3）排除程序。①启动的主体。法庭审理过程中，审判人员认为可能存在《刑事诉讼法》第54条规定的以非法方法收集证据情形的，应当对证据收集的合法性进行法庭调查。当事人及其辩护人、诉讼代理人有权申请法院对以非法方法收集的证据予以排除。②证明责任分配。初步责任：由被告人一方提供线索，引起法官怀疑即可。举证责任：由控诉方承担，应当就取证合法性进行举证，证明标准必须达到证据确实、充分方可，否则，应当推定证据非法而予以排除。③调查程序。双方质证经审查，法庭对被告人审判前供述取得的合法性有疑问的，公诉人应当向法庭提供讯问笔录、原始的讯问过程录音录像或者其他证据，提请法庭通知讯问时其他在场人员或者其他证人出庭作证，仍不能排除刑讯逼供嫌疑的，提请法庭通知讯问人员出庭作证，对该供述取得的合法性予以证明。

（4）法庭的处理。①合法证据加以认定：被告人及其辩护人未提供非法取证的相关线索或者证据的；被告人及其辩护人已提供非法取证的相关线索或者证据，但未能让法庭对被告人审判前供述取得的合法性产生疑问；公诉人提供的证据确实、充分，能够排除被告人审判前供述属非法取得的。②非法证据加以排除：对被告人审判前供述的合法性，公诉人不能提供证据加以证明，或者已提供的证据不够确实、充分的。

（三）刑事证据的审查与判断

前面提到证据能力和证明力的概念，刑事案件对于司法工作人员和律师来讲，通常的切入点首先是对案件中的证据材料的证据能力和证明力的审查。证据能力，即证据的资格能力，是判断该证据材料能否进入法庭的资格。一个证据材料要想成为证据，必须具备合法性和客观性（现在有学者叫做可靠性、真实性、可信性）。证据的可靠性包括证据的载体是客观的、真实存在的，不能伪造变造，信息可靠，与其他证据能够相互印证等方面。证据能力是法律问题，合法问题。证明力是逻辑问题、经验问题、事实问题。证明力大小，在大陆法系国家往往不作明文规定，由司法人员根据经验、理性良心来加以判断，即自由心证。但是，自由心证应当受三个方面的限制：一是逻辑法则，二是经验法则，三是良知法则。证据能力和证明力是审查证据材料能否成为定案根据的两个标准。证据能力是证据法中的程序问题，证明力是实体问题。

1. 物证、书证审查。物证、书证在司法实践中常遇见的问题是物证、书证的复制品、复制件与原始证据的关系问题，即这些复制品、复印件与原件的关联问题。因此，物证、书证的源头、提取、收集和保全需要在法庭展示，以此证明该证据没有伪造、变造，与原始证据具有同一性。因此，在司法解释中特别强调物证、书证的鉴真。

司法实践中的物证、书证鉴别真伪的方法：

（1）勘验检查笔录，用以固定保全证据，证明物证、书证的来源。

（2）证据提取笔录，证明物证、书证的来源和提取经过。

（3）搜查笔录，记录搜查的经过、搜查的对象所得的相关物证书证。

（4）扣押清单，证明某个物证的来源。

（5）辨认笔录，对现场、物证、书证的辨认过程，是鉴真的过程。

（6）物证、书证的排除规则。物证书证来源不明的，没有附勘验笔录、证据提取笔录、搜查笔录扣押清单，不能证明物证书证来源的，不能作为定案的根据。

2. 证人证言。证人证言是我国刑事司法最常用证据，我国三大诉讼对证人资格的限制仅仅限定在未成年人和精神病人。最高法院民事、行政诉讼两个证据规定对证人资格作出以下限定：

（1）证人原则上与案件没有直接利害关系，有利害关系的，一般不允许作证人。

（2）不能辨别是非，不能正确表达的未成年人和精神病人不能作证人；明显醉酒，麻醉品中毒，精神药物麻醉状态下证人提供的证言不能作为定案的根据。

（3）证人应当单独作证，一个证人在作陈述时其他证人不能旁听，否则，失去证人资格。

（4）单位的情况说明原则上不能成为定案的根据。

（5）证人提供的意见不能成为定案的根据。

（6）证人证言笔录与庭审证言相反，应当采用庭审证言。

3. 被告人供述与辩解。被告人的供述与辩解是两个直接对立的陈述，在刑事诉讼中，常见问题是翻供的审查与事实的认定。具体处理如下：

（1）采用庭前供述。庭审中翻供作无罪辩解的，如果被告人不能当庭说明翻供理由，而且辩解与全案其他证据相矛盾，庭前供述与其他证据能够相互印证的，应采用庭前供述。

（2）采用法庭供述。被告人庭前供述辩解出现反复，法庭认供的，如果法庭供述与其他证据相互印证，可直接采信法庭供述。被告人庭前供述辩解出现反复，法庭翻供的，除非庭前供述得到其他证据印证，否则庭前供述一律不得采用。

4. 鉴定意见。鉴定意见是我国诉讼法中的证据种类之一，需要提醒大家注意的是：鉴定意见不是科学结论，不具有权威性、终局性，不同的人所作的鉴定意见可能不同，因此，对于鉴定意见应当进行以下审查判断：

（1）审查鉴定机构、鉴定人的资质和鉴定的范围是否在法定的范围之内，如果不是则无效。

（2）鉴定人是否应当回避，应当回避没有回避的无效。

（3）鉴定的程序与方法是否有问题，如有问题，也可能导致无效或者需补充鉴定。

（4）鉴定意见与待证事实之间是否有关联。无关联的，不能成为定案的根据。

（5）送检材料或样本与鉴定对象不一致的，来源不明的，被污染不具备鉴定条件的，鉴定意见不能作为定案的根据。

5. 视听资料，电子数据。视听资料、电子数据作证时应当注意以下问题：

（1）要充分证明提取、收集、传递、出示得到其他证据的印证。

（2）证据的内容出现剪辑、伪造、变造情形的，不得作为证据使用。

（3）证据材料出现争议，应当进行鉴定。

四、证明标准规则

证明标准是指法院认定某具体事实主张的存在真伪，其心证程度是否达到可以确信该事实为真实的程度。换句话讲就是证明该事实主张的存在与否，法院所应形成心证程度的底限。证明标准程度也是承担证明责任的人提供证据对案件加以证明所要达到的程度。

（一）民事诉讼的证明标准

1. 英美法系的证明标准。英美法系国家采用的是"盖然性占优势"的证明标准。占优势的盖然性具体表现为一方当事人证明的案件事实和诉讼主张成立的可能性大于另一方当事人。另外，对于部分特殊的争议要求的证明标准较高，不限于盖然性优势证据而是要求达到清晰和有说服力的证明标准，介于盖然性优势证据和排除合理怀疑标准之间，要求证据的质量比通常的民事案件中的质量更高并且更具有说服力。例如，有关订立遗嘱的合同是否合法的争议，决定某人是否应当被送往精神病院或父母监护权是否应当终止的民事程序等，要求证明的标准程度更高。

2. 大陆法系的证明标准。大陆法系国家采用的是"高度盖然性"的证明标准。高度盖然性要求达到人们日常生活中不怀疑并达到作为其行动基础的程度。大陆法系各国的高度盖然性标准与英美法系的盖然性占优势标准没有实质性的差异，由于大陆法系国家采取自由心证制度，法官对证据的判断享有广泛的自由裁量权，当"心证"达到深信不疑或者排除任何合理怀疑的程度，便形成确信。

3. 我国的证明标准。

（1）一般标准——达到"高度可能性"的标准。根据我国《民诉解释》第108条规定，对负有举证证明责任的当事人提供的证据，人民法院经审查并结合相关事实，确信待证事实的存在具有高度可能性的，应当认定该事实存在。对一方当事人为反驳负有举证证明责任的当事人所主张事实而提供的证据，人民法院经审查并结合相关事实，认为待证事实真伪不明的，应当认定该事实不存在。

对于本证来讲，应当达到"高度可能性"的标准。对于反证来讲，只要让事实处于真伪不明状态即可。

（2）特殊标准——排除合理怀疑标准。根据我国《民诉解释》第109条规定，当事人对欺诈、胁迫、恶意串通事实的证明，以及对口头遗嘱或者赠与事实的证明，人民法院确信该待证事实存在的可能性能够排除合理怀疑的，应当认定该事实存在。

（二）刑事诉讼的证明标准——排除合理性怀疑

在刑事审判中，法官形成有罪的心证，必须达到排除一切合理怀疑的程度，才能做出被告人有罪的认定。对被告人犯罪行为的事实，如果有其他合理怀疑的情形不能排除的，应当认定被告人无罪。

《刑事诉讼法》第53条明确规定证据确实、充分，应当符合以下条件：①定罪量刑的事实都有证据证明；②据以定案的证据均经法定程序查证属实；③综合全案证据，对所认定事实已排除合理怀疑。

最高人民法院、最高人民检察院等部门联合制定的《关于办理死刑案件审查判断证据若干问题的规定》第 5 条规定，证据确实、充分是指："定罪量刑的事实都有证据证明；每一个定案的证据均已经法定程序查证属实；证据与证据之间、证据与案件事实之间不存在矛盾或者矛盾得以合理排除；共同犯罪案件中，被告人的地位、作用均已查清；根据证据认定案件事实的过程符合逻辑和经验规则，由证据得出的结论为唯一结论。

人民检察院在审查起诉阶段，对于二次补充侦查的案件，仍然认为证据不足，不符合起诉条件的，可以作出不起诉决定。人民法院在审判阶段，经过法庭审理，合议庭对证据不足，不能认定被告人有罪的，应当作出证据不足、指控的犯罪不能成立的无罪判决。定罪证据不足的案件，应当坚持疑罪从无原则，依法宣告被告人无罪，不得降格作出'留有余地'的判决。定罪证据确实、充分，但影响量刑的证据存疑的，应当在量刑时作出有利于被告人的处理。死刑案件，认定对被告人适用死刑的事实证据不足的，不得判处死刑。"

第五章

法律职业伦理与规则

　　法律职业是以律师、法官、检察官为代表受过专门的法律训练，具有精良的法律知识、娴熟的法律技能与严格的法律伦理的司法工作者所构成的共同体。

　　公平正义是人类追求的永恒价值，也是社会秩序稳定不可或缺的重要条件。法律人忠诚于自己的职业，以实现公平正义为己任，应当是职业法律人的应有之义。"法律家的任务，在拥护天下的正义，惩斥不义，建国家于健全的道德基础上。""法律家是宣告正义的神之使者。唯有这神圣的正义，才配洗礼于国民。"在当前社会转型时期，一些腐败的法律人，枉法裁判歪曲法律，大都不是因为法律理论水平不高、司法实践能力不强，归根结底是由于他们对专业不忠，违背职业基本伦理造成的。法律职业相对其他职业具有特殊性，因此，社会对其职业人的道德要求更高，培养法律人对法律专业的忠诚特质是培养合格法律职业人的应有之义。

一、法律职业伦理概述

　　法律职业伦理，是指法律职业人员在其履行职务与社会生活活动中所应遵循的行为规范准则。法律职业伦理道德的形成与法律职业的存在有密切的联系，它标志着这一职业群体独立的意识形态和职业意识的逐步形成。较早时人们还将伦理与道德进行区分，但是，从近代开始，在通常语境下二者是相互通用的。在此，需要重点提示的是：法律职业伦理与公众意识有一定的距离，如：法官裁判应当遵循证据裁判原则，没有证据就是没有事实。律师有保密的义务，律师在执业过程中获知的当事人的违法犯罪行为不能报告公安司法机关，应当保守秘密，这也意味着律师享有作证豁免的权利。法律职业伦理不是固化的、僵死的，是有层次的规则。它包括三个层面：低级、中级和高级。低级的伦理就是法律职业最基本的底线，中级的伦理就是法律职业人能够依照法定程序履行相应的职责，高级伦理是法律职业人通过自己的职业活动最大限度地实现法律公平和正义。

（一）法律职业伦理建立的条件

法律职业伦理要对从业人员发挥作用必须具备以下条件：

1. 规则应当是业内人士制定的，必须适合法官、检察官或者律师群体的法律职责。

2. 制定规则出于自愿，是职业群体的共同愿望。

3. 规则的实现依赖一定的组织机构和识别标准、制裁措施。这种行为准则不依赖于国家制定和推行，而是由法律职业人协会自助制定和实施。我国的法律职业人的行为准则表现为国家法律和行业规则。

（二）法律职业伦理的特征

1. 主体的特定性。主体的特定性指法律职业伦理适用于专门从事法律工作的法官、检察官、律师、公证员等法律职业人员。

2. 职业的特殊性。法律职业的特殊性主要表现在：①政治属性；②法律属性；③行业属性；④专业属性。

3. 更强的约束性。相对于一般社会道德而言，法律职业伦理具有更强的约束性。违反职业道德的法律职业人员要承担更大范围的责任。

法律职业伦理是法律职业精神的核心，它通过制定和实施职业道德准则实现自我管理。法律职业精神中的忠诚性、利他性确保这一社会群体拥有社会公信和社会尊重。另外,法律职业伦理不仅使法律职业具有足够的职业道德内涵,而且还因为这种职业道德所贯穿的服务于社会的精神,使它同时具有充分的社会道德内涵。正是这种充足的道德内涵,才有效地支撑和巩固了法律职业的社会地位。

二、法官职业伦理

法官职业伦理,是指法官在审理案件的过程中以及在审判活动之外为了保障审判的公正应当遵循的伦理规则。法官伦理包括法官在司法体制内和体制外的行为。就法官伦理的结构和地位来看,法官伦理具有混合性特征,它是法律与道德的混合。法官伦理关注的是为司法行为提供标准,包括法律标准和道德标准。法官伦理与法官行为准则的建立,目的在于缜密界定可接受和禁止的行为,既可以向法官提供一个如何行为处理自身事务的标准,也可以向公众提供他们应当知道的对法官行为的预期。

(一)法官职业伦理国际通行原则

1. 司法独立原则。司法独立是实现公平正义的保障。该原则包括以下内涵:①法官必须独立,不为外界影响地履行其司法职能;②法官必须严厉拒绝法庭上正当程序以外的、任何形式的对其判案的干扰;③对于旨在维持和提高法官队伍在机构上和运作中的独立性的安排和保障措施,法官都应予鼓励并支持;④法官有义务展现并促进司法行为的高水平,以此来加强公众的信心,这是司法独立的基础所在。

司法独立不是法官不受外界影响、独立履行其职责的私权,而是司法公正的基石,是一种依赖于客观条件或保障的状态以及履行职责时的思想状态和态度。

2. 正直原则。法官应当力求行为公正无私，以维护和加强公众对法官队伍的信任。该原则包括以下内涵：①法官应尽一切努力做到在合理、无偏见并了解具体个案情况的人们眼中，其行为无可挑剔；②法官除自身遵守这一高标准的人格要求以外，还应鼓励和支持同僚们遵守这一标准。法官的正直特质不仅仅是穿法袍时体现出来，而且在任何时候都要保持法官的形象。公众对法官的正直无私、公正良好判断的信任，要求法官们在日常生活中贯彻对这一信任的落实并做出贡献。在司法职责的要求和个人私生活、发展和家庭合法需求之间，法官们需要通过努力，求得平衡。法官必须将自己视为生活在玻璃房中，他的一举一动都不应有需要解释和道歉的地方。

3. 勤勉原则。苏格拉底曾经忠告法官，要谦恭的听，睿智的答，审慎的想，公正的判。法官勤勉原则的内涵包括：①法官的职业活动应服务于广义的司法职责，它既包括审判活动也包括与法院运作有实质关联的其他司法任务；②法官应采取合理步骤，保持和提高服务于司法机关所必需的知识、技能和个人素质；③法官应尽力合理快捷地履行所有司法职责；④法官不得从事与勤勉履行职责不相符的行为，或者在同僚中姑息纵容这类行为。

4. 平等原则。法官的自身表现和对案件的处理都应当是要保障法律上的平等。平等原则内涵包括：①法官履行职责时应当毫无偏见、恰当地考虑到所有各方，这里的各方包括当事人、证人、法庭工作人员和其他法官；②法官应当尽力去理解源自社会各方的差异，包括性别、种族、宗教信仰、文化、民族背景、性倾向或残疾原因等引起的差异；③如果法官了解某组织当前从事的行为违背法律具有歧视性，无论这种歧视性表现形式如何，法官都应避免参加该类组织；④在案件审理中，任何人作出的评论或者行为带有性别、种族或者其他法律禁止的歧视的部分，法官应当将其分开看待并不作认同。

法律面前人人平等，法律赋予人们平等的权利并对人们实施平等的保护，法律语境下的平等不仅是司法的根本所在，而且与司法公正有着密切的联系，对于那些有着预先偏见的基础上萌生出的态度，法官应当行为谨慎，以此维护合理与公平，维护公众对司法的信任。

5. 公正原则。公正原则要求法官所作的裁判和作裁判的过程都必须是公正的。公正原则内涵包括：①法官应当力求确保他们在法庭内外的行为都是为了维护和增强公众对法官的公正形象和整个法官群体的信任；②法官应在合理的限度内处理好个人事务，减少由于这些原因丧失审理案件的资格；③公正外化的评价标准是采取合理、无偏见并了解具体个案案情的人的判断标准；④法官在果断行动、有力的控制庭审进程和保障快捷的同时，应当礼貌对待所有出庭的人；⑤法官可以以公民身份参加慈善和宗教活动（但是有以下禁忌：a. 任何与司法公正有冲突或者涉及司法职责履行的活动或者组织，法官都应避免参与；b. 法官不得募集资金或者借法官声望借给他人，进行募集资金活动，向同事或者出于正当的司法目的除外；c. 法官应当避免卷入可能进行诉讼的事由或者组织；d. 法官不得出具法律或者投资意见）；⑥法官应当避免作为某群体或组织的会员参加某项公众争论发表政治观点；法官一经任命，所有以党派成员身份进行的活动应当停止：禁止作为政党成员募集政治资金，禁止出席政治集会和政治资金募集活动，禁止帮助政党或者政治竞选，禁止公开参与对立的政治辩论，除非这种辩论直接关系到法院运作、司法独立或者司法行政的基本内容；家人如果参加政治活动，可能使公众产生司法公正怀疑的，该法官回避；⑦如果该法官认为在某案件审理过程中，无法保证做到公正裁决的，应当自行回避。

（二）我国的法官伦理

1. 法官伦理渊源。我国法官伦理的规范主要体现在《刑事诉讼法》、《民事诉讼法》、《行政诉讼法》、《法官法》、《法官职业道德基本准则》以及最高人民法院有关规范法官行为的法律文件中。

2. 我国法官伦理规则。我国的法官伦理的内容包括忠诚、公正、廉洁、为民和维护司法形象等。

（1）忠诚司法事业。①牢固树立社会主义法治理念，忠于党、忠于国家、忠于人民、忠于法律，做中国特色社会主义事业建设者和捍卫者；②坚持和维护中国特色社会主义司法制度，认真贯彻落实依法治国基本方略，尊崇和信仰法律，模范遵守法律，严格执行法律，自觉维护法律的权威和尊严；③热爱司法事业，珍惜法官荣誉，坚持职业操守，恪守法官良知，牢固树立司法核心价值观，以维护社会公平正义为己任，认真履行法官职责；④维护国家利益，遵守政治纪律，保守国家秘密和审判工作秘密，不从事或参与有损国家利益和司法权威的活动，不发表有损国家利益和司法权威的言论。

（2）保证司法公正。包括：维护司法独立；确保案件裁判结果公平公正；坚持实体公正与程序公正并重；提高司法效率；公开审判；遵守回避规定；抵制关系案、人情案。

（3）确保司法廉洁。包括：自重、自省，坚守廉洁底线；不得接受诉讼当事人的钱物和其他利益；不得从事或者参与营利性的经营活动；不得以其身份谋取特殊利益。

（4）坚持司法为民。包括：以人为本；发挥司法能动作用；司法便民；尊重当事人和其他诉讼参与人。

（5）维护司法形象。包括：坚持学习，精研业务；坚持文明司法，遵守司法礼仪；加强自身修养，约束业外活动；退休法官谨慎行为。

三、检察官职业伦理

检察官职业伦理，是指检察官在履行职务过程中必须遵守的伦理规范或行为准则。检察官作为行使公诉权和法律监督权的司法人员，担负着维护司法公正和国家法治尊严的重要职责，具有特殊的职业伦理要求。

在国际法层面，联合国《检察官角色指引》（Guidelines on the Role of Prosecutors，以下简称《指引》）和国际检察官联合会《检察官专业责任守则和主要职责及权利的声明》（Standards of Professional Responsibility and Statement of the Essential Duties and Rights of Prosecutors，以下简称《声明》）是当今最具有广泛影响力的关于检察官职业伦理的两个国际法法律文件。《指引》明确了检察官的忠诚、保密等义务，并对刑事诉讼活动中检察官如保护人权、保障公共利益、依法办案、排除非法证据等具体职业伦理作出了规定。《声明》除规定忠诚、保密、保障人权、客观公正等原则外，更多地从独立、公正、合作等方面明确检察官维护公共利益、保守职务秘密、告知相对方权利、排除非法证据、保障人权、依据客观标准办案职责义务等，上述内容既是职业伦理的要求，也是法律上的义务规范。

（一）我国检察官伦理的渊源

我国检察官伦理的依据主要有《刑事诉讼法》、《民事诉讼法》、《行政诉讼法》、《检察官法》、《检察官职业道德基本准则（试行）》等法律文件作出规定。

（二）我国检察官伦理规则

1. 忠诚。检察官首先要在法律规则范围内服从规则，维护国家法制统一，实现社会公平正义、尊重和保障人权。其次，在行为上应当忠于国家、忠于人民、忠于法律，以维护人民的利益作为毕生职责。

2. 公正。"公正"是指"崇尚法治，客观求实，依法独立行使检察权，坚持法律面前人人平等，自觉维护程序公正和实体公正"。检察官处于查办司法职务犯罪和法律监督的前线，不仅自身需要严格依法办事，还要监督其他司法、执法人员正确履行法律。因此，检察官必须做到客观求实，不偏不倚，不受到任何环境的干扰，严格依照法律和事实履行法律监督职责。

3. 清廉。清廉就是要求检察官模范遵守法纪，保持清正廉洁，淡泊名利，不徇私情，自尊自重，接受监督。

4. 效率。我国正处于社会的转型阶段，社会矛盾激发，各类案件也在不断地增长。因此，检察官在保持高水准的公平的同时，还应当以合理的效率来处理各类事件。所谓"迟到的正义非正义"，我国现行法律对案件的侦查、起诉的时间都有着明确的规定，但在实践中，检察机关并未对时间加以重视，有些案件能拖则拖，这样既不利于维护当事人的合法权益，还有可能引发其他的社会矛盾和冲突。因此，公平与效率是并存的，检察官应以较高的效率处理各类事件，以维护当事人的权益和法律权威。

5. 文明。文明要求检察官严格实施法律，文明办案，敢于监督，勇于纠错，捍卫宪法和法律的尊严。

四、律师职业伦理

随着依法治国的逐步推进，律师的作用已被社会广泛认知和接受。律师属法律职业共同体不可或缺的重要组成部分，它与法官、检察官的社会角色不同，律师具有民间性，属于在野法曹，是为社会提供法律服务的执业人员。律师一方面要为客户提供法律服务，参与纠纷的解决，对追诉权、审判权形成制衡，以实现维护社会正义的法律初衷；另一方面我们应当清楚地看到律师是以法律服务为谋生手段的经济人，其通过提供法律服务获取经济利益，具有明显的逐利性。因此，在所有的职业法律人中，律师受到的诟病最多。有这样两个嘲笑律师的段子：

一名牧师和一名律师死后同时来到天堂。上帝给他们分配了新的住处，律师住在一座豪宅里，环境优美，空气清新。而牧师的住所虽然也不错，但比律师的要差了许多。牧师便问上帝："为什么律师的住所那么好?"上帝答到："能来这里的律师太少了。"

一块墓碑上写着："这里躺着一位律师，一位正直的人。"看到墓碑的人都说："天呐! 这么小的地方竟然能躺得下两个人!"

从上述笑话我们看出，法律人特别是律师如何守住法律良知是这一群体必须解决的伦理问题。

（一）国际通行的律师的伦理原则

律师职业道德是指从事律师职业的人所应信奉的道德，以及在执行职务、履行职责时所应遵循的行为规范。

1. 维护尊严与荣誉原则。由于律师的使命在于维护人权，实现法律正义，所以西方法治国家立法均对律师的职业道德提出了较高的要求，明确规定律师应当维护尊严与荣誉。如德国《律师法》第43条规定："律师须认真执行职务，在执行职务时或执行职务以外均应表现得值得尊重和信赖。"我国台湾地区"律师伦理规范"第3条："律师应共同维护律师职业尊严及荣誉。"第6条："律师应谨言慎行，以符合律师职业之品位与尊严。"

2. 法律职业自由与独立原则。为了保持律师职业的威信，西方法治国家普遍要求律师在从事职业活动中，应保持律师职业的垄断性。在美国，律师不得与非律师人员分享律师费用，也不得与非律师人员建立旨在从事法律事务的合伙关系；在日本，法律严禁律师同非律师合作、从对方当事人处接受或向其要求利益、兼职及经营营利性业务；在我国台湾地区，律师不得以合伙或其他任何方式协助无"中华民国"律师资格者执行律师业务。因此，禁止同非律师合作是国际上对律师职业道德的普遍性要求。在律师与非律师的合作中，最可怕的是法律职业共同体中的律师与法官的非正常合作。因其会形成权钱交易，直接损害当事人利益，最终损害的是民众对法治和司法公正的信赖。

3. 诚信执业原则。这是法治国家对律师职业道德的普遍性要求。在日本，律师不得就受委托的案件从对方接受利益，或向其要求或约定利益。在我国台湾地区，律师执行职务，应基于诚信、公平、理性及良知。诚信是律师最重要的品德。在市场经济的进行中，法律服务也是一种民事活动，也必须是以等价交换和诚实信用为前提。对律师来讲，信用就是一种向当事人信守承诺的责任感；信用就是对自己提供的法律服务之后果负责的道德感。在市场经济发达的国家，人们会把律师视作一种神圣的职业，赋予律师维护基本人权，实现社会正义的职责。

（二）我国律师伦理渊源

保障律师权利和规范律师伦理的法律文件有：《刑事诉讼法》、《民事诉讼法》、《行政诉讼法》、《律师法》、《律师执业行为规范》、《律师和律师事务所违法行为处罚办法》等规范性法律文件。

（三）我国律师执业伦理规则

1. 忠诚。律师应当忠于宪法和法律，恪守律师职业道德和执业纪律。坚持中国特色社会主义律师制度的本质属性，拥护党的领导，拥护社会主义制度，自觉维护宪法和法律尊严。

2. 为民。律师应当始终把执业为民作为根本，全心全意为人民群众服务，通过执业活动努力维护人民群众的根本利益，维护公民、法人和其他组织的合法权益。认真履行法律援助义务，积极参加社会公益活动，自觉承担社会责任。

3. 法治。律师应当坚定法治信仰，牢固树立法治意识，模范遵守宪法和法律，切实维护宪法和法律尊严。在执业中坚持以事实为根据，以法律为准绳，严格依法履责，尊重司法权威，遵守诉讼规则和法庭纪律，与司法人员建立良性互动关系，维护法律正确实施，促进司法公正。

4. 正义。律师应当把维护公平正义作为核心价值追求，为当事人提供勤勉尽责、优质高效的法律服务，努力维护当事人合法权益。引导当事人依法理性维权，维护社会大局稳定。依法充分履行辩护或代理职责，促进案件依法、公正解决。

5. 诚信。律师应当牢固树立诚信意识，自觉遵守执业行为规范，在执业中恪尽职守、诚实守信、勤勉尽责、严格自律。积极履行合同约定义务和法定义务，维护委托人合法权益，保守在执业活动中知悉的国家机密、商业秘密和个人隐私。

6. 敬业。律师应当热爱律师职业，珍惜律师荣誉，树立正确的执业理念，不断提高专业素质和执业水平，注重陶冶个人品行和道德情操，忠于职守，爱岗敬业，尊重同行，维护律师的个人声誉和律师行业形象。

第六章

刑事一审攻防与审判

一、刑事法庭概述

　　刑事法庭的组成分为静态的、物的组成和动态的、人的组成，静态的、物的组成就是我们在第一章讲到的庭审需要的一定空间和道具，空间包括审判区和旁听区，道具包括法袍、律袍、法槌、国徽等。动态的、人的组成包括法官、公诉人、辩护人、被告人、自诉人、附带民事诉讼原被告人、鉴定人、证人等诉讼参加人，每个人法律角色不同，案件的处理结果与他的关系也不同。法庭就像剧场，每个案件，不同角色的诉讼参加人都要按照一定的程序，将诉讼活动由"序幕"推向"高潮"和"尾声"。

　　庭审是不同利益群体诉求救济的平台，通过利益群体间的对抗，通过审判，法庭裁判者明确地对这些具体的对抗实施法律评价。法庭审判对起诉和辩护的有效性作出结论性评断，最终决定对抗的控辩双方的命运。在宏观方面，庭审担当着在一个司法行为链中最终"定分止争"的功能。在具体案件，微观层面，庭审的功能可以概括为以下三项。

　　（一）查明案件事实

　　运用证据查明案件事实，是庭审最重要的任务。案件事实，主要是指被告人是否有罪、有何罪、需要如何量刑。

（二）法理释明

庭审的基本任务就是要查明事实、适用法律。在事实确定的基础上，庭审必须就案件性质、被告人的刑事责任以及法律适用作出裁断。庭审合理确定对个案中各类问题的法律适用，这一功能即为法理释明功能。

（三）作出裁判

刑事庭审，通过庭审调查和辩论，在查明案件事实的基础上释明法理，明确控方指控的事实是否存在及相应法律的适用。或肯定指控、追究被告人刑事责任，或否定指控、恢复被告名誉。庭审必要时也可以对侦查起诉活动和辩护的有效性、合法性作出评价，对被告人作出实体裁判。通过庭审的方式对特定社会冲突的处置，恢复被犯罪行为所破坏、为刑法所保护的社会关系，维系社会的法律秩序，维护公民的合法权利。

二、控方技能训练与规则

（一）公诉方略

1. 公诉人出庭前准备。对于公诉案件，人民检察院都要做出相应的庭审准备，检察机关内部叫庭审预案。庭审预案包括询问预案、举证预案、质证预案、辩论预案和应急处理。

（1）询问预案。询问预案适用于讯问被告人、被害人、证人、鉴定人和侦查人员。制作询问预案的目的是确保所举证据被依法采纳，揭示案件事实原貌。为此，应坚持以下规则：①严格遵循证据运用的各项规则；②围绕指控罪名的犯罪构成要件事实展开。

（2）举证预案。举证预案应当遵循以下规则：①一事一证，对于检察机关所指控的犯罪事实要进行一一应对举证；②举证应当围绕证据能力和证明力来进行，并对证据进行肯定；③证据的展示要遵循案件、事物发展规律进行；④举证的重点应当揭示犯罪构成要件；⑤证据的举证顺序采取证明力递减原则。同种证据，证明力强者优先。

（3）质证预案。质证预案的制作分两部分：单一证据质证和证据体系质证。单一证据质证是对证据能力和证明力的质证。对证据体系的质证一般是在质证的最后阶段，公诉人对证据进行汇总归纳，指出对犯罪事实的指控所依据的证据是否达到证据确实充分的程度发表的总体意见。

（4）公诉意见和辩论要点。辩论要点的预测一般围绕以下几个方面进行：①审查认定案件主要事实的证据材料是否确实、有无瑕疵，是否有可能导致证明体系不稳；②对于单个证据的合法性如果存在瑕疵，依法应当如何补救，能否重新取证予以弥补；③证据链是否完整，合理性怀疑能否排除；④依据该证据证明的事实，案件性质是否准确；⑤本案被告人的量刑情节是否确实；⑥诉讼参与人权利保障方面存在哪些不合法之处。

（5）应急处理。应急处理是因为公诉人在支持公诉中遭遇可能阻止法庭审理正常顺利进行的情形，包括：①公诉人的变更或者发现新的证据，需要变更、补充、撤回起诉的；②辩护人在开庭前向法庭提交新证据，申请新的证人、鉴定人、专家辅助人出庭，可能导致案件事实发生重大变化的。对于上述情形，公诉人都应当依法发表意见。

（6）分工合作方案。公诉人的分工模式包括：①主辅模式，一名公诉人配1~2名助手，在庭审中，宣读起诉书、法庭询问、发表公诉意见、参与法庭辩论由公诉人完成。出示证据、质证由助手完成。这是常用的公诉人办案模式。②搭档模式，一般适用多罪名多事实的案件。支持公诉的公诉人为2人以上，由首席公诉人对全案事实、证据负总责，其他公诉人各负其责。首席公诉人宣读起诉书、发表总体公诉意见，其他法庭调查、举证质证、法庭辩论由其他公诉人完成，最后由首席公诉人做全案总述和总结。③复合式模式，一般用于重大、疑难案件。基本模式是：首席公诉人＋其他公诉人＋其他公诉人的助手，在这个结构中，下级对上级负责，全案由首席公诉人负责。

2. 公诉人法庭讯问方法。

（1）直接讯问法。采取直接的方式，围绕案件事实，量刑情节进行有步骤地直接发问，这种发问方式，首先便于被讯问人回答，其次，给法官、律师及旁听人员一个明确的定罪量刑框架。

（2）递进讯问法。由表入里，由次要到主要，由此及彼的讯问方式。这种讯问主要针对案情复杂或者被告人不认罪或者高智商犯罪类型案件。这种方式要递进发问，步步紧逼，让被告人不知不觉中按公诉人的讯问将犯罪意图、客观行为进行陈述，从而达到讯问的目的。

（3）揭露讯问。以被告人庭前真实陈述为依据，说明当庭陈述的虚假性，这种讯问常用于被告当庭翻供的情况。

（4）归谬讯问。就是将被告人陈述中不合常理、不合逻辑、违背事实部分归纳起来，指出其荒谬之处，进而证实被告人陈述的虚假性。

（5）迂回讯问。就是指在讯问一开始并不触及核心关键问题，先从外围问起，不知不觉中切入关键问题。

（二）公诉机关的起诉书

1. 起诉书的结构内容和制作方法。起诉书，是人民检察院经依法审查，认为被告人的犯罪行为应当受到刑事追究，决定将其交付审判而向人民法院提起公诉所制作的法律文书。根据《刑事诉讼法》第3条、第167条、第168条和第172条的规定，凡需要提起公诉的案件，一律由人民检察院审查决定。人民检察院对公安机关、国家安全机关、监狱侦查终结移送起诉的案件以及对本院自侦部门侦查终结的案件进行审查后，认为犯罪嫌疑人的犯罪事实已经查清，证据确实、充分，依法应当追究刑事责任的，应当作出起诉决定，制作起诉书，并按审判管辖的规定，向同级人民法院提起公诉。起诉书是检察机关代表国家将被告人提交人民法院审判的重要法律凭证，是公诉人出庭支持公诉，参加法庭调查，对证据和案件情况发表意见并且进行辩论的重要基础，也是人民法院审理公诉案件的合法依据。起诉书既是告知已将被告人提交人民法院审判的通知，又是公开指控被告人犯罪行为的法定文件。按照审理程序的不同，起诉书又可分为普通程序案件适用的起诉书、简易程序案件适用的起诉书和单位犯罪适用的起诉书。鉴于普通程序案件适用的起诉书是司法实践中常用的最基本的起诉书，因而本书重点讲授这一类起诉书。

起诉书，是叙述式文书，在结构上可以分为首部、正文、尾部三部分。

（1）首部。

①标题。标题包括人民检察院名称和文书名称，分两行居中，第一行为检察院全称，除最高人民检察院外，各级地方人民检察院的名称前，应当写明所在的省、自治区、直辖市的名称，涉外案件还在上述名称前冠以"中华人民共和国"字样，第二行为"起诉书"。

②文书编号。即"×检刑诉〔　〕号"，空白地方依次填写：院名（代字）、部门（代字）、年度、顺序号。

③被告人的基本情况。应依次写明：姓名、性别、出生年月日、身份证号码、民族、文化程度、职业或者工作单位及职务、住址、曾受到行政处罚、刑事处罚的情况和因本案采取强制措施的情况等。

在叙写被告人的基本情况时，应当注意以下问题：

第一，被告人姓名，应写正使用的正式姓名（即户口簿、身份证等法定文件中使用的姓名）。如有曾用名或与案件有关的别名、化名的，要在其姓名后加括号注明。是又聋又哑人或盲人的，也要在姓名后注明。《刑事诉讼法》第 158 条第 2 款规定，对于符合起诉条件的不讲真实姓名、住址，身份不明的被告人，应按其自报的姓名书写，并加以括号注明。

第二，出生年月日一般应写公历的出生年、月、日。具体出生日期查不清楚的，应以公历计算的周岁写明年龄，但涉及刑事责任年龄界限（犯罪时不满 14 岁至 18 岁）的，必须写明出生的年、月、日。

第三，身份证号码，如果不详可以不写。

第四，文化程度，应写经正规教育所达到的程度。不识字的，写为"文盲"，略识字的，写"初识字"。

第五，职业或工作单位及职务，应写明具体工作单位和职务；城镇无业者，写为"无业"。

第六，住址，一般写户籍所在地。户籍所在地与经常居住地不一致的，写经常居住地。对流窜犯，户籍所在地或经常居住地不明的，写其暂住地。

第七，受处罚情况，受过刑事处罚的，要写明何时因何罪被判处何种刑罚及刑满释放或逃跑的时间；受过行政处罚的，如行政拘留等情况，按时间顺序写明。

第八，被采取强制措施情况，应依次写明被采取强制措施的种类、因由、时间批准或决定的机关、执行的时间和机关。如果有两种以上强制措施的，要依时间顺序来写。如果一案中的多名被告人是在同一时间，被采取同种强制措施的，可在写完各被告人基本情况之后，另起一段，写明"上列被告人因××（因由）均于××××年××月××日经××机关批准或者决定被××（强制措施名称)"。一案有两名以上被告人时，应按先首要分子、主犯，后从犯、胁从犯的顺序排列。不划分主从犯的，按各被告人在犯罪中的作用大小先后排列。

④辩护人的基本情况。依次写明：辩护人姓名、工作单位，即辩护人执业的律师事务所。非律师担任辩护人的，则写明其所在单位。

⑤案由和案件的审查经过。分别写明以下内容：

第一，侦查机关、案由和移送审查起诉时间。应表述为"本案由×××（侦查机关）侦查终结，以被告人×××涉嫌×××罪，于×年×月×日向本院移送审查起诉。"对于侦查机关移送审查起诉的需变更管辖权的案件，表述为："本案由×××（侦查机关）侦查终结，以被告人×××涉嫌×××罪，于×年×月×日向×××人民检察院移送审查起诉。×××人民检察院于×年×月×日转至本院审查起诉。"对于本院侦查终结并审查起诉的案件，表述为："被告人×××涉嫌×××罪一案，由本院侦查终结。"对于其他人民检察院侦查终结的需变更管辖权的案件，表述为："本案由×××人民检察院侦查终结，以被告人×××涉嫌×××罪，于×年×月×日向本院移送审查起诉。"

第二，依法告知的情况。根据《刑事诉讼法》的规定，人民检察院受理审查起诉案件后，应当在3日以内告知犯罪嫌疑人有权委托辩护人，告知被害人及其法定代理人或者近亲属、附带民事诉讼的当事人及其法定代理人有权委托诉讼代理人。具体表述为："本院受理后，于×年×月×日已告知被告人有权委托辩护人，×年×月×日已告知被害人及其法定代理人（或者近亲属）、附带民事诉讼的当事人及其法定代理人有权委托诉讼代理人。"

第三，办理审查起诉的简要情况。应当表述为"依法讯问了被告人，听取了被害人的诉讼代理人×××和被告人的辩护人×××

的意见，审查了全部案件材料……（写明退回补充侦查、延长审查起诉期限等情况。）"

（2）正文。正文包括案件事实、证据、起诉的要求和根据。这部分是起诉书的主体，是指控犯罪的基础。

①案件事实。应写明经检察机关审查认定的犯罪事实，包括犯罪时间、地点、经过、手段、动机、目的、危害后果和被告人犯罪后的态度以及有关的人和事等要素，并以是否具有犯罪构成要件为重点，兼叙影响量刑轻重的各种情节。既不能把查无实据或证据不足的行为作为犯罪事实写入起诉书；也不能将与犯罪无关的非犯罪行为及人员写入起诉书。叙述事实要层次清楚、重点突出。应当根据案件情况，恰当选用表达方法。对于起诉指控的所有犯罪事实，无论是一人一罪、多人一罪，还是一人多罪、多人多罪都必须逐一列举，这是原则。具体叙述时，要按照合理的顺序进行。一般可以时间先后为序，如果是一人多罪的，应按多种犯罪轻重顺序叙述，重罪在前，轻罪在后；多人多罪的，则应突出主犯、重罪，从犯、轻罪在后叙述。

②证据。用做认定案件事实的主要证据，应写明证据的名称、种类，具体叙述，一般应采取"一事一证"的方式，即在每一起案件事实后，写明据以认定的主要证据。对于用概括叙述事实的，其证据的写法也可以采取"一罪一证"的方式，即在该罪概述后写明主要证据的种类即可。关于证人证言，要写出证明的直接程度，如"在场目睹者"；物证、书证，要写出具体名称、数量、来源和证明的具体事实，如"被告人杀人的凶器菜刀一把"；鉴定结论，要写明鉴定单位及鉴定的内容，使其足以说明认定的事实证据确凿。

叙事举证，应当注意以下几个问题：一是涉及国家秘密时，须注意保密，非叙述不可的，应概述，不能原文抄录；二是对有伤风化的污秽情节，应考虑社会影响，不作具体叙述；三是犯罪后自首的，应写明自首的时间、地点、内容，以及受理的机关等，如有立功表现的，也应同时写明；四是对行为已构成犯罪或严重违法，公安机关已经或正在另案处理的，应注明"另案处理"，对本案被害人，凡涉及个人隐私的，为保护其名誉，只留其姓，隐去其名；五是共同犯罪案件中有共犯在逃的，应在其后注明"另案处理"。

③起诉的要求和根据。

第一，要针对案情特点，运用犯罪构成要件分析被告人行为的性质，论证起诉的根据和理由。开头一般用"本院认为"，引出下文。概括罪行事实，要突出本案特点，用准确的语言写明被告人主观恶性，犯罪行为的恶劣程度，犯罪的社会危害性的严重程度。引用法律条文，首先，要准确、完整、具体。准确就是引用的法律条文与适用的对象恰如其分；完整就是要把据以定性处理的法律规定全部列出；具体就是要写明第×条第×款第×项，有的条文只分项不分款的则写明第×条第×项。其次，要有一定的条理和先后次序。先引用有关定罪与确定量刑幅度的条文，后引述从重、从轻、减轻的条文；适用以他罪论处的条文时，先引用本条文，再按本条文的规定，引用相应的他罪条文；一人犯数罪的，应逐罪引用法律条文，且引用定罪的法律条文顺序应与叙述各罪事实的顺序相一致；共同犯罪中，多人触犯同一罪名的，可集中引用法律条文。确定罪名应以《刑法》分则条文规定的罪状特征为依据，一人犯数罪的，一般先诉重罪，后诉轻罪；共同犯罪案件，应在分清各被告人的地位、作用和刑事责任的前提下，依次确定主犯、从犯的罪名。引述法律、确定罪名时，应先引定罪法律条文，后写明构成××罪，如"触犯《中华人民共和国刑法》第×××条，构成×××罪"。对被告人具有从重或从轻、减轻处罚情节的，一般应予分别认定，并写出相应的量刑法律根据和处罚的意见。但不宜把轻重两种情节简单并列，以致分不出主从，要对倾向性意见写明理由，用肯定语气明确表述。

第二，提起公诉的法律依据及要求，应当依次写清三方面内容：提起公诉的必要性，如"本院为维护社会秩序，保护公民的财产权利不受侵犯……"。提起公诉的法律依据，应写明"依据《中华人民共和国刑事诉讼法》第一百七十二条之规定"。提起公诉的决定，写明"特提起公诉，请依法判处"。

（3）尾部。尾部应当写明以下内容：

①致送的人民法院名称。在正文结束后，另用两行，先写送达用语："此致"，再写"×××人民法院"。

②公诉人法律职务及姓名。法律职务应写明检察长、副检察长、检察员、代理检察员等职务，姓名写在法律职务之后。

③尾部的日期应写检察长签发起诉书的日期，要写在检察人员法律职务及姓名的下一行对应位置，上面加盖院印。

④附注。应当写明以下事项：被告人羁押处所或监视居住、取保候审的处所；本案的证据目录、证人名单和主要证据复印件或者照片清单；同案被告人中，检察机关作出不起诉决定的文书副本；被害人（或其法定代理人）提出的附带民事诉状。附注应在文书尾部的顶格处写明"附："字样，然后再具体写明内容。有两项以上内容的，应注明顺序号。

2. 制作起诉书应当注意的问题。

（1）起诉书送达后，在法院开庭审理前，如果发现遗漏重要罪行，或抓获在逃犯应一并起诉，以及对起诉书须作重要补充修改的（如重新认定犯罪数额等），应收回起诉书，使用原文号重新制作。

（2）需要提起附带民事诉讼的，应另行制作刑事附带民事起诉书。

（3）在制作适用单位犯罪案件的起诉书时，要注意全面列举有关主体的基本情况。一般包括被告单位、被告单位诉讼代表人、被告人、被告单位或被告人委托的辩护人，等等。被告单位基本情况，包括：被告单位名称、住所地、法定代表人姓名、职务等。被告单位住所地是其主要机构所在地。由于被告单位是法律上虚拟的人格主体，因此被告单位必须由诉讼代表人代表其参加诉讼。被告单位诉讼代表人的基本情况，包括诉讼代表人的姓名、性别、年龄、工作单位、职务等情况。在被告人基本情况中需要注意的是，这里的被告人是指单位犯罪中直接负责的主管人员和其他责任人员。要写明其姓名、性别、出生年月日、身份证号码、民族等，具体内容的写法与自然人犯罪的被告人的基本情况相同。

（4）当自然人犯罪、单位犯罪并存时，在叙写被告单位、被告人情况时，应当先叙述被告单位、法定代表人、诉讼代表人及有关属于责任人员的被告人情况，再叙述一般的自然人被告人情况；同时，在起诉理由和根据部分，也应当按照先单位犯罪、后自然人犯罪的顺序叙述。

（5）适用简易程序案件的起诉书一般应当一式八份，每增加一个被告人，增加起诉书五份。适用单位犯罪案件的起诉书一般应当一式八份，每增加一个被告单位、被告人，增加起诉书五份。

（6）起诉书应在尾部年月日的左下角加盖"本件与原件核对无异"字样图章。多页的，要在各页的一侧边沿与其相邻页合盖"×××人民检察院骑缝章"。起诉书中对文字作少量删改的，要在删改处加盖"核对章"。

3. 起诉书格式（普通程序案件适用）。

×××× 人民检察院

起诉书

检 刑诉 [   ] 号

被告人……（写明姓名、性别、出生年月日、身份证号码、民族、文化程度、职业或者工作单位和职务、住址、曾受

到行政处罚、刑事处罚的情况和因本案被采取的强制措施情况等)

本案由×××(侦查机关)侦查终结,以被告人×××涉嫌×××罪,于×年×月×日向本院移送审查起诉。本院受理后,于×年×月×日已告知被告人有权委托辩护人,×年×月×日已告知被害人及其法定代理人(或者近亲属)、附带民事诉讼的当事人及其法定代理人有权委托诉讼代理人,依法讯问了被告人,听取了被害人的诉讼代理人×××和被告人的辩护人×××的意见,审查了全部案件材料……(写明退回补充侦查、延期审查起诉期限等情况。)

[对于侦查机关移送审查起诉的需要变更管辖权的案件,表述为:"本案由×××(侦查机关)侦查终结,以被告人×××涉嫌×××罪,于×年×月×日向本院移送审查起诉。×××人民检察院于×年×月×日转至本院审查起诉。本院受理后,于×年×月×日已告知被告人有权……"

对于本院侦查终结并审查起诉的案件,表述为:"被告人×××涉嫌×××罪一案,由本院侦查终结。本院于×年×月×日已告知被告人有权……"

对于其他人民检察院侦查终结的需要变更管辖权的案件,表述为:"本案由×××人民检察院侦查终结,以被告人×××涉嫌×××罪,于×年×月×日向本院移送审查起诉。本院受理后,于×年×月×日已告知被告人有权……"]

经依法审查查明:……(写明经检察机关审查认定的犯罪事实包括犯罪时间、地点、经过、手段、目的、动机、危害后果等与定罪有关的事实要素。应当根据具体案件情况,围绕刑法规定的该罪构成要件叙写。)

(对于只有一个犯罪嫌疑人的案件,犯罪嫌疑人实施多次的犯罪事实应逐一列举；同时触犯数个罪名的犯罪嫌疑人的犯罪事实应该按照主次顺序分类列举。对于共同犯罪的案件，写明犯罪嫌疑人的共同犯罪事实及各自在共同犯罪的地位和作用后，按照犯罪嫌疑人的主次顺序，分别叙明各个犯罪嫌疑人的单独犯罪事实。）

认定上述事实的证据如下：

（针对上述犯罪事实，分列相关证据）

本院认为，……（概括论述被告人行为的性质、危害程度、情节轻重）其行为触犯了《中华人民共和国刑法》第×条（引用罪状、法定刑条款），犯罪事实清楚，证据确实充分，应当以×××罪追究其刑事责任。根据《中华人民共和国刑事诉讼法》第一百七十二条的规定，提起公诉，请依法判处。

此致

×××人民法院

检察长（员）

年 月 日

（院印）

附项：

1. 被告人现在处所。具体包括在押被告人的羁押场所和监视居住、取保候审的处所。

2. 证据目录、证人名单和主要证据复印件，并注明数量。

3. 有关涉案款物情况。

4. 被害人（单位）附带民事诉讼的情况。

5. 其他需要附注的事项。

（三）公诉意见书

1. 公诉意见书的概述。

（1）公诉意见书的概念。公诉意见书是公诉人在法庭上就案件的事实、证据、定罪量刑等问题集中发表意见时所使用的法律文书。发表公诉意见是法庭辩论的开始，它以起诉书为基础，是对起诉书的内容进行说明和补充。公诉意见书的作用在于揭露被告人的犯罪行为、动机、目的、手段、后果、危害性，以促使被告人认罪伏法；同时对法庭定罪量刑提出建议，依被告人的犯罪事实、危害程度、认罪态度和刑法的有关规定，提出罪名以及从轻处理或从重处理的意见；结合案情宣传法律有关条文，指出罪与非罪的界限，分析犯罪的社会原因，总结引起犯罪的主要教训，提出预防犯罪的建议，号召公民遵守法律，加强法治观念。

（2）公诉意见书的功能。

第一，总结归纳控方证据体系。公诉意见要求公诉人对庭审调查阶段的举证、质证活动进行归纳总结。公诉人通过归纳总结构建一个完整的证据体系，凸显每份证据的证明价值，强化法庭以及旁听人员对证据的感性认识。

第二，解释论证起诉书的正确性。公诉人出庭除了负有举证义务外，还负有说服义务，即说服法庭接受公诉机关指控的意见。因此，公诉意见书则应当具有论证性和解释性。公诉人要通过发表公诉意见的形式，对证据进行分析归纳，说明每一份证据、每一组证据证明案件的什么事实，说服法庭形成被告人确实有罪的内心确信。同时，也是解释检察机关的起诉指控的根据和理由，说明起诉有理有据。

第三，补充量刑诉求。对量刑问题上的认定和诉讼要求，通过公诉意见书补充表达。如被告人认罪态度的好坏、犯罪结果的严重性、社会影响是否恶劣等等，公诉意见书中均可作出分析。此外，还可以提出具体的量刑建议。

第四，突出法治宣传教育。检察官发表的公诉意见包含对法理的阐述，对犯罪及其危害性的指控，对维护法治秩序意义的强调，以及对无理辩解的驳斥等等。因此，公诉意见书应当是一篇法治讲演词。公诉人应当像布道者一样，利用发表公诉意见的机会，结合案件事实，讲解法律法规，宣传法治精神。

（3）公诉意见书的法律依据。根据《刑事诉讼法》第184、193、198、203条的规定，由人民检察院提起公诉的案件，经人民法院审查，决定开庭审理时，应当由检察长或者检察员以国家公诉人的身份出庭支持公诉，公诉人在法庭上对证据和案件情况集中发表意见。

2. 公诉意见书的结构、内容和写作方法。

（1）首部。

①标题。一般分两行写检察院名称和文书名称。

②案件基本情况。主要说明被告人姓名、案由、起诉书文号。

（2）正文。公诉意见书正文部分，在阐明检察人员出庭支持公诉的法律根据、法庭上的国家公诉人身份、职责之后，应当根据案件具体情况，按规定程式，写明下列内容：

①顶格写明称谓，"审判长、人民陪审员"或"审判长、审判员"，以引起法庭注意。

②阐明公诉人的身份、职责、出庭的法律根据。具体表述为"根据《中华人民共和国刑事诉讼法》第一百八十四条、第一百九十三条、第一百九十八条、第二百零三条的规定，我（们）受××× 人民检察院的指派，代表本院，以国家公诉人的身份，出席法庭支持公诉，并依法对刑事诉讼实行法律监督。现对本案证据和案件情况发表如下意见，请法庭注意。"

③发表公诉意见。这是公诉词的主体部分，结合案情重点阐述

以下问题：

第一，简要评述法庭调查情况以及对法庭调查的意见。根据庭审具体情况，力求简明、准确。

第二，充分运用论据，适当展开论证支持起诉。论证本案起诉书指控的犯罪事实清楚、证据确实充分；揭露本案被告人犯罪行为的社会危害性，论证起诉书定性、定罪意见的正确性；分析本案是否有从重、从轻、减轻处罚情节并阐述理由；阐述依法判处的法律依据；剖析被告人犯罪的原因，结合本案实际，阐述预防犯罪的有关问题。

第三，加强重点部分的论述。需要突出的重点是对庭前会议中辩护人、被告人提出的有争议的地方进行重点论证。如，当案件定罪定性有争议时，应重点阐明犯罪构成和该类犯罪的本质特征，全面系统、有根有据地论证被告人只能构成本罪而不构成他罪的意见。

对某些以法定条件为犯罪构成要件的案件，要重点论证被告人犯罪行为具备有关法定条件的事实和证据。例如，对以"情节严重"、"情节特别严重"为法定条件的犯罪案件，要重点阐述、分析其情节"严重"、"特别严重"的具体表现。

第四，论证加强针对性。对违反其他法规，需要追究刑事责任的，公诉意见也可以介绍、引用有关法律和政策，以强化论证。

对需要从重或从轻或减轻处罚的，要详细分析犯罪的社会危害程度，系统分析从重、从轻、减轻处罚的法定理由和法律根据以及社会效果。

对未成年犯罪案件，应着重剖析犯罪原因、思想和社会根源及如何落实教育为主、惩罚为辅的原则，以及有关单位犯罪应注意防范的漏洞等，以便通过法制教育，收到减少和预防未成年犯罪，促进失足者悔过自新的效果。

对共同犯罪，特别是集团犯罪，要在分析案情的基础上，重点揭露重犯、重罪的罪行和罪责，抓主要矛盾，突出论证重点问题。

（3）尾部。即结束语。总括全文，就被告人应负的刑事责任提出从轻判处或从重判处的意见，以供法庭评议判决时参考。在用语上简洁概括，干净利落，概括前面主要观点，使全篇演说有一个响亮的结尾。

3. 公诉意见写作中应当注意的问题。公诉意见在写作的过程中应当注意以下问题：

（1）观点要鲜明，不能自相矛盾模棱两可。公诉意见是法庭演说词，通过演讲的形式揭露犯罪，论证法律适用的正确性。因此需要严谨鲜明，不能相互矛盾或者模棱两可。

（2）重点突出，针对性强。应当结合法庭调查查明的事实，根据具体案情有针对性地进行论述。通过揭露犯罪，证明被告人行为的犯罪性、可罚性。实践中往往要结合犯罪的主客观方面，是否有从轻、从重的情节，该情节是否有法律依据等进行论证。

（3）论证说理要透彻，辩论性要强。公诉意见书应当是起诉书的扩展和补充，不能简单重复起诉书的内容，要运用逻辑思维的方式，将事实证据和法律有机结合起来，论证方法以立论为主，在立论的基础上恰当地进行反驳。

（4）公诉意见书用语要规范，做到严谨、准确、生动、形象。公诉意见书要饱含感情色彩，论证入情入理，对犯罪的社会现象要辩证分析，促使被告人改过自新、重新做人，教育民众守法用法。

（5）做到六辩六不辩。六辩包括：辩方故意歪曲和否认有证据证明的事实要辩；辩方对公诉人指控罪名的认定提出异议要辩；对适用法律有异议要辩；辩方曲解法律法规要辩；辩方提出从轻、减轻、免除处罚不符合法律规定要辩；把客观要件说成犯罪主要原因的要辩。六不辩包括：与本案无关的不辩；辩方提出的问题有道理的不辩；起诉书、公诉意见书中确有错误的不辩；辩护人提出的问题在前几轮中反复多次的不辩；辩护人观点与公诉人观点无原则分歧的不辩；属于学术观点的不辩。

4. 公诉意见书格式。

×××人民检察院
公诉意见书

被告人×××

案　由×××

起诉书号×××

审判长、审判员（人民陪审员）：

根据《中华人民共和国刑事诉讼法》第一百八十四条、第一百九十三条、第一百九十八条、地二百零三条的规定，我（们）受×××人民检察院的指派，代表本院，以国家公诉人的身份，出席法庭支持公诉，并依法对刑事诉讼实行法律监督。现对本案证据和案件情况发表如下意见，请求法庭注意。

……

综上所述，起诉书认定本案被告人×××的犯罪事实清楚，证据确实充分，依法应当认定被告人有罪，并应（从重，从轻，减轻）处罚。

公诉人

年　　月　　日当庭发表

（四）检察法律文书说理性规则

检察法律文书说理，是指人民检察院对自身的执法行为和作出的决定所依据的事实、法律、事由进行分析论证、解释说明的活动。加强检察法律文书说理工作是提高检察机关执法水平和办案质量，增强检察工作透明度，强化检察机关自身监督，提升执法公信力，保障检察权依法公正行使的有效途径，有助于当事人和有关机关全面正确地理解人民检察院的执法行为和所作决定的事实、法律、政策依据，进而从源头上化解社会矛盾、促进社会和谐稳定。

1. 检察法律文书说理工作遵循的原则。

（1）合法。检察法律文书说理应当依据法律或者司法解释，围绕案件事实、证据、程序和适用法律等进行。

（2）必要。检察法律文书说理应当有选择、有重点地展开，根据案件性质、案情复杂程度以及社会公众的实际需求来决定是否说理以及如何说理。

（3）讲究方法。检察法律文书说理应当结合说理对象的年龄阶段、文化程度、心理特征等具体情况，综合考虑案件的各种因素，采取说理对象便于接受的方法进行。

（4）注重效果。检察法律文书说理应当注重情理法相结合，注重化解矛盾、促进和谐，实现法律效果、政治效果与社会效果的有机统一。

2. 检察法律文书说理的案件范围。

（1）职务犯罪侦查工作中，对有关实名举报、控告作出不立案或者撤销案件决定等。

（2）侦查监督工作中，作出不批准逮捕决定或者对在罪与非罪上有较大争议且社会关注的敏感案件作出批准逮捕决定，复议复核维持原不批准逮捕决定，向侦查机关发出立案通知、撤销案件通知、提出纠正违法意见，认为侦查机关立案、不立案、采取搜查、扣押、冻结等侦查措施以及其他侦查活动不违法向投诉人作出答复等。

（3）公诉工作中，作出不起诉决定、不抗诉决定或者对在罪与非罪上有较大争议且社会关注的敏感案件作出起诉决定，复议复核维持原不起诉决定等。

（4）监所检察工作中，向有关部门提出纠正违法意见或者提出纠正减刑、假释、暂予监外执行不当的意见，对有关被监管人羁押期限、被监管人死亡或者伤残问题向控告人作出答复等。

（5）民事行政检察工作中，作出不予受理、不立案、终止审查、不抗诉、不提请抗诉决定、不提出检察建议等。

（6）控告申诉检察工作中，对不服检察机关作出的刑事处理决定或者不服人民法院已经发生法律效力的刑事判决、裁定的申诉作出的复查决定，对国家赔偿案件作出的有关决定等。

3. 检察法律文书说理的形式。人民检察院作出有关决定，需要向有关机关或者人员进行说理的，可以直接在相关的叙述式法律文书中进行说理。对于填充式法律文书，可以增加附页或者制作说明书进行说理。向当事人及其法定代理人或者近亲属、举报人、控告人、申诉人或者其他有关人员开展说理工作时，可以根据情况进行口头说理，并制作笔录。

4. 检察法律文书说理的基本要求。

（1）明确事实。阐明人民检察院认定的事实及相关证据，对证据的客观性、合法性和关联性进行分析判断，阐明采信和不采信的理由或者依据。

（2）阐明法理。结合法律文书的具体内容和结论，对人民检察院所作出决定中依据的法律、司法解释条文的具体内容予以列明，解释法律适用的理由和依据。必要时，应当结合案件事实对条文的含义、法条适用进行解释和说明。

（3）讲明情理。在依据法律、政策说理的同时，注重情、理、法的有机结合，以理服人，增强执法办案的人文关怀和社会效果。

（4）针对争议焦点重点说明。根据当事人异议产生的原因，充分阐释决定的原因及依据，对于没有重大分歧或者争议的事实、证据，可以简要分析或者不作分析。

（5）语言规范，文字精练，繁简得当，明确易懂。

（五）刑事自诉状

1. 刑事自诉状的概念。刑事自诉状是法律规定的自诉案件的受害人或其法定代理人、近亲属直接向人民法院控告刑事被告人，要求人民法院追究被告人的刑事责任或附带民事责任时，所递交的书面请求。

刑事诉讼有公诉和自诉之分，公诉案件一律由检察院提起，自诉案件由被害人或其法定代理人、近亲属提起。自诉案件有三种类型：告诉才处理的案件；被害人有证据证明的轻微刑事案件；被害人有证据证明被告人侵犯其人身权利和财产权利，依法应当追究刑事责任，而公安机关或者检察院不予追究刑事责任的。

2. 刑事自诉状的法律依据。《刑事诉讼法》第 204 条和《最高人民法院关于适用〈中华人民共和国刑事诉讼法〉的解释》（以下简称《刑诉解释》）第 1 条规定，人民法院直接受理的自诉案件包括：

（1）告诉才处理的案件：①侮辱、诽谤案（《刑法》第 246 条规定，但严重危害社会秩序和国家利益的除外）；②暴力干涉婚姻自由案（《刑法》第 257 条第 1 款）；③虐待案（《刑法》第 260 条第 1 款）；④侵占案（《刑法》第 270 条）。

（2）人民检察院没有提起公诉，被害人有证据证明的轻微刑事案件：①故意伤害案（《刑法》第 234 条第 1 款）；②非法侵入住宅案（《刑法》第 245 条）；③侵犯通信自由案（《刑法》第 252 条）；④重婚案（《刑法》第 258 条）；⑤遗弃案（《刑法》第 261 条）；⑥生产、销售伪劣商品案（《刑法》分则第三章第一节规定，但严重危害社会秩序和国家利益的除外）；⑦侵犯知识产权案

（《刑法》分则第三章第七节规定，但严重危害社会秩序和国家利益的除外）；⑧属于《刑法》分则第四章、第五章规定，对被告人可能判处3年有期徒刑以下刑罚的案件。

（3）被害人有证据证明对被告人侵犯自己人身、财产权利的行为应当依法追究刑事责任，且有证据证明曾经提出控告，而公安机关或者人民检察院已经作出不予追究的书面决定的案件。

《刑诉解释》第187条规定，如果被害人死亡、丧失行为能力或者因受强制、威吓等原因无法告诉，或者是限制行为能力人以及由于年老、患病、盲、聋、哑等原因不能亲自告诉，其法定代理人、近亲属告诉或者代为告诉的，人民法院应当依法受理。

自诉人应当向人民法院提交刑事自诉状；提起附带民事诉讼的，还应当提交刑事附带民事自诉状。自诉状应当包括以下内容：①自诉人、被告人、代为告诉人的姓名、性别、年龄、民族、出生地，文化程度、职业、工作单位、住址；②被告人犯罪的时间、地点、手段、情节和危害后果等；③具体的诉讼请求；④致送人民法院的名称及具状时间；⑤证人的姓名、住址和其他证据的名称、来源等。如果被告人是二人以上的，自诉人在告诉时须按被告人的人数提供自诉状副本。上述规定，是制作和适用刑事自诉状的法律依据。

3. 刑事自诉状的结构、内容和写作方法。

（1）首部。①标题。应当写为"刑事自诉状"。②诉讼参与人的基本情况。③自诉人的基本情况。应当写明姓名、性别、出生年月日、民族、籍贯、职业、工作单位和职务、住址等。④被告人的基本情况。应当写明姓名、性别和年龄等。年龄不详者可以不写。

（2）正文。应当依次写明以下几点：

①案由和诉讼请求。案由应当写明控告被告人所犯的罪行。诉讼请求应当写明请求人民法院依法追究被告人的刑事责任，但不需

要写明具体的刑罚。

②事实与理由。事实应当写明犯罪的时间、地点、侵害的客体、动机、目的、手段、情节以及危害后果等。有附带民事诉讼的，应当写明被告人犯罪行为造成的经济损失的情况等。理由应当依据有关法律的规定，写明被告人的行为为什么构成犯罪，犯的什么罪；附带民事诉讼的，应当写明为什么应当由被告人承担民事赔偿责任等。如："综上所述，被告人×××的行为，已构成×××罪。为此，根据《中华人民共和国刑法》第××条××款和《中华人民共和国刑事诉讼法》第××条××款之规定，特向你院起诉，请依法判处。"

③证人的姓名、住址及其他证据的名称、来源等。

（3）尾部。①致送人民法院名称；②附项；③自诉人签名；④具状的日期。

4. 刑事自诉状格式。

刑事自诉状

　　自诉人×××，……（姓名、性别、出生年月日、民族、籍贯、职业、工作单位和职务、住址等）。

　　被告人×××，……（姓名、性别等情况，出生年月日不详者可写其年龄）

　　案由：被告人被控告的罪名

　　具体的诉讼请求

　　被告人犯罪的时间、地点、侵害的客体、动机、目的、情节、手段及造成的后果，理由应阐明被告人构成犯罪的罪名和法律依据。

　　主要证据及其来源，证人姓名和住址。如证据、证人在事实部分已经写明，此处只需点明证据名称、证人详细住址。

此致

×××人民法院

自诉人：

年　月　日

附：本诉状副本××份

三、辩方技能训练与规则

（一）审前程序技能与规则

我国刑事诉讼是"流水作业式"的结构，因此辩方的辩护人和犯罪嫌疑人、被告人在侦查、审查起诉、审判三阶段需要交涉、沟通的主体是不同的。2012年新刑事诉讼法赋予律师在立案之初即获得辩护权，由于侦查、审查起诉阶段（笔者把它称为审前程序）在程序设置上缺乏司法监督的配置，在审前阶段侦辩关系、诉辩关系无法形成西方当事人主义的对抗模式。但是，新刑事诉讼法又强制性要求每个侦查、起诉阶段控方应听取辩护律师意见，在诉讼的各阶段辩方都可以申请启动非法证据排除，使得控辩双方在诉讼程序上地位趋同。同时，近年来不断加大力度的错案责任追究制度，也倒逼公检两家法治理念提升，由此带来控辩双方在心理上、目标追求上日渐趋同。另外，随着我国司法改革的不断推进，审判权越来越独立，法官越来越看重证据、事实和法律正确适用，由此带来控辩双方实质地位趋同，以上原因会促使控辩双方在审前程序中的沟通与协作，律师有机会抓住每个诉讼关键环节，在提请逮捕、审查起诉和审判阶段，与控方善意沟通，提出犯罪嫌疑人无罪的意见，也可以说服嫌疑人认罪换取变更强制措施、重罪变为轻罪、数罪变为一罪。公诉人也可以用不起诉、减少起诉罪名、减低量刑建议幅度换取被告人合作或律师对非法证据的异议。

在现行刑事诉讼法背景下，控辩双方逐渐形成既制约，又合作的协同关系，双方在协助中共同发现案件真实、正确适用法律。在审前阶段，律师应当注重侦查阶段、审查起诉阶段的辩护意见的提出，为当事人申请变更强制措施，必要时可以依法取证。

1. 变更强制措施申请书。

（1）变更强制措施的适用条件和主体。在刑事司法实践中，常见变更强制措施往往是由拘留、逮捕变更为取保候审，变更为取保候审在刑事诉讼的侦查、起诉和审判三阶段都可以进行。根据《刑事诉讼法》第 65 条，有下列情形之一的犯罪嫌疑人、被告人，可以取保候审：①可能判处管制、拘役或者独立适用附加刑的；②可能判处有期徒刑以上刑罚，采取取保候审不致发生社会危险性的；③患有严重疾病、生活不能自理，怀孕或者正在哺乳自己婴儿的妇女，采取取保候审不致发生社会危险性的；④羁押期限届满，案件尚未办结，需要采取取保候审的。根据《刑事诉讼法》第 95 条规定，下列人员有权申请取保候审：①被羁押的犯罪嫌疑人、被告人及其法定代理人；②被羁押的犯罪嫌疑人、被告人的近亲属；③犯罪嫌疑人、被告人的辩护人。

（2）变更强制措施申请书的结构内容和制作方法。①首部。首部包括标题、申请人的基本情况。申请人若为犯罪嫌疑人、被告人或者他的法定代理人、近亲属，应当写清姓名、性别、年龄、职业、家庭住址、工作单位、与犯罪嫌疑人的关系等。如果是辩护人，直接写姓名，××律师事务所律师即可。

②正文。正文包括申请事项和申请理由。

③尾部。尾部包括致送机关、申请人和撰文日期。

（3）变更强制措施申请书的格式。

变更强制措施申请书

申请人：＿＿＿＿＿＿律师事务所＿＿＿＿＿律师

通讯地址或联系方法：＿＿＿＿＿＿＿＿＿＿＿＿

申请事项：

刘犯罪嫌疑人（被告人）＿＿＿＿＿＿变更强制措施为

＿＿＿＿＿＿。

申请理由：

犯罪嫌疑人（被告人）＿＿＿＿因涉嫌犯＿＿＿＿

＿＿＿＿，被＿＿＿＿＿采取＿＿＿＿＿＿的强制措

施。本人作为其辩护律师，认为其具有下列情形，对其进行羁

押没有必要：＿＿＿＿＿＿。

根据《中华人民共和国刑事诉讼法》第九十五条之规定，

特申请对＿＿＿＿变更强制措施为＿＿＿＿＿＿。

此致

＿＿＿＿＿＿＿＿＿＿＿＿

申请人（签名）：

年 月 日

2. 审前阶段律师辩护意见书。在刑事侦查、审查起诉阶段，律师可以在会见当事人、阅卷（仅限于审查起诉阶段）的基础上，根据事实和法律向公安机关、人民检察院提出犯罪嫌疑人无罪、罪轻、从轻，建议公安机关撤销案件，检察机关不批准逮捕、不起诉等律师辩护意见。在这两个阶段，辩护人在撰写意见时，针对相对应的公安机关或者检察院提出即可。律师的早期介入，对犯罪嫌疑人的人权保护、对公安机关正确把握案情、准确适用法律是非常有用的。笔者在2015年年初，接受一起公安机关以盗窃罪立案侦查

的 6 人团伙案件当事人家属委托，在会见当事人后，笔者对案件进行了梳理，发现这 6 名犯罪嫌疑人实施的是以雷某为首的内外勾结侵犯公司财产的职务侵占行为，由于数额较小，达不到立案标准，应当认定 6 名犯罪嫌疑人不构成犯罪。因此，在公安机关报捕后，辩护人向检察院提交了辩护意见，结果检察院采纳辩护人意见，认为 6 人不构成犯罪，全部予以释放。辩护人积极参与侦查、起诉阶段的辩护，更有利于当事人权益的保护。

（二）法庭辩护词

有犯罪就有辩护，辩护指的是刑事诉讼中犯罪嫌疑人、被告人及其辩护人根据事实和法律反驳控诉人的一项活动。刑事诉讼中被告人、犯罪嫌疑人行使辩护权的有效方式是律师辩护，律师辩护的方式是发表辩护词。

1. 辩护词的概念。辩护词是指律师在刑事诉讼中接受被告人委托或人民法院指定，担任辩护人，根据事实和法律，提出证明被告人无罪、罪轻或者减轻、免除其刑事责任的意见所形成的文字材料，是依法在当庭发表的言词。

2. 辩护词的法律依据。刑事辩护是我国《宪法》规定的犯罪嫌疑人、被告人的一项重要权利，是刑事诉讼的一项重要制度，也是维护被告人合法权益、防止公权力滥用的有效制度。《宪法》第125 条规定："人民法院审理案件，除法律规定的特别情况外，一律公开进行。被告人有权获得辩护。"《刑事诉讼法》第32 条规定："犯罪嫌疑人、被告人除自己行使辩护权以外，还可委托一至二人作为辩护人。……"第 35 条规定："辩护人的责任是根据事实和法律，提出证明犯罪嫌疑人、被告人无罪、罪轻或者减轻、免除其刑事责任的材料和意见，维护犯罪嫌疑人、被告人的诉讼权利和其他合法权益。"依照上述法律规定，辩护人的辩护词就是说明犯罪嫌疑人、被告人无罪、罪轻或者应当减轻、免除刑事责任的发言或者书面意见。

3. 辩护词的结构、内容和写作方法。辩护词是与公诉词相对而存在的。两者分别从不同的角度剖析案件事实，论证案件性质，并提出适用法律的意见。辩护词没有法定的文书格式，在实践中也未形成统一的固定格式。但是作为律师在法庭上演讲或庭下递交给审判机关的意见，它在制作上也有一定的规律。辩护词通常由首部、正文和尾部三部分构成。

（1）首部。具体包括：标题，首行要写明标题；呼告语，称呼审判组织人员的法律职务；前言，主要包括三项内容：一是申明辩护人的合法地位、出庭的根据；二是辩护人在出庭前进行了哪些工作、辩护内容的来源；三是辩护人对全案的基本看法。具体表述如："审判长、审判员、人民陪审员：依据《中华人民共和国刑事诉讼法》第三十二条、《中华人民共和国律师法》第二十八条的规定，××省××市××律师事务所依法接受本案被告人××之亲属×××的委托，指派我担任××的一审辩护人。接受委托后，我仔细查阅了全部案件材料，并会见了被告人，还进行了大量的调查取证工作。经过认真的调查和严密的分析，我认为，本案事实不清，存在诸多疑点，难以定案。现依法发表如下辩护意见……"

（2）正文。正文包括辩护意见和结论。辩护意见是辩护词的核心，是辩护人为维护被告人的合法权益所要阐明的主旨，应该从被告人的行为事实出发，对照有关的法律规定，论证被告人无罪、罪轻或应该予以减轻甚至免除其刑事责任的意见和根据。因此，通常是要围绕是否构成犯罪，属于何种罪名，有无从轻的法定条件以及诉讼程序是否合法等问题展开辩论和论述。辩护词的撰写应当依据案情围绕以下几个方面展开：

①针对起诉书指控的犯罪事实进行辩护。这是辩护词的中心，通常从以下几方面着手：一是事实存在，但混淆罪与非罪界限，把

无罪当作有罪追究。二是事实部分存在，但被夸大、歪曲，如把正当防卫指控为故意杀人，把小偷小摸指控为盗窃，把轻罪当作重罪。三是主要事实不清楚，证据不足或无证据，主要从证据论证犯罪事实的存在与否。四是事实根本不存在。五是事实清楚，证据确凿，如有从轻、减轻情节，可以从从轻、减轻方面予以辩护。

②对起诉书适用法律不当进行辩护。通常有三种情况：一是把无罪当作有罪，如情节轻微，不构成犯罪却认定犯罪，正当防卫认定为故意伤害等；二是确定罪名不当，把盗窃定为抢劫，把过失伤害定为故意伤害等；三是量刑偏重，对应予认定的从轻情节却未认定，如自首、犯罪中止、犯罪未遂，未成年犯罪、未造成严重后果、社会危害性小、态度好等。

③对诉讼程序有重大违反而进行辩护，如应回避而未回避，证据未经查证属实等。

④如起诉书认定的事实清楚，证据确凿，适用法律正确，定性准确，程序合法，则可从情理上进行辩护，主要从以下几方面进行：一是从被告人行为造成的危害后果不严重进行辩护；二是从被告人行为目的、作案动机等具体情节不甚恶劣进行辩护；三是从被告人犯罪的具体情节，是否有可以考虑的客观因素进行辩护；四是从被告人认罪态度结合受害人情况进行辩护。

结论部分，是律师对全案辩护工作的总结，辩护律师应当进行归纳和总结。因此，应当包括两个方面：一是辩护人对自己的发言进行归纳总结，提出结论性的意见；二是对被告人如何定罪量刑，适用什么刑法条款，向法庭提出要求建议。

（3）尾部，包括两部分，署名和日期。

4. 辩护词文书格式

辩护词

前言（主要三项内容：一是申明辩护人的合法地位；二是

讲辩护人在出庭前进行了哪些工作；三是讲辩护人对全案的基本看法。）

辩护理由（是辩护词的核心内容。是辩护人为维护被告人的合法权益所要阐明的主旨，应该从被告人的行为事实出发，对照有关的法律规定，论证被告人无罪、罪轻或应该予以减轻甚至免除其刑事责任的意见和根据。因此，通常是要围绕是否构成犯罪，属于何种罪名，有无从轻的法定条件以及诉讼程序是否合法等问题展开辩论和论述。）

结束语（是对辩护词的归纳和小结。一般讲两个内容：一是辩护词的中心观点；二是向法庭提出对被告人的处理建议。）

辩护人：

年　月　日

（三）律师在辩护中应当关注的技巧

虽然常言说："事实胜于雄辩"，但事实却得益于雄辩。司法实践中，即便在事实和法律方面占有优势，也并非都能使律师的辩护获得成功，这就要求律师充分施展自己的辩才和谋略。因此，辩论才能是律师在执业活动中最重要的才能。当然，需要了解的是，律师在刑事辩护中仍然有一定的技巧可寻。为此，笔者认为有以下技巧：

1. 在文字表达方面应综合案情，理顺辩论思路，写好代理词、辩护词。撰写文书时一是要字斟句酌，用词准确；二是调配语句，合理布局；三是篇章衔接，环环相扣；四是结构严谨，条理清楚；五是重点突出，详略恰当。

2. 在语言表达技巧方面，在庭审辩论中，律师应当做到：一是不读稿，并善于把前言说好。在语气和言词上一定要能够抓住整个法庭的注意力，传达案件的严重性或表现出对本案的真诚，表明对本案的信心。二是控制语速，并吐字清晰。有了好的辩论内容，还需有好的表达方式。律师在庭审辩论时，应做到口齿清楚，发音准确，音调和谐，快慢适度。力争达到声调上的抑扬顿挫，以提高论辩感染效果。三是善于入情入理。语言可以伤人，也可以感人。用辩论语言伤人，对于律师职责来说则是不道德的。但律师的辩论语言以情感人，则是可取的。

3. 注意谋略的运用，法庭是一个没有硝烟的战场，控辩双方在一定的规则下展开进攻和防守。因此作为这个战场上的主要参战人员，律师应当具有一定的谋略。常用的谋略有以下几种：

（1）先声夺势法，此法是对在法庭辩论一方对另一方可能提出的问题避而不谈，而对己方极有利的问题，先在论辩发言中全面论证，以达到先入为主，争取主动的庭辩战术。实践中，应用此法须在庭审前做好充分准备，且在庭审调查阶段对己方有利的事实、证据逐一认定。然后根据事实和证据，针对对方不正确的观点主动出击进行反驳，以期掌握辩论主动权，夺取制高点，促使对方陷入被动。

（2）避实就虚法，当对方力求回避某些问题，甚至采用偷换论题、偷换概念、答非所问的方式，企图达到转移己方视线，扰乱视听时，选择其最不愿讲的薄弱环节连连进攻，一攻到底，直到把问题辩论清楚为止。

（3）设问否定法，又称舌战偷渡法，使用该法，关键是律师在设问时要把辩论的目的深藏不露，绝不能让对方察觉设问的真正意图。尤其是第一问，一定要让对方在尚未了解发问意图的情况下予以回答，只要回答了第一个问题，下个问题就由不得他不回答了。等到对方自觉难以自圆其说时，后悔也来不及了。这种使对方处处被动、自打嘴巴的战术，不失为一种极有效的辩论手段。其结果只能是让对方在不自觉中接受律师（或设问方）的观点，出其不意而辩胜。

（4）间接否定法，是指在辩论中不直接把矛头指向对方，而是若无其事地将辩论对手的错误观点搁在一旁"置之不理"，郑重地从正面提出自己的独特见解，并充分论证。

（5）示假隐真法，此法是通过先举与本案无关的事实证据，运用掩盖真相或本意的语言技巧，形成对方的错觉，然后出其不意，突然出击，拿出辩护人真实有利的证据或观点，致对方于被动、措手不及的庭审辩术。

（6）以退为进法，它是形式逻辑的归谬法在法庭辩论中的运用。辩护人可先将对方提出的论题（或观点）假设为真，然后从这个假设为真的论题推导出一个或一系列荒谬的结论，从而得出原论题为假的辩论方法。此法是一种辩论性、反驳性很强的法庭辩论方法，因而推导得出的必然性结论，容易被接受，从而获得较好的辩论效果。

（7）后发制人法，先发制人可以产生优势，后发制人则可以变被动为主动。由于后发，己方可以知道对方的基本观点，发现其中的矛盾和弱点，然后以自己已经掌握的材料有针对性地集中进行反驳，有时也可以导致对方措手不及而险象丛生。运用时应掌握：暂避锐气，不仓促应战；精听细解，等待时机；抓住破绽，全力反攻。

4. 最大限度地利用最后辩论的时间提出要求，促成双方和解结案；提出问题，让审判人员去甄别和思考；概括主题。加深审判人员对自方辩论观点的印象。

四、刑事一审庭审与裁判规则与技巧

（一）刑事一审庭审流程模拟提纲

公诉案件普通一审程序庭审模拟提纲：

开庭时间：××××年××月××日。

开庭地点：×××人民法院第×法庭。

案由：××罪。

被告人：×××。

是否公开：是或否。

旁听人数：××人。

审判人员：×××、×××、×××。

书记员：×××。

书记员：现在宣布法庭纪律，旁听人员必须遵守下列纪律：

（1）未经许可，不得录音、录像和摄影；

（2）不得随意走动和进入审判区；

（3）不得鼓掌、喧哗、哄闹和实施其他妨害审判活动的行为；

（4）不得发言、提问，对法庭的审判活动有意见，可以在闭庭以后以书面或口头形式向本院提出；

（5）不得吸烟和随地吐痰；

（6）随身携带的移动电话和寻呼机关闭或调整至振动。

对于违反法庭纪律的旁听人员，审判长（或审判员）可以当庭口头警告、训诫，也可以责令退出法庭，对于严重扰乱法庭秩序的人，直至依法追究刑事责任。

书记员：请公诉人、辩护人（附带民事诉讼原告人）入庭。

书记员：请全体起立（起立完毕）。请审判长、审判员（或人民陪审员）入庭。（审判长、审判员或人民陪审员入庭）

审判长：请全体坐下。（审判长、审判员或人民陪审员坐定）

书记员：（转身面向审判长）报告审判长，本案的公诉人、辩护人已到庭，被告人已提到候审，法庭审理准备工作完毕，请开庭。

审判长：（击法槌）传被告人×××到庭。现在开庭。

审判长：法警将被告人的械具解除。（指符合解除械具情况的）

审判长：被告人，你的姓名？还有没有其他名字？

被告人：

审判长：你的出生年月日、出生地？

被告人：

审判长：什么民族？

被告人：

审判长：什么文化程度？

被告人：

审判长：案发前在什么单位工作（或：案发前有无职业）？

被告人：

审判长：户籍所在地在哪里（如被告人的户籍所在地与居住地不一致的，应问清居住地在哪里）？

被告人：

审判长：以前是否受过刑事处罚（如果受过刑事处罚，应问清何时、何地、因何罪受何种刑事处罚；如果关系到是否构成累犯，应问清何时刑满释放）？

被告人：

审判长：因本案什么时候被刑事拘留、逮捕（如果实际羁押日期与拘留、逮捕日期不一致的，应问清何时被羁押）？

被告人：

（被告人有数人的，可由书记员在庭前核实身份情况，庭审中，审判长只需讯问被告人对起诉书所认定的身份情况有无异议）

审判长：被告人×××，×××人民检察院的起诉书副本，你收到没有？

被告人：

审判长：什么时候收到的？

被告人：

（如有刑事附带民事诉讼的）

审判长：被告人×××，附带民事诉讼状副本，你收到没有？

被告人：

审判长：什么时候收到的？

被告人：

审判长：根据《中华人民共和国刑事诉讼法》的规定，×××人民法院今天对×××人民检察院提起公诉的被告人×××（姓名）×××（案由）一案依法公开开庭审理〔或：因本案涉及国家秘密（或个人隐私或未成年人犯罪），今天依法不公开开庭审理×××案〕。

审判长：现在宣布合议庭的组成人员、书记员、公诉人和其他诉讼参与人的名单。

本合议庭由审判员×××、×××、×××（或人民陪审员××）组成，由×××担任审判长，书记员×××担任法庭记录。

今天出庭支持公诉的是×××人民检察院检察员（或代理检察员）×××。

（如有翻译人员、鉴定人出庭的，应宣布翻译人员、鉴定人的姓名、工作单位、职务）

今天出庭为被告人×××辩护的是被告人委托的×××律师事务所律师×××（如系指定的辩护人，审判长应宣布：今天出庭为被告人×××辩护的是本院通过×××法律援助中心指定的×××律师事务所律师×××）。

（被告人没有委托辩护人的，应宣布：被告人×××没有委托辩护人）

审判长：根据《中华人民共和国刑事诉讼法》的规定，被告人（其他当事人）、辩护人在庭审中享有申请回避的权利，也就是说被告人（其他当事人）、辩护人认为合议庭的组成人员、书记员、公诉人（鉴定人、翻译人员）与本案有利害关系或其他关系可能影响公正审理本案的，可以提出理由要求调换。

审判长：被告人×××，你是否申请回避？

被告人：

审判长：辩护人×××，你是否申请回避？

辩护人：

审判长：根据《中华人民共和国刑事诉讼法》的规定，被告人（其他当事人）在庭审中还享有下列诉讼权利：

（1）可以提出证据，申请通知新的证人到庭、调取新的证据、申请重新鉴定或者勘验；

（2）可以自行辩护，也可以委托辩护人辩护；

（3）可以在法庭辩论终结后作最后陈述。

审判长：被告人×××，法庭宣布的上述各项诉讼权利，你听清楚了没有？

被告人：

（如有其他当事人的，应核对其身份，并告知相关诉讼权利）

审判长：现在进行法庭调查。

审判长：现在由公诉人宣读起诉书。

（公诉人起立，宣读起诉书）

审判长：被告人×××，你可以对起诉书指控的犯罪事实进行陈述。

被告人：

审判长：公诉人可以对起诉书指控的犯罪事实讯问被告人。

公诉人：

被告人：

（如果被害人及其法定代理人出庭的。审判长应询问：被害人

×××就本案的事实，是否需要向法庭补充陈述或向被告人补充发问?）

审判长: 辩护人对起诉书指控被告人的犯罪事实是否需要向被告人发问?

辩护人:

被告人:

（法庭认为有必要时，也可以讯问被告人）

审判长: 公诉人可以就起诉书指控被告人的犯罪事实向法庭举证。

公诉人:

审判长: 被告人对公诉人所出示的证据有什么意见?

被告人:

审判长: 辩护人对公诉人所出示的证据有什么意见?

辩护人:

审判长: 被告人有什么证据向法庭出示?

被告人:

审判长: 公诉人（辩护人）对被告人所出示的证据有什么意见?

公诉人:

辩护人:

审判长: 辩护人有什么证据向法庭出示?

辩护人:

审判长: 被告人（公诉人）对辩护人所出示的证据有什么意见?

被告人:

公诉人:

（如有证人出庭作证的）

审判长：传证人×××到庭。

审判长：证人，你的姓名？

答：

审判长：你的年龄？

答：

审判长：什么民族？

答：

审判长：什么文化程度？

答：

审判长：你与被告人×××（本案）是什么关系？

答：

审判长：证人×××，本院审理被告人×××（姓名，案由）案，通知你出庭作证。你应当如实地向法庭提供证言，根据法律规定，如故意作伪证或隐匿罪名，要负法律责任，你听清楚了没有？

答：

审判长：证人×××，你现在在如实作证的保证书上签名。

（询问证人先由申请传唤的一方进行，然后由对方询问，法庭也可以询问证人）

审判长：证人×××，今天你在法庭上的证言，法庭已记录在案，退庭后你应当看庭审记录中你的证言部分，如记载有遗漏或差错，可以请求补充或更正，应在笔录上签名，证人×××，你听清楚了没有？

答：

审判长：证人×××可以退庭。

［如证人需要通过隐蔽作证系统作证的，审判长先说明需要通过隐蔽作证系统作证的理由，然后宣布：法庭准许证人×××通过隐蔽作证系统作证。传证人×××到庭。（作证经过同上）］

审判长：公诉人刚才当庭宣读和出示的证据，经法庭质证，合法有效，法庭予以确认。

（如有附带民事诉讼的）

审判长：现在法庭对本案的附带民事部分进行调查。

审判长：现在由附带民事诉讼原告人×××宣读诉状。

原告人：

审判长：附带民事诉讼被告人×××，你现在可以答辩。

被告人：

（审判长也可以发问）

审判长：现在由附带民事诉讼原告人×××向法庭举证。

原告人：

审判长：附带民事诉讼被告人×××，对附带民事诉讼原告人提供的证据有什么意见？

被告人：

审判长：附带民事诉讼被告人×××，是否需要向法庭举证？

被告人：

（如附带民事诉讼被告人×××举证的，举证完毕，审判长应询问：附带民事诉讼原告人×××，对附带民事诉讼被告人提供的证据有什么意见？）

审判长：刚才法庭对附带民事诉讼原告人（附带民事诉讼被告人）提供的证据进行了质证，附带民事诉讼被告人（附带民事诉讼原告人）发表了自己的意见，法庭已记录在案。

审判长：法庭调查结束。

审判长：现在进行法庭辩论。

审判长：现在由公诉人发表公诉词。

公诉人：

审判长：被告人×××，你可以为自己进行辩护。

被告人：

审判长： 现在由辩护人发表辩护意见。

辩护人：

审判长： 在刚才第一轮的法庭辩论中，公诉人、被告人、辩护人发表了各自的意见，辩论各方的争议焦点是（审判长进行归纳、概括）。在第二轮的辩论中，辩论各方应围绕争议焦点发表意见。

审判长： 公诉人，还有什么新的意见？

公诉人：

审判长： 被告人×××，你还有什么需要辩护的？

被告人：

审判长： 辩护人还有什么新的辩护意见？

辩护人：

审判长： 法庭已充分听取了公诉人、被告人、辩护人的意见，并已记录在案。辩论各方如果还有意见，可以在退庭后用书面形式提供给法庭。

（如有附带民事部分的）

审判长： 现在就附带民事部分进行法庭辩论。

审判长： 附带民事诉讼原告人×××，你现在可以向法庭陈述。

原告人：

审判长： 附带民事诉讼被告人×××，你现在可以向法庭陈述。

被告人：

审判长： 附带民事诉讼原告人×××，你是否接受调解？

原告人：

审判长： 附带民事诉讼被告人×××，你是否接受调解？

被告人：

审判长：法庭已充分听取了原被告双方的意见，并已记录在案。

审判长：法庭辩论结束。根据《中华人民共和国刑事诉讼法》的规定，被告人（其他当事人）有最后陈述的权利。被告人×××，你最后还有什么要向法庭陈述的？

被告人：

审判长：今天的法庭审理结束，待合议庭评议后将另行定期宣告判决。退庭后，被告人（其他当事人）应当阅看庭审记录，如记载有遗漏或差错，可以要求补充或更正，确认无误后，应在笔录上签名。

审判长：被告人×××，你听清楚没有？

被告人：

审判长：将被告人×××还押。退庭。（击法槌）

（如当庭宣判的）

审判长：现在休庭×分钟，合议庭将对本案评议后进行宣判。退庭后，被告人（其他当事人）应当阅看庭审记录，如记载有遗漏或差错，可以要求补充或更正，确认无误后，应在笔录上签名。

审判长：被告人×××，你听清楚没有？

被告人：

审判长：将被告人×××还押。退庭。（击法槌）

（合议庭评议）

审判长：（击法槌）

传被告人×××到庭。

现在继续开庭。

审判长：通过刚才的法庭审理，法庭核实了本案的事实，并对本案的证据进行了质证，又听取了公诉人、被告人、辩护人的意见及被告人的最后陈述，合议庭经评议认为（内容包括合议庭认定的事实、证据，对公诉人、辩护人的意见和被告人的辩解所作的评价及适用法律的理由和依据）。

审判长：判决如下。

书记员：全体起立。

审判长：宣布判决主文。（击法槌）

书记员：请坐下。

审判长：被告人×××，刚才法庭作了口头判决，判决书将在5日内送达。如不服本判决，可在接到判决书的第二天起10日内通过本院或者直接向×××中（高）级人民法院提出上诉。书面上诉的，应递交上诉状正本一份、副本×份。

审判长：将被告人×××还押。闭庭。（击法槌）

（二）法庭庭审笔录

××市中级人民法院
刑事附带民事庭审开庭笔录

案　　号：（2014）×中法刑一初字第189号

案　　由：故意杀人罪

开庭时间：2014年9月11日上午9时30分

开庭地点：本院第二法庭

合议庭组成人员：

审　判　长：刘××

审　判　员：彭　×

审　判　员：张××

书　记　员：郭××

（书记员宣布法庭规则）

审（击法槌）：××省××市中级人民法院刑事审判第一庭，今天依法对××省××市人民检察院提起公诉的被告人谢×东故意杀人暨附带民事诉讼原告人谢×旺、邓×慈提起附带民事赔偿一案，进行合并公开开庭审理。请法警带被告人到庭。

（法警带被告人谢×东到庭，先核对被告人的身份情况、再核对原告人的身份情况）

审：首先核对被告人的身份情况，被告人你的姓名、曾用名、化名、绰号、出生年月、民族、籍贯、文化程度、工作单位、职务、户籍地、居住地？

被：我叫谢×东，男，1990年7月23日出生，身份证号码44028119900×××××××，汉族，×省×市人，文化程度初中，我在广州××电子厂工作，住××省××市×镇×村委会×组×号。

审：被告人何时被拘留？何时被逮捕？

被：2014年4月19日被刑事拘留；同年5月1日被逮捕。

审：被告人以前有无受过刑事处分？

被：没有。

审：被告人有无收到起诉书副本及附带民事起诉状？何时收到的？

被：于2014年5月2日收到。

审：下面核对原告人的身份情况。附带民事诉讼原告人的姓名、出生年月、民族、文化程度、户籍地、居住地及与被害人的关系？

附民原告人：我叫谢×旺，男，1967年×月×日出生，汉族，住×省×市×镇×村委会×组××号，身份证号：440225××××
×6311，系被害人谢×娟父亲。

我叫邓×慈，女，1969 年×月×日出生，汉族，住广东省×市×镇×村委会×组×号，身份证号：44022519×××276325，系被害人谢×娟母亲。

上述两原告人共同委托代理人：刘×荟，××律师事务所律师。

审： 现在依照法律规定宣布有关事项：今天负责审理本案的合议庭由审判员刘××、彭×、张××组成，由审判员刘××担任审判长，书记员郭××担任法庭记录，书记员奉×、郑××担任法庭的其他书记员工作。××省××市人民检察院检察员王×、候××出庭支持公诉。根据法律规定，本案可能需要提交本院审判委员会讨论，本院审判委员会由委员刘××、廖××、匡××、向××、杨××、刘××、梁××、刘××、何××、朱××、王××、徐×、万××、郑××、赵×组成。审判委员会会员刘××作为本案的经办人，将在审判委员会讨论本案时予以回避。依照《中华人民共和国刑事诉讼法》的规定，当事人、辩护人、诉讼代理人对上述人员有申请回避的权利，也就是说，如果认为上述人员与本案有利害关系可能影响本案公正审理的，可以申请回避。申请回避的理由有：①是本案的当事人或者是当事人的近亲属；②本人或者他的近亲属和本案有利害关系的；③担任过本案的证人、鉴定人、辩护人、诉讼代理人的；④与本案当事人有其他关系，可能影响公正处理的；⑤上述人员曾经接受当事人及其委托的人的请客送礼；违反规定会见当事人及其委托的人。被告人谢×东，你对以上合议庭组成人员、书记员、审判委员会委员以及公诉人是否听清楚了？是否需要申请回避？

被： 听清楚了，不需要申请回避。

审： 辩护人及被告人委托代理人是否需要申请回避？

辩： 不需要申请回避。

审：附带民事诉讼原告人谢×旺、邓×慈是否需要申请回避？

附民原告人：不需要申请回避。

审：附带民事诉讼原告人委托代理人是否需要申请回避？

原代：不需要申请回避。

审：根据法律规定，被告人除了自己辩护以外，还可以委托辩护人。被告人谢×东的家属委托×××律师事务所张×律师担任辩护人及附带民事诉讼委托代理人，委托×××律师事务所实习律师许×担任附带民事诉讼委托代理人，谢×东是否同意？

被：同意。

审：附带民事诉讼原告人可以委托代理人参加诉讼，根据附带民事诉讼原告人委托，××律师事务所刘×荟律师作为代理人参加诉讼。

审：被告人及其辩护人在法庭审理过程中，可以提出新的证据，申请通知新的证人到庭，调取新的证据，重新鉴定或者勘验、检查，被告人听清楚了吗？

被：清楚。

审：被告人在法庭辩论后有最后陈述的权利。被告人听清楚了吗？

被：清楚。

审：控辩双方在申请举证时，应说明所举证据的来源及所要证明的内容。对证人、鉴定人不出庭的，应当说明原因。控辩双方向法庭提交证据，应当提供原件、原物。不能提交原件、原物的，应当说明理由，经法庭同意并核实后可以提交副本或者复制件。公诉人除开庭前向法庭提供的证据外，有无新的证据需要在法庭上出示？

公：公诉机关新提交的材料包括3份情况说明和1份辨认材料，分别是关于没有提取到被告人谢×东QQ记录的说明、关于在广州市天河区大观中路科学城路口公车站（南往北）并没有监控视频的说明、关于被告人谢×东作案时血衣存放于天河区公安分局物证室的说明，以及被告人谢×东辨认血衣的材料。

审：在开庭之前，本院已经将上述证据材料复印给辩护人，辩护人有何意见？

辩：没有意见。

审：被告人谢×东有无新的证据需要在法庭上出示？

被：有，由我辩护人提交法庭。

审：辩护人有无新的证据需要在法庭上提出？

辩：有，①证明书一份，证明被告人曾有见义勇为的行为；②向法庭申请调查取证，请求法庭提取被告人手机的通话记录，主要证明其与被害人从 2013 年 11 月到 2014 年 4 月期间有频繁通话记录，证明他们两个人是恋人关系。

审：请法警将新证据交公诉人阅看。

审：今天的庭审分三个阶段：法庭调查、法庭辩论、被告人最后陈述。现在进行刑事部分的法庭调查，先由公诉人宣读起诉书，宣读期间，被告人谢×东起立。

公：公诉人宣读起诉书（略）

审：被告人谢×东，你是否听清楚公诉人宣读的起诉书内容？对起诉书指控的事实及罪名有何意见？

被：有意见。①我与被害人之间是男女恋爱关系；②我没有报复被害人的动机。

审：公诉人就指控的事实对被告人进行讯问。

公：被告人谢×东，你什么时候来到广州？

被：今年 3 月份。

公：你在广州哪里工作？

被：××电子厂工作。

公：你是什么时候进入工厂工作？

被：今年 3 月中旬。

公：是否一到广州就到这个电子厂工作？

被：是的。

公：你与被害人是否认识？

被：认识，我们是初中同学。

公：你与被害人是初中同学，除此之外是否有其他的关系？

被：有，我们还是恋爱关系。

公：你与被害人什么时候确立男女朋友关系？

被：去年 11 月份。

公：两人确立恋爱关系以后，保持来往多不多？

被：多，我们每天基本上都有联系。

公：是电话联系还是见面？

被：我们平时都是电话联系，一般是周末才见面。

公：案发之前，你与被害人有无分手？

被：没有。

公：你与被害人在案发之前，两个人的关系很好还是有矛盾？

被：今年 3 月份开始，被害人对我有点冷淡。

公：具体是什么原因？

被：我不知道。

公：后来你与被害人的关系是否有发生过争吵或被害人提出过分手？

被：没有。

公：你发现被害人对你冷淡以后，你做了什么？

被：我曾拿过一把刀架在我自己的脖子上对被害人说，我可以为了被害人连命都不要。

公：当时被害人怎么说？

被：被害人同意给我们双方一个月的时间，大家再好好相处，看我们能否继续在一起。

公：今年3月份到案发之前，被害人对你表现冷淡以后，你们两人的来往怎么样？

被：我们还是有电话联系。

公：案发之前，你与被害人有无继续联系？

被：案发前两天我没有联系上被害人。

公：因什么原因联系不上被害人？

被：不知道。

公：联系不上被害人以后，你是怎么想的？

被：我想见到被害人。

公：联系不上被害人的两天，你做了什么？

被：我从4月5日到4月6日期间就不断打电话给她，发短信给她、QQ找她，她都不理会，我很生气，就决定在4月7日早上上班的时候去她厂里找她，要她给我一个明确答复。

公：被害人在哪里工作？

被：也是在××电子厂工作，她在分厂。

公：被害人与你是在同一个厂区工作？

被：是的，但她在我隔壁的车间。

公：你平时上班是否可以看到被害人？

被：可以看到。

公：案发前两天，你在工厂是否有看到被害人？

被：没有，因为我回家了。

公：你是什么时候又回到广州的？

被：4月5日晚上。

公：案发当天4月7日早上，你在哪里看到被害人？

被：在公交车站。

公：哪个公交车站？

被：广州市天河区大观中路科学城路口的公车站。

公：你为何去到那里？

被：我当天是想去工厂上班找被害人的。

公：你在广州市天河区大观中路科学城路口公车站看到了被害人，当时被害人在做什么？

被：我是突然间看到她的，我当时在等公交车，她也在等公交车。

公：是谁先到公交车站的？

被：是我。

公：你比被害人早多少时间来到公交车站？

被：不知道。

公：当时被害人与谁在一起？

被：不清楚。

公：当时被害人是一个人还是与别人在一起？

被：我当时就看到被害人一个人。

公：你去工厂必须要经过这个公交车站吗？

被：我有时骑车过去。

公：当天为何去到那个公交车站，是否知道被害人在那里等车？

被：我不知道。

公：你看到被害人以后做了什么？

被：我问被害人为何不接我的电话，被害人就说"我爱接不接"，之后在与被害人聊天中我感觉被害人要离我而去，我感到很绝望。

公：你当时听到被害人说什么内容你就激动了？

被：被害人说她与其他男的在一起。

公： 你当时是怎么想的？

被： 我绝望了。

公： 你为何感到绝望？

被： 好像到了一个绝境，感觉我没有办法与被害人在一起了。

公： 为何要拿刀出来？

被： 我只想在被害人脸上划几刀。

公： 你这样做被害人会怎样？

被： 我不知道。

公： 你拿出刀来对被害人哪些部位划了？

被： 之后我情绪失去了控制，我记不清楚了。

公： 你在被害人哪些部位划了？

被： 我记得是在上脸部划了。

公： 你在被害人脸上划了几刀？

被： 当时我失去了控制，我在被害人脸上划了。

公： 之后你又在哪里什么部位捅了？

被： 我记得是脸部，背部也捅了。

公： 你还捅了被害人什么部位？

被： 忘记了。

公： 当时被害人是站着还是坐着？

被： 开始是站着的，之后就蹲下去了。

公： 被害人什么时候开始蹲下去？

被： 我不知道。

公： 你在什么时候离开现场？

被： 我看到我手上流很多血，我害怕、恐慌。

公： 你是怎么受伤的？

被： 我不知道。

公： 你是因为自己受伤然后离开现场？

被：我当时也不知道是怎么的情况，看到自己手上有流血，然后我就跑了。

公：案发当天身上为何带刀？

被：我是想吓唬一下被害人。

公：为何想吓唬一下被害人？

被：就是想吓唬一下被害人。

公：你的水果刀哪里来的？

被：在一家超市买的。

公：是什么时候买的？

被：今年 3 月底的一天，我去吓被害人的当天买的。

公：买这把水果刀花了多少钱？

被：忘记了，大概 10 元。

公：水果刀是单刃还是双刃的？

被：是一把折叠刀。

公：作案后，这把水果刀的去向？

被：案发以后我骑单车去江西或河源扔掉了。

公：是否知道被害人租住在哪里？

被：忘记了。

公：是否去过被害人租住的地方？

被：去过一次。

公：刚才你向法庭交代，你与被害人是在去年 11 月份确立了男女朋友关系，被害人案发前租住在哪里？

被：小新塘。

公：被害人是什么时候开始租住在小新塘的？

被：被害人是在去年从沐陂搬过去了小新塘。

公：案发前被害人也是租住在小新塘吗？

被：是的。

公：你与被害人确立了男女朋友关系以后，是否去过被害人租住的小新塘？

被：没有。

公：案发当天穿什么衣服？

被：我穿一件黑色的上衣，裤子也是黑色的。

公：案发时穿的衣服在哪里？

被：我带回家了，现已交给警察了。

公：你是如何归案的？

被：作案后我去了河源、江西，再回到我的老家。

公：你是什么时候回到老家？

被：今年 4 月 17 日。

公：回到家以后，家人是否知道你杀了人？

被：我跟我妈说我要投案自首。

公：你是在哪天向公安投案自首？

被：2014 年 4 月 17 日。

公：你以前在侦查机关所作的供述是否属实？

被：属实。

公：公诉人对被告人的讯问暂时到此。

审：辩护人是否需要对被告人进行发问？

辩：需要。被告人，案发前工厂工作的时候，一周上几天班？

被：一周 7 天都要上班。

辩：每天的上班时间？

被：早上 8 点到晚上 8 点。

辩：一周上班七天，为何每个星期天会与被害人出去约会？

被：被害人星期天是休息的。

辩：你星期天是否有休息？

被：我去年是在佛山工作。

辩：你在佛山工作的时间如何？

被：工作比较自由，可以随便休息。

辩：你刚说与被害人星期天约会，具体是在什么时候？

被：是在去年的时候。

辩：你与被害人约会，一般去什么地方？

被：去越秀公园和体育中心。

辩：案发前，被害人租住在小新塘，是一个人居住，还是与别人一起住？

被：是与她妹妹一起租住。

辩：被害人妹妹是否知道你与被害人的关系？

被：我们向被害人妹妹隐瞒了我们的关系。

辩：为什么要隐瞒你们的关系？

被：因为去年我做错了一件事，被害人的妹妹对我有误会。

辩：被害人妹妹是否支持你与被害人之间的恋爱关系？

被：不支持。

辩：案发前，被害人有无与你明确提出分手？

被：没有。

辩：案发前，有无想过杀害被害人？

被：没有。

辩：你刚说今年3月有一次用刀架在自己的脖子上，并希望被害人与你好，那次是否有想过杀害被害人？

被：没有。

辩：辩护人对被告人讯问暂时到此。

审：附带民事诉讼原告人以及代理人是否需要向被告人发问？

附民原告人：被告人谢×东，我们家里人根本不知道你与被害人是恋爱关系，你是否知道？

被：我不知道。

附民原告： 你是否跟你村里人说过今年 3 月 6 日你要来广州杀人？

被： 没有。

附民原告人： 今年 4 月 16 日你回家找你妈要钱，你妈不给你，你就说要杀掉你妈妈，是否有这样的事？

被： 没有。

附民原告人： 去年 12 月，你是否与一些小伙子打群架？

被： 没有。

附民原告人： 你现在是否感到后悔？

被： 后悔。

审： 原告代理人是否需要向被告人发问？

原代： 不需要发问。

审： 被告人谢×东，法庭现在依法对你进行补充讯问，听清楚了吗？

被： 清楚。

审： 被告人谢×东，案发当天早上你与被害人在车站见面，当时你们两个人是否有发生争吵？

被： 有。

审： 当时你们两个是如何争吵的？

被： 我问被害人为何不接我电话，被害人就说她爱接不接。

审： 在被害人被你捅刺以后蹲下用手抱头，这时你有无继续对被害人进行捅刺？

被： 有。

审： 你捅刺的是被害人哪个部位？

被： 脸部。

审： 被害人蹲下以后用双手抱着脸部，你有无继续捅刺她？

被： 有，我从被害人的后面捅刺了她。

审：你捅刺了被害人多少刀？

被：不记得了。

审：你行凶的时候，你本身有无受伤？

被：有。

审：你本人什么部位受伤了？

被：我的右手受伤了。

审：案发的时候，你穿了什么衣服？

被：我穿了黑色的衣服。

审：你衣服上有无沾到血迹？

被：有。

审：公诉人是否还需要补充发问？

公：不需要。

审：辩护人是否还需要补充发问？

辩：不需要。

审：下面开始法庭质证。请公诉人向法庭出示相关证据。

公：下面出示本案的证据，公诉人分两部分使用多媒体出示本案的证据，第一部分定罪证据。下面出示第一类证据共四名证人的证言：

1. 证人徐×友的证言（诉讼证据卷第 99～101 页）：

[2014 年 4 月 7 日 11 时 10 分～11 时 53 分，凤凰派出所，王×兴、王×]

（你今天早上有打 110 报警吗？）我在天河区大观路科学城路口车站等车的时候看见有一名男子拿刀在砍一名女子，于是我当时打 110 报警。

2014 年 4 月 7 日 7 时 25 分时，我在天河区大观路科学城路口车站（往广汕公路方向）等车，突然听到有女的叫声，于是我回头看，看见一名年轻男子正拿一把刀砍一名年轻女子，在我前方约 10

米的地方，于是我往前走几步并大声喊了一声，那名男子听后就穿过马路跑掉，之后我马上打 110 报警。后来有警察到场，我就去上班。

（砍人的具体位置？）就在天河区大观路科学城公交车站台附近约 10 米处，是往广汕路方向的站台。

（当时有几名男子砍那名女子？）就只有一名男子砍那名女子。（是如何砍那名女子的？）我转身的时候看到那名女子已倒在地上，那名男子手中拿刀往那名女子的后背砍了两刀。我喊了后他就跑掉。（刀的形状？）那把刀看上去长约 30 厘米，刀柄没看见，刀刃是银色。（刀现在在何处？）我看见那名男子跑的时候拿在手中带走了。

（那名男子的外貌特征？）看上去约 25 岁，高约 165 厘米，短发，上身黑色外套，下身衣服没注意。

——经过照片辨认，确认：

徐建友辨认不出分别包括谢×东和谢×娟在内的两组照片的人。（诉讼证据卷第 102~104 页）

审：被告人对上述证人证言有什么意见？

被：没有意见。

审：辩护人对上述证人证言有什么意见？

辩：没有意见。

审：请公诉人继续举证。

公：2. 证人苏×的证言（诉讼证据卷第 89~93 页）：

[2014 年 4 月 7 日 8 时 33 分~8 时 43 分，新塘派出所，郑林×、×××]

（你同事谢×娟何时何地被人捅死？）2014 年 4 月 7 日 7 时 20 分左右，在大观中路新塘西约牌坊对面公共汽车站边，被一名追求她的男子捅死，那名男子具体名字我不知道。

2014 年 4 月 7 日 6 时 50 分起床，谢×娟就打电话给我约我去上班，她说她先下来早餐店买早餐等我。我接到电话之后就关好门下来，到了平时我们吃早餐的地方见到了她在买早餐，买完早餐后我们走路向光宝厂方向去，当我们走到新塘西约牌坊时我就告诉阿娟想打的士去，她可能没有听到，后来我们就继续走路到新塘西约牌坊对面的公共汽车站搭公车去。我们到车站大约 7 时 20 分许，我们等车大约等了一分钟车还没来，想追求谢×娟的那名男子就突然出现了，他和谢×娟说了几句话，由于讲家乡话我听不懂内容是什么，但是看得出来他们在争吵，大约吵了两分钟后，那名男子突然拿一把水果刀，朝阿娟脖子砍了一刀，背部也捅了几刀，前面也捅了几刀，之后阿娟挣扎一下叫了一声救命就倒下去了，我当时也拼命叫救命，那名男子砍完之后就向对面马路逃跑去了，之后我就拿起手机打 110 报警，很快警察和 120 到场，120 到场后医生证明阿娟已死，之后我就来派出所备案了。

阿娟认识那名男子，那名男子是她的老乡和同学，具体叫什么名字我不知道，那名男子追阿娟大约有一年时间，一直没有追到她，阿娟的妹妹谢×慧认识那名男子，她现在也在萝岗区××电子厂上班的。

那名男子大约 25 岁左右，大约 170 厘米，中等身材，短头发，今天他穿了一套黑色运动衣服，运动鞋。

（那名男子所持的刀是什么样的？）一把长约 30 厘米新的水果刀，刀柄绿色的。

那名男子一直在追阿娟，但一直都没追到，那名男子一直都干扰她的正常生活。去年 11 月份那名男子对阿娟说如果不做他的女朋友就死给阿娟看，当时阿娟怕了就从沐陂村搬来小新塘住，也将手机号码换了，后来那名男子通过阿娟的其他朋友找到阿娟的号码，后来又联系上了阿娟。为了找到阿娟那名男子今年过完年之后也进了萝岗区××电子厂上班,上班之后一直都有缠着阿娟。

前两个星期的一个星期日中午我和阿娟下班之后,我们在厂里走,那个男子就找了过来,阿娟叫他不要跟着她,那个男的就一直跟着她,那个男就想跟着阿娟回到阿娟住的地方,阿娟不想让他知道她住哪里,阿娟就和我一起去小新塘逛,到了小新塘幼儿园,那个男的就对我说让我不要跟着他们,他想单独和阿娟谈一下,阿娟不肯。那名男的就对我说你走不走不走的话就把我干了,阿娟怕我出事就叫我先走。我离开之后怕阿娟出事就打电话给主管,主管打电话给阿娟说没事,后来阿娟回了家。

我和她是同事,我们在同一个部门里上班,我们关系一直很好的,虽然我们没有住一起,但我们住得很近,我们经常一起上下班。

(你是否知道那名男子所住的地方?)不知道。

——经过照片辨认,确认:

第一组相片中的"5"号男子(谢×东)就是于2014年4月7日早上7时许在大观路科学城公交站用刀捅死谢×娟的人。(诉讼证据卷第94～96页)

第二组相片中的"7"号女子(谢×娟)就是我同事谢×娟,其余相片中的人辨认不认识。(诉讼证据卷第94～96页)

审:被告人对上述证人证言及辨认笔录有什么意见?

被:在工厂我没有跟着被害人与证人苏×。

审:辩护人对上述证人证言及辨认笔录有什么意见?

辩:对上述证人说案发当天的情况予以确认,对其所说的其他证言不予认可,因为没有其他证据予以印证。根据法律的规定,证人应出庭作证,该名证人没有出庭。

审:公诉人是否需要作出回应?

公:证人苏×今天有事不能到庭,公安机关在侦查阶段对其取证的程序是合法，内容是真实的，符合证据三性，可以作为本案认定的依据，证人苏×的证言除了证明案发当天谢×东持刀捅刺被害人的经过外，其还证明本案被告人与被害人两个人之间的关系，公诉人会结合以下证人证言予以作证。

审： 请公诉人继续举证。

公： 3. 证人谢×慧（女，谢×娟妹妹）的证言：

　　[2014年4月7日9时10分~9时50分，新塘派出所，朱×锋、郑××（诉讼证据卷第79~81页）]

今天早上8点钟左右，我当时正在小新塘暂住的地方。我姐姐谢×娟的主管张×栓到我家找到我，告诉我谢×娟在大观中路科学城公交站被一个男子用刀捅死了。于是，我赶紧去了事发的现场。那里已经有很多警察，当时警察向我确认了身份之后，告诉我姐姐谢×娟已经死亡，并且根据事发时和谢×娟一起上班的同事反映，用刀捅死我姐谢×娟的是一个男子，那名男子是我姐的初中同学，一直在追求我姐。后来，警察就将我带回新塘派出所。

我不知道那名男子的姓名，只是之前我姐谢×娟有跟我说过这个人，她说这个男子一直很喜欢她，但是她却并不喜欢这个男子。这个男的就和我在一个公司上班，是××电子厂PID部门K区工作的，他的电话号码我不知道，我只知道他的QQ号码×××××××××，我见过这名男子，他是×市×镇人，具体是哪个村，我不知道那个村的名字。

　　[2014年4月7日11时35分~11时45分，新塘派出所，朱文锋、郑××（诉讼证据卷第82~84页）]

我姐谢×娟是2010来广州打工，她做过几份工作，现在是在××电子厂里面的大禾光电上班。2013年12月的时候，当时我和谢×娟一起住在沐陂村的一个出租屋。谢×娟跟我说起了她那个初中男同学追求她的事。有一天的晚上大约8点钟，只有我一个人在家。我听到从阳台方向有个男的在喊我姐的名字，我就走出去看，发现有名男子扒着阳台上的防盗网在叫我姐的名字，他应该是爬过下面的围墙，再攀上我们阳台上的防盗网的。我们当时是住在二楼的，我当时告诉那名男子说我姐不在，她到外面吃饭去了，并把我姐吃饭的饭店告诉了那名男子（我记错了地方），后来我去找到了我姐，我姐的手机一直在响，是那名男子打来的电话。我姐才告诉我，这个男子是她的初中同学，现在也是在××电子厂上班，从2013 年10 月份开始，这个男的就跟我姐说喜欢我姐，但是我姐一直拒绝他的追求。我当时就把我姐的电话拿过来，并且接听了这名男子的电话。电话里，我警告这名男子不要再骚扰我姐，不然就对他不客气之类的话，那名男子当时说"我不会放过你们的"。过了两天后，那名男子又通过QQ 向我姐道歉，说不会再骚扰我姐了之类的话。之后，我姐和那名男子一直有电话和QQ 联系。在上个月的一天，那名男子跑到我姐工作的地方，对我姐说要追求我姐。我姐当时就直接拒绝了他的追求。这是我姐后来跟我说的。这个事情之后，我姐就再没有接过这名男子的电话，也没有回过他的QQ 信息。

在去年12 月份中旬的时候，我姐曾经接到一个男子用普通话打来的电话，对方自称是派出所的，他问我姐是否认识一名叫"谢××"的男子，说这个男子在2010 年的时候已经死了，问我姐是否能联系到他的家人。我姐接到这个电话之后，就打电话给那名追求他的初中男同学，但是电话的提示音说"您拨打的号码已于2010 年被注销"（应该是设置的铃声）的声音，之后我们就没有再理会这个事情。

——经过照片辨认，确认：

第一组照片中的第5 号男子（谢×东）是谢×娟的初中同学，该男子曾经追求谢×娟被拒绝后扬言报复。（诉讼证据卷第85～88

页）

第二组相片中的第 7 号（谢×娟）是我的姐姐谢×娟。（诉讼证据卷第 85～88 页）

审：被告人对上述证人证言及辨认笔录有什么意见？

被：有意见，我与被害人之间一直都是有通话记录的。

审：辩护人对上述证人证言及辨认笔录有什么意见？

辩：对证人谢×慧证言的真实性不予确认，其是被害人的妹妹，案发前一直反对被害人与被告人交往，其与本案存在利害关系，很可能作出对被告人不利的证言，因此其证言的可信度值得商榷，对两个人之间的感情问题，证人谢×慧作为第三人是很难明确两个人之间的感情到底进展到什么程度了，这种事情只有当事人才知道，且感情的问题很微妙，有时很难用言语表达，有时当事人对爱情感到很羞涩，因此证人无法感受被害人与被告人之间的感情程度。另外证人谢×慧没有出庭作证，其所作的证言内容不应作为认定案件事实的依据。

审：公诉人是否需要作出回应？

公：根据《刑事诉讼法》第 60 条的规定，凡是知道案件情况的人都有作证的义务，除了身体、精神有缺陷、年幼的外，证人谢×慧是有证人的资格；法律并没有限定与被害人或与案件存在何种关系的人不能作为证人，因此公诉人刚宣读的证人谢×慧的证言是符合我国法律规定，具有作证能力，其证言应予以采信。

审：请公诉人继续举证。

公：4. 证人谢×旺证言（诉讼证据卷第 59～62 页）：

[2014 年 4 月 8 日 17 时 15 分～17 时 47 分，天河区公安分局刑警大队，陈×中、莫×健]

我的女儿叫谢×娟，1991 年 12 月 26 日出生，未婚，生前在广州××××科技有限公司上班。昨天（2014 年 4 月 7 日）听我小舅子电话说我家谢×娟被人杀害了。我便立即从老家赶来了。

2014 年 4 月 7 日早上 7 时许，谢×娟在上班路上（大观路科学城公交车站）等公车时被其以前的男同学杀害的。（你知道凶手的具体情况吗?）我不知道，只听说是谢×娟以前老家的男同学。（你是否知道谢×娟如何被杀害的?）不清楚。

（你如何确认谢×娟死亡的?）我今天和家里人一起去了殡仪馆辨认尸体，可以确认是谢×娟。

（谢×娟平时的性格、爱好?）她平时很乖，不爱说话。三年前就出来广州打工，工资每月大概 4000 元，挣的钱除下生活费都寄回老家了。（谢×娟平时身上有何财物及穿戴?）我不清楚她平时带多少钱及有无首饰。（你清楚谢×娟的社会关系吗?）我不清楚。她很少说起她感情的事。

审： 被告人对上述证人证言有什么意见?

被： 没有意见。

审： 辩护人对上述证人证言有什么意见?

辩： 没有意见。

审： 请公诉人继续举证。

公： 下面分组出示本案的书证：

1. 受案登记表、受理报警登记表（诉讼证据卷第 1 ~ 2 页）、出警经过（诉讼证据卷第 49 页）及破案报告（诉讼证据卷第 51 ~ 52 页），证明：天河区分局新塘派出所于 2014 年 4 月 7 日 7 时 25 分接报、民警到现场后处理情况以及破案经过。

2. 死亡医学证明书复印件（诉讼证据卷第 48 页），证明：死者谢×娟系他杀死亡。

3. 情况说明（补充的新证据）及财物保管单（诉讼证据卷第 55 页），证明：谢×东案发时所穿衣服存放在韶关市家里，后由谢×东母亲刘×珍把衣服送到公安机关，侦查员把谢×东案发时所穿

的衣服送天河区公安局司法鉴定中心检验。谢×东的财物人民币
510元，现暂存于广州市天河区看守所。

4. 关于没有提取到被告人谢×东QQ记录的说明，证明网络监控的内容资料是通过网络服务公司提供，所以只能用于侦查，无法出具资料作为证据。

5. 户籍证明，被告人谢×东户籍证明（诉讼证据卷第53页）；被害人谢×娟户口簿复印件（诉讼证据卷第64页）。

审： 被告人、辩护人对公诉人出示的上述证据有何意见？（当庭向被告人、辩护人出示上述书证）

被： 没有意见。

辩： 没有意见。

审： 公诉人继续举证。

公： 下面出示穗公天（刑技）勘［2014］××号现场勘验笔录（勘验时间：2014年4月7日8时00分~10时35分，勘验人：苏×、赖×平、程×、张×民、杨×、汤×宜、孟×）（诉讼证据卷第2~8页）。

现场勘验情况：

现场位于广州市天河区大观中路南往北科学城路口公交车站，大观中路为南北走向的主干道，西侧为新塘村，东北侧为科学城；科学城路口公交车站为大观中路自南往北路边公交车站，在大观中路新塘段东侧，大观中路科学城路口南侧。中心现场在科学城路口公交车站南侧的人行道上，人行道东侧为在建工地，人行道与在建工地之间有简易板围墙相隔。在科学城路口公交车站南侧5米处的人行道地面上发现一具女性尸体，尸体呈右侧俯卧位，头朝西足朝南。尸体头部西侧地面上有一盒饮用过的牛奶盒、吸管和人民币纸币三元五角，其中一元面额三张五角面额一张；尸体东北侧1.2米处地面上有一枚烟头。尸体颈部挂着一个工作卡和手机的有线耳

机，工作卡的挂绳和耳机的线有断裂口，工作卡上有"姓名：谢×娟""大禾光电"等字样。尸体上衣外套左侧口袋内有一部"SAM-SUNG"牌白色手机。尸体上半身下地面有一摊 1.3 米×1.5 米的血泊。

对尸体表面进行勘验，发现尸体上身由外至内穿白色夹克衫、黑色长袖打底衣、黑底红色花纹文胸，下身由外至内穿蓝色长牛仔裤、黑色底裤，足着红色运动鞋、白色袜子。尸体左耳廓、项部、右胸部等可见创口（详见《法医学尸体检验鉴定书》），上衣对应尸体身上创口部位见有破裂口。

现场勘验其余未见异常。

审： 被告人对上述现场勘验检查笔录有什么意见？（当场出示现场照片）

被： 没有意见。

审： 辩护人对上述现场勘验检查笔录有什么意见？

辩： 没有意见。

审： 请公诉人继续举证。

公： 下面出示本案的 1 号物证，被告人谢×东在作案现场遗留的"红枚王"烟头实物。

审： 请法警将在案发现场提取的一枚烟头交被告人谢×东辨认。

（被告人谢×东辨认后。）

审： 被告人谢×东，这枚烟头是不是你在案发现场遗留的？（当庭向被告人出示"红枚王"烟头）

被： 我不知道。

审： 被告人谢×东，你在案发现场是否有吸烟？

被： 我忘记了。

审： 你平时是否有吸烟？

被：我有吸烟。

审：你平时吸的是什么烟？

被：我吸的是红枚牌香烟。

审：辩护人对上述物证有什么意见？

辩：对这个物证，不知道公诉人想证明的是什么事实，目前来看，我们认为这个烟头与本案没有实质性的关联性。

审：公诉人是否需要作出回应？

公：这个物证，公诉人会结合以下出具的鉴定意见来证明被告人谢×东在案发当日到过案发现场作案。

审：请公诉人继续举证。

公：现在继续出示本案的2号物证，被告人谢×东作案时所穿的衣服。

审：请法警将被告人作案时所穿的衣服交被告人谢×东辨认。

（被告人谢×东辨认后。）

审：被告人谢×东，这件衣服是不是你作案时所穿的？（当庭向被告人谢×东出示其作案时所穿的衣服）

被：是的。

审：辩护人对上述物证有什么意见？

辩：没有意见。

审：请公诉人继续举证。

公：现在继续出示本案的3号物证，与作案工具类似的刀具照片。

审：请法警将上述照片交被告人谢×东辨认。

（被告人谢×东辨认后。）

审：上述刀具的照片是不是与你作案工具相似？（当庭向被告人出示其作案时使用的刀具照片）

被：是的。

审：辩护人对上述物证有什么意见？

辩：没有意见。

审：请公诉人继续举证。

公：下面出示本案的鉴定意见。

1. 穗天公（司）鉴（尸）字〔2014〕5号××省××市天河区公安司法鉴定中心法医学尸体检验鉴定书［鉴定时间2014年4月7日（尸表检验）、2014年4月8日（解剖检验），鉴定人汤×宜、杨×，告知时间2014年4月13日］（诉讼证据卷第33~36页）。

分析说明：

检验见死者的左耳廓、左颈部、项部、右胸部等体表多处创口均边缘整齐，创角一钝一锐，其损伤特征符合受单刃锐器暴力作用所致；死者头顶部帽状腱膜下出血符合受钝性暴力作用所致。

检验见死者颈、项部多处创口致颈部肌肉断裂出血、左颈内静脉及左椎动脉离断、右颈内静脉破裂，同时检见死者全身皮肤、黏膜呈失血性苍白，双手指甲床及双足趾甲床苍白，双侧肺、肝、肾等脏器苍白及脾皱缩、苍白，结合现场有大量血泊的情况，说明死者符合因失血性休克死亡。

检验见死者头顶部帽状腱膜下出血，右额颞顶至颅底脑组织弥漫性蛛网膜下腔出血，小脑弥漫性蛛网膜下腔出血，第三脑室少量积血，脑组织未见明显水肿，未见脑疝形成，表面及切面未见机械性暴力损伤，该损伤不足以致死，为非致命损伤。

鉴定意见：

谢×娟系因颈项部受单刃锐器暴力作用致左颈内静脉、左椎动脉离断及右颈内静脉破裂造成失血性休克死亡。

2. 穗天公（司）鉴（DNA）字〔2014〕56号××省××市×区公安司法鉴定中心法医物证鉴定意见书（鉴定时间2014年4月28日，鉴定人栗×清、刘×、苏×）（诉讼证据卷第43~47页）。

鉴定意见：

（1）谢×娟的双乳拭子上检出的生物成分，谢×娟头部下方血泊血1、血泊血2，谢×娟头部北侧地面牛奶盒上的吸管上检出的生物成分，谢×娟带血的外衣上的血迹，谢×娟带血的内衣上的血迹，刘×珍提供的衣服右袖口上的血迹1、血迹2来自谢×娟的可能性大于99.99999999%。

（2）谢×娟东侧地面上的烟头上检出的生物成分，刘×珍提供的衣服右袖口上的血迹3、血迹4，刘×珍提供的衣服左袖上的血迹1、血迹2，刘×珍提供的衣服衣领处的粘取物上检出生物成分来自谢×东的可能性大于99.99999999%。

（3）谢×娟是邓×慈和谢×旺的亲生孩子的可能性大于99.99%。

（4）谢×娟的阴棉拭子未检见人精斑。

（5）谢×娟的左手指甲、右手指甲未检出基因型。

审：被告人对上述鉴定意见有什么意见？

被：没有意见。

审：辩护人对上述鉴定意见有什么意见？

辩：没有意见。

审：请公诉人继续举证。

公：下面宣读被告人的供述及辩解：

　　［谢×东供述及辩解（诉讼证据卷第10～32页）、审讯光盘3张随案移送（4月19日、4月24日、6月9日审讯录像）］

　　［在公安机关2014年4月18日、4月19日（2次）、4月24日、5月1日、6月9日供述6次，均稳定供述认罪］

　　［2014年4月18日17时55分～19时50分，×市公安局坪石分局办案中心，陈×情、唐×］

（现在刀在何处？）我杀了谢×娟以后就逃至东莞，后在东莞寮步买了一辆自行车，然后就骑着自行车往江西、湖南方向逃跑，后面在江西还是在湖南境内将刀丢在马路边的山上了，具体哪条路我不知道。

2014年4月7日早上7点多钟，我本打算带着刀子去谢×娟他们公司找她威胁她的，我来到天河区科学城路口公交站等去厂门口的公交车，等车时刚好我女朋友谢×娟也在那里等公交车，我就走过去问她，为什么不接电话，她说爱接不接，我问她回家干吗不和我说一声，她说回家相亲了，还说这几天晚上还和那个和她相亲的人一起过，她说你想干吗有种就用刀子杀了她。我当时就很愤怒，然后我拿出刀子，心想用刀子划破她的脸，让别人娶不了她，我一个人娶了她。我就拿出刀子准备去划她的脸，她就双手捂着脸蹲了下去，然后我就拿着刀子从她后背往她脖子以上的地方划和刺，划刺了几下以后我看见出血了，我很害怕然后我就马上跑回宿舍了。

（你为什么会随身带着刀子？）因为我之前在前一个星期的时候，用杀她的这把刀在科学城附近的一条卖衣服的街上威胁过她，当时她和她的一个女同事在一起，4月7日这天也是打算带着这把刀来威胁她的。

当时公交站台有很多等公交车准备去附近厂上班的人，他们都看见我杀谢×娟。

我是在4月7日后几天，用手机上网发现谢×娟死亡的，从那以后我就很害怕，不敢用手机、QQ什么的。

（你与谢×娟是否是男女朋友？）我们两个经常在一起玩，我觉得我们就是男女朋友关系。（你是何时与谢×娟在一起的？）之前我们一直上网联系，我是2013年11月份的时候从宁夏宁川来到广州，2014年3月去广州××电子厂上班，然后我们开始一起玩。

（诉讼证据卷第10～14页）

[2014 年 4 月 19 日 01 时 50 分 - 04 时 39 分，天河区公安分局刑警大队，陈×中、张×民]

我是在 2014 年 4 月 7 日早上 7 点左右，在广州市天河区大观中路科学城路口的公交车站台拿刀杀害我女朋友谢×娟。我没有想杀她的，我只想划破谢×娟的脸。

2014 年 4 月 7 日早上 7 点多，我在科学城路口的公交车站等公交车去上班，并带着一把刀打算去谢×娟公司找谢×娟，想威胁她跟我在一起。我刚好也看到了谢×娟在等公交车，我就过去问谢×娟，为什么不接我电话？她说，爱接不接我电话。我就说，你回家也不和我说一声。她说，她回家相亲了，说这几天晚上还和和她相亲的人在一起过了，还问我想干吗，有种拿刀子杀了她。我当时就很激动，我想用刀子划她的脸，我就用右手从裤兜里拿出刀子划她，她当时就背对着我蹲下来双手捂着头，我就从后面刺她，我在她后面用刀乱刺了她几下，我看到她身上流了很多很多血，我就很害怕，我就跑步回到我在新塘村狮子里 4 号 3 楼的出租屋，当时我发现（我）的右手手掌外侧受伤流血了，应该是我在行凶时不慎自己割伤了自己，于是我用水清洗了伤口，并用布包扎好，换了衣服，然后收拾了行李就离开了出租屋。

离开出租屋后，当时我很慌张很害怕，见到公交车我就上，后来我下车又乘坐出租车到了广州开发区的青年路，再转车到了东莞市的麻涌，然后又坐车到了寮步镇。在寮步镇一路边我花了 50 元买了一辆二手的自行车，然后我骑着自行车漫无目的地走着，后来我骑车来到河源市，我想着回家看我家人，就骑着单车沿着河源市到了江西省，然后一直往北方向骑行，就这样，从 4 月 7 日下午一直到 4 月 17 日晚上，我用了约 10 天时间骑单车回到了韶关×市×镇我的家。回到家后，我见到了妈妈和弟弟，我告诉他们我要自首。之后我在家吃了饭，休息了一个晚上，到了 4 月 18 日上午，我爸爸也回来了，我们一起吃了中午饭，然后我妈就按我的意思打了电话给警察，没多久有警察来到我家，将我带回了公安机关。之后广州的警察也过来将我接回了广州。

我和谢×娟是初中同班同学，当时我们关系很好，后来我在初三没读完就离开学校了。到了去年11月左右，我听说她失恋了，我就和她联系，并开始追求她，她也接受了我的追求，我们一度相处得很好，有一次我送花给她，她接受了，当晚我还在她出租屋内和她一起睡觉，但我们只是亲嘴和拥抱，没有发生过性关系。我们虽然没有明确关系，但我已经将她当作是我的女朋友。大约到了今年3月份，我感觉到她开始对我疏远和冷淡，我很喜欢她，就也来到她上班的工厂应聘，并在她上班的工厂旁边上班，目的就是接近她，继续追求她。

（你为什么要威胁谢×娟?）因为她开始对我冷淡了，我感觉她要离开我了，我想威胁她和我在一起。（你以前有没有做过类似的举动?）有，在这次案发前的一个星期左右，我就在新塘村的市场门口持刀威胁过她，也是持这把刀，当时我要求她给我一个月时间一起相处，她也答应了，但后来没这么做。（你这次威胁她的目的是什么?）清明节我回家扫墓了，她也回家乡了，但她没告诉我，我是后来才知道的，我从4月5日到4月6日期间就不断打电话给她，发短信给她、QQ找她，她都不理会，我很生气，就决定在4月7日早上上班的时候去她厂里找她，要她给我一个明确答复。没想到在车站就碰见她了。

（你的刀是哪里来的?）我2014年3月底在××电子厂里面的超市里面买的。是一把折叠的单刀水果刀，刀身长约15厘米，刀刃是半月形的，刀柄是塑料的。（现在那把刀在哪里?）我也不清楚，好像是我逃跑的路上扔掉了，具体在什么位置我也记不清楚了。

　　我当时只是想把她的脸划花，让她没人要，只能我要她。让她只能跟我好。

　　（你当时是怎么行凶的？）当时我听到她说她和别的男人一起时我感觉整个人都疯了，我就用右手在裤袋里掏出刀去划她的脸，但谢×娟见状马上用手捂着脸背对着我蹲下，我当时很生气就用刀朝她的脖子后面乱插了几下，之后见她流了很多血我就害怕跑了。（你为什么要刺她？）我当时就想划花她的脸，让她没人要。（你之后刺了谢×娟多少下？）我不知道，我只知道在她后面乱刺一会，具体多少我不知道，流了很多血。（你逃跑时谢×娟是什么状态？）她流了很多血，蹲着手抱着头，我当时很害怕，就逃跑了。她什么状态我不清楚。

　　（你当时是否有受伤？）有，我刺谢×娟用力太猛的时候，刀刃也划伤了自己的右手手掌外侧。（你受伤了以后，你的衣服是否有血迹？）有的，当时我的衣服都有血迹。（你当时穿的衣服呢？）想不起来了，我逃跑的路上看到有血迹的东西我都扔了，不知道衣服还有没有扔掉我记不起来了。

　　（当时现场是什么情况？）现场是在科学城路口的公交车站台，还有几个人在等公交车，光线很明亮。

　　我今年23岁，身高1.7米，较瘦，短黑发，当时穿着的是一套黑色的休闲衣服，一对浅蓝色运动鞋，讲韶关×市的方言。

　　她今年23岁，身高1.68米，较瘦，黑发披肩，当时穿着的是白色的光宝工作服，下身好像是穿牛仔裤，和我是说韶关×市的方言。

　　（你对此事有何看法？）我当时是气昏了头，一时冲动，之后我一直很后悔，我甚至希望死的是我。

　　（诉讼证据卷第15～21页）

　　[2014 年 4 月 24 日 09 时 40 分～11 时 21 分，天河区公安

分局看守所，孙伟×、樊×情]

我在读书的时候就认识了我隔壁镇（×镇）的女孩子谢×娟，之后我和谢×娟都有正常的联系，在2013年11月份，我在广州沐陂见到了谢×娟，当天晚上，我就在谢×娟打工附近租住的房子留宿（谢×娟是和她的妹妹一起住，当天晚上她妹妹不在），并发生了关系，之后，双方就开始谈恋爱，我和她经常在一起玩，但没有再发生过两性关系。今年3月底的一天中午，我一个人拿着把小刀，到谢×娟上班的地方天河区小新塘接她下班，我、谢×娟和我不认识的她的一个同事在小新塘的街道上，我拿出小刀出来威胁谢×娟，让她在一个月之内做出选择，就是她跟我的关系到底是否继续下去，她回复可以。

谢×娟没有反抗，我也没有听到她喊救命。

当时车站有很多人。

（在你用刀捅谢×娟时，是否有人拦你?）没有。（你既然是想划花谢×娟的脸部，在你向她脸部划了一刀后为何还连续向她捅刀?）我只是想划花她的脸，她抱着头蹲在地上，我站在她后面，也不知道怎么会向她的身上连捅几刀。

（你在现场是否有东西落下?）我只记得在现场我接了一个电话，叫我回厂里上班。至于是否有落下东西我不记得了。（诉讼证据卷第24~28页）

[2014年6月9日09时33分~10时29分，天河区公安分局看守所，方×平、樊×情]

（你为何拒绝在逮捕证上签名?）逮捕证上说我是故意杀人，我认为我不是故意杀人，我只是想伤害对方恐吓一下，所以我拒绝在逮捕证上签名。

（你在现场是否有抽烟?）我忘记了。（你平时是否抽烟?）我平时都抽烟，抽烟的牌子是"红玖（玫）"。

（在现场里提取到的谢×娟的血迹，刘×珍提供的衣服右袖口上的血迹，经公安司法检点，来自谢×娟的可能性大于 99.99999999%；现场提取到的烟头，刘×珍提供的衣服袖口上的血迹，左袖上的血迹，经公安司法鉴定，来自谢×东的可能性大于 99.99999999%。你清楚了吗？）我清楚。

（你家里是否有精神病史？）我妈妈有虐待我，从小就打我。但我一切都正常。

（诉讼证据卷第 30～32 页）

——指认作案现场（诉讼证据卷第 33～36 页）、辨认现场录像光盘两张随案移送

经辨认，谢×东分别确认大观中路科学城路口公交车站和××电子厂内一超市。2014 年 4 月 7 日早上 7 时许，我在这里和谢×娟争执并刺伤了她；是××电子厂公司里的超市，我就是在 2014 年 3 月底（在）这个超市买了那把刺伤谢×娟的刀。

——辨认作案工具照片，经谢×东辨认，确认：相片中的刀（是）与我在今年 3 月底在××电子厂买的水果刀相类似，我 4 月 7 日在大观中路科学城车站用这种水果刀刺伤谢×娟。（诉讼证据卷第 37 页）

审：被告人谢×东，你对在侦查阶段的供述、辩解、指认现场照片有什么意见？

被：没有意见。

审：辩护人对上述被告人在侦查阶段的供述、辩解、指认现场照片有什么意见？

辩：被告人的口供一直比较稳定，与今天法庭上的陈述也一致，并没有其他影响事实认定的细节。被告人的供述可以证明其作案动机，根据被告人的供述，我们能够看得出被告人的作案动机只是威胁和伤害被害人，并没有杀害被害人。

审： 公诉人是否需要作出回应？

公： 关于辩护人提出被告人作案动机的问题，公诉人会留在辩论阶段予以回复。

审： 请公诉人继续举证。

公： 下面出示第二部分证据，量刑证据，首先出示第一类证据证人证言。

证人刘×珍的证言（诉讼证据卷第108~111页）

[2014年4月24日13时59分~15时30分，广州市公安局天河区分局刑警大队，莫×健、梁×兰]

今年4月8、9号，我们在坪石老家听老乡说我儿子谢×东在外面出了事，今年4月7号在广州把一个女孩子杀害了，听说还是以前在××中学一起读过初中的同学，女孩子姓谢，是××镇上的人。我们家里人听到消息后，到处找谢×东，甚至到东莞去找，却一直没有找到。2014年4月17日晚上，我当时在家里坐，我儿子谢×东悄悄回来，当时他背着一个迷彩大背囊，我见他直接上了他的房间，我跟着他进房间，问他："儿子，是不是真的有这回事？"他就点头默认。我说："你怎么这么傻呀。"他只说让他安静一下。我只好下楼，过一段时间，我再进谢×东房间，问他吃不吃东西，他说："不要，我回来就是想看妈妈一眼，本来想去自首的，但太想回来看看。"说完他就想出去，说要去自首。我就说："儿子，在家待一晚上，睡醒明天再去。"他当时也没出声，一直在房间待着。第二天就是4月18日，我们一家吃午饭，谢×东在房间没下来，他说他来打电话自首，我说还是我来打吧，于是我用手机13×××××7020打通坪石当地派出所电话，说我儿子要去投案自首。派出所在下午就开车来接走谢×东。

（谢×东是什么时候在哪里杀害那个女孩的？）听老乡说是2014年4月7日在广州出事的。（谢×东是如何杀害那个女孩？）

我不知道，老家的人说是用刀子捅死的。谢×东回来没说，回来那晚还问了他："儿子你干吗要把人杀死，到底你捅了多少刀呀？"他说他自己也不知道捅了多少刀，要让他静一静。

（谢×东4月17日是怎么回来家里的？）那晚，我听到家里窗子有动静，打开门，看见谢×东已经到家了，应该是走路回来的。谢×东回来那晚穿着整套迷彩服，背着一个大大的迷彩背囊（里面有些衣物），穿着一对运动鞋。他自首时只穿了一套迷彩服，没带其他东西。现在我把这些背囊的衣物及鞋子带来给你们公安机关了。

他在家里就不爱说话，外出打工极少打电话回来，感觉他在外面也很开朗，和别人可以聊得来。他和我们关系挺好，和弟弟关系也不错。（你清楚谢×东的感情生活吗？）不知道。问过他有没有女朋友，想帮他找朋友，但他说不讲这个先。

（谢×东有无病痛史？）从小到大，谢×东都挺健康，一直身体挺好，没有什么病痛。他有抽烟习惯，很少喝酒。

（谢×东作案前有无回过家，精神状态如何？）谢×东在广州打工，因清明放假，今年4月5日回来一趟家，6号又回广州了。那两天也没见他有反常表现，一直在家村口和一些打工回来的人聊天玩。

（谢×东怎么会有这么多迷彩类的东西？）他很想去当兵，曾经在前年、去年两次验兵，但都没去成。听老家一起打工的人说他曾去过哪儿营地参加训练过，但我没问过证实过。

审：被告人对上述证人证言有什么意见？

被：没有意见。

审：辩护人对上述证人证言有什么意见？

辩：没有意见。

审：请公诉人继续举证。

公：第二类证据书证，抓获经过一份（诉讼证据卷 P50），证明：犯罪嫌疑人谢×东的归案经过。本案的书证出示完毕。

审：被告人对上述抓获经过有什么意见？

被：没有意见。

审：辩护人对上述抓获经过有什么意见？

辩：没有意见。

审：公诉人继续举证。

公：本案全部证据举证完毕，以上证据足以证明本案的犯罪事实及量刑情节，请法院充分考虑，并依法采纳。

审：被告人有无证据向法庭举证。

被：没有。

审：辩护人有无证据向法庭举证？

辩：有。①证明书一份，证明被告人曾有见义勇为的行为；②向法庭提交一份调查取证申请，请求法庭提取被告人手机的通话记录，主要证明其与被害人从 2013 年 11 月到 2014 年 4 月期间有频繁通话记录，证明他们两个人是恋人关系。

审：公诉机关对辩护人所出示的上述材料有何意见？

公：①辩护人提出调取中国移动通话记录，用以证明谢×东与被害人之间存在恋爱关系，公诉人认为通话记录只能记录被告人谢×东与被害人两个手机电话号码的通话的次数、频率，不能证明两人之间通话的具体内容，更无法证明被告人与被害人之间存在恋人关系；②对辩护人提交的一份证明书，这份证明书，首先被调查人的身份不清，举证主体不清，这份提交的证明书与本案起诉书指控、认定的犯罪事实无关，不具有关联性，所以被告人谢×东辩护人提交的证明书不具备证据三性，没有证明力，建议合议庭不予采纳。

审：被告人对辩护人所出示的上述材料有什么意见？

被：没有意见。

审：辩护人对公诉人提出的意见是否需要作出回应？

辩：被告人与被害人之间的通话记录超出了一般的朋友、同学关系的次数，通话频率足以证明两人的关系非同一般，坚持认为通话记录能够证明被告人与被害人之间的关系不是一般的关系，是恋人关系，坚持申请调取通话记录。

审：辩护人的申请将在法庭本次庭审结束以后，由法院合议庭进行讨论是否需要调取，法庭将会告知是否调取。

众：清楚。

审：上述经控辩双方公开质证的材料，对于双方没有异议的，作为本案的证据予以采用，对于控辩双方存在争议的证据，合议庭将在合议时决定是否作为证据予以采用。刑事部分的法庭调查到此结束，下面进行附带民事部分的法庭调查。先由附带民事诉讼原告人宣读附带民事起诉状。

原代：请求判令被告人谢×东赔偿丧葬费、误工费以及家属到广州的交通费、误工费等共计 36 941 元。

审：被告人，是否听清楚附带民事诉讼原告人宣读的民事诉状？

被：听清楚。

审：对附带民事诉讼原告人所提的诉讼请求有什么答辩意见？

被：没有。

审：附带民事诉讼被告人委托代理人有什么意见？

被代：①原告主张的第一项诉讼请求不属于附带民事诉讼的审理范围，请求依法驳回；②第二项诉讼请求，被告人同意赔偿给受害人家属，且当庭已把钱带过来了。

审：关于本案的附带民事部分，附带民事诉讼原告人有没有问题向被告人发问？

原代：有。被告人谢×东，案发前一天在 QQ 上是否有与被害人联系？

被：没有，好像有给她发过信息。

原代：你在之前的 QQ 聊天记录上是否说要被害人去死？

被：没有。

原代：你的 QQ 聊天记录是否有漫游记录的功能？

被：我不知道什么是漫游。

原代：就是在电脑上登录你的 QQ 账号，能否可以看到你以前的聊天记录？

被：没有这个功能。

审：原告委托代理人是否有新的问题向被告人发问？

原代：没有。

审：关于本案的附带民事部分，被告人是否有问题向附带民事诉讼原告人发问？

被：没有。

审：被告人的委托代理人有没有问题向附带民事诉讼原告人发问？

被代：没有。

审：下面由合议庭就本案附带民事相关问题询问。附带民事诉讼原告人，案发以后，是否收到被告人谢×东或其亲属代为赔偿的款项？

原：谢×东及其家属都没有赔偿。只有谢×东的辩护人给我打了一次电话。

审：被告人，你有没财产对附带民事诉讼原告人进行赔偿？

被：有。

审：被告人谢×东，你有什么财产？

被：我的财产在我妈妈那里。

审：刚被告人代理人称被告人谢×东的家属已带来了钱，具体是带了多少钱？

被代：就是原告主张的赔偿数额。

审：下面由原告人出示附带民事的证据？

原代：①附带民事诉讼原告人及被害人的户口簿、身份证、×市×镇×村村民委员会、×市公安局×派出所出具的证明，证实附带民事诉讼原告人、被害人的身份情况及被害人系附带民事诉讼原告人的女儿；②×市×镇×村村民委员会及×镇人民政府计划生育办公室出具的证明，证实被害人谢×娟未婚；③×市×镇×村×经济合作社出具的证明，证实根据当地务工的实际情况，工资达每天百余元；④相应收据3张，证实购买食物、烟酒、饮料等物品情况；⑤冯×旺出具的证明，证明2014年4月7日至10日广州家属、亲戚处理谢×娟后事花费情况，其中吃住费用开支6110元，火葬费用开支5026元；⑥收据1张，证明收棺材3800元、车费300元；⑦冯×旺出具的证明，证明未收存车票，车费开支为2500元、小红包600元、误工费4500元、安葬人工费2600元。（注：丧葬费我们要求按照上一年度广州职工月平均工资标准，以6个月总额计算。其他诉讼请求不变）

审：对原告人当庭变更丧葬费的赔偿标准，被告人、委托代理人有无意见？

被：没有意见。

被代：根据法律规定丧葬费的计算标准最后计算出来的结果会比诉讼请求当中的金额还低一些，不管原告人以哪个为准为依据提出赔偿，我们都答应。

审：请法警将上述材料向被告人、被告人委托代理人出示？

（法警把上述材料交给被告人及其代理人）

审：被告人对上述材料有什么意见？

被：没有意见。

审：被告人委托代理人对上述材料有什么意见？

被代：对原告人提供的证据，其中一些收据的部分，在法律上其真实性是难以认定的，但结合本案的情况，被告人确实给原告人造成了巨大的伤害，我们对原告人提交的所有证据都予以确认。

审：附带民事诉讼原告人，是否同意由法院依照法律规定的项目和标准进行判决？

原：同意。

审：被告人，是否同意由法院依照法律规定的项目和标准进行判决？

被：同意。

审：附带民事部分的法庭调查结束。下面进行刑事部分的法庭辩论，请公诉人先发表公诉词。

公：公诉意见如下：①刚才的法庭调查，公诉人出示了书证、物证、鉴定意见、勘验检查笔录等，并讯问了被告人谢×东，公诉人出示的上述证据内容真实客观，具有关联性，形成证据锁链，证据充分，定性及适用法律正确。本案事实清楚，证据充分，足以认定。被告人谢×东在侦查阶段、审查起诉阶段以及今天在法庭讯问中所作的供述基本一致，交代自去年11月份开始追求初中同学被害人，多次向被害人提出确立恋爱关系，案发前还不断向被害人发送手机短信和QQ信息，对此被害人不予理会，于是案发当天，被告人携带事前准备的水果刀准备去工厂找被害人，在公交车站遇到被害人以后两人发生争吵，于是持水果刀朝被害人身上乱砍，看到被害人流了很多血便立即离开现场，证人苏×证明案发前被告人多次追求被害人未果，为了追求被害人还进入到被害人的工厂上班，案发当天与被害人争吵，并持水果刀朝被害人脖子捅刺的情况。证人徐×友目击被告人持刀捅刺了被害人以后，其打电话报警，被害人的妹妹也证明被告人多次骚扰被害人，上述证人证言与被告人供述相互印证，法医鉴定意见证明了被害人系因颈部、项部受单刃锐器暴力作用致左颈内静脉、左椎动脉离断及右颈内静脉破裂造成失血性休克死亡，与被告人持水果刀作案这一单刃锐器符合，被告人也对其使用的刀具作出了辨认，证人谢×旺也对被害人进行了辨认；勘验现场提取了被害人内外衣上的血迹、被告人作案所穿衣服鉴定得是被害人所穿衣服，上述证据环环相扣，足以证明起诉书指控的犯罪事实。②本案定性及适用法律，我国《刑法》第232条规定，故意杀人罪是指非法剥夺他人生命，被告人作案时年满18周岁，是法定刑事责任能力行为人，被告人因追求被害人遭到拒绝，为了报复被害人，持水果刀捅刺被害人左耳、右颈部、右胸部等部位，导致被害人当场死亡，可见在主观上，被告人谢×东明知自己持刀捅刺被害人的要害部位，这一行为会导致被害人死亡的结果，仍实施这一行为，并希望这一结果发生，客观上被告人谢×东实施了持水果刀朝被害人多处要害捅刺的行为，导致被害人当场死亡的后果，侵犯了公民的人身权，根据主客观相统一原则，被告人非法剥夺被害人生命的行为，符合我国《刑法》第232条规定的故意杀人罪的主客观构成要件，构成故意杀人罪。③被告人犯罪手段残忍、情节恶劣，社会危害大，被告人与被害人是初中同学，既是同学又是老乡，两人之间的友情是深厚、纯洁的，恋爱是自由的，每个人都有权利选择自己所爱和不爱的人，被告人仅仅为了剥夺被害人恋爱对象的选择权残忍剥夺被害人的生命权，2013年11月，被告人对昔日的同学产生好感后，多次对被害人展开追求，但屡次遭到拒绝，为此因爱生恨，被告人谢×东为报复被害人，事先准备了水果刀伺机作案，案发当天在光天化日行人众多的公交车站被告人竟然不顾一切后果，在大庭广众之下对正在候车毫无防备的被害人公然行凶，持水果刀朝被害人要害部位多次连续捅刺，看到被害人呼叫流血时，被告人并没有停止自己的加害行为，看到被害人倒地，被告人不但没有施以援手还快速逃离现场，从法医鉴定看出被害人体表共有 12 处创口，分别在左耳部、右颈部等要害部位，多达 6 处，均深达下部深层组织，最终导致被害人当场失血性休克死亡，可见被告人的主观恶性大，犯罪手段残忍，犯罪情节恶劣，后果严重，在公交车站公然行凶还对周围人民群众的安全造成影响，被害人正值 22 岁，本来可以享受未来美好的人生，但却被被告人极端自私的心态，采取极端暴力手段剥夺了年轻的生命，被害人的死亡对其整个家庭带来不幸，造成的损失无法弥补，众所周知，人的生命是宝贵的，任何金钱、物质无法挽回，人的生命权也是受保护的，否则将受到法律的制裁，被告人的行为严重侵犯了公民的人身权利，依法应受到法律制裁。④关于量刑情节，根据证人证言，证明被告人作案后虽逃离现场，但在亲友的规劝下，自动投案，被告人归案以后到今天的庭审基本如实交代自己的罪行，根据我国法律相关规定，被告人是自首，依法可从轻或减轻处罚；根据我国《刑法》232 条规定，故意杀人处死刑、无期徒刑或 10 年以上有期徒刑，鉴于被告人有自首情节，依法可以从轻或者减轻处罚。综合全案，建议合议庭对被告人判处无期徒刑以上刑罚。

审：下面由被告人谢×东自行辩护？

被：①我没有威胁被害人与我恋爱；②我读书少，法律意识不强，伤害了自己喜欢的人，我对不起被害人的家属，我很后悔、自责。

审：下面由辩护人发表辩护意见。

辩：辩护意见如下：①本案没有证据直接或间接证明被告人有杀人的动机和杀人的主观故意，因此被告人不构成故意杀人罪。刚庭审被告人也表示其即使失去了自己的生命，也没有想过要剥夺受害人的生命；②被告人有自首等从轻、减轻量刑等情节；③本案属激情犯罪，应从宽处罚；④被告人秉性正直、此前并无不良记录，本次事发纯属偶然；⑤被告人及其家属愿意尽最大能力赔偿受害人家属，今天也带来钱，希望能够赔偿给受害人家属，希望受害人家属能够接受。（辩护意见详见辩护词）

审：被告人谢×东，你是否同意律师的辩护意见？有无补充？

被：同意。我向受害人家属说声对不起，我的行为伤害了你们。

审：经过控辩双方的陈述，双方对被告人构成自首是一致同意的。本案控辩双方争议的焦点主要是被告人与被害人是否存在感情纠纷、被告人谢×东是构成故意杀人罪还是故意伤害罪，下面进行第二轮法庭辩论，控辩双方主要围绕争议焦点展开辩论，先由公诉人发表意见？

公：补充意见如下：

（1）关于被告人辩护人提出改变本案的定性的意见，公诉人作出如下答辩：虽故意杀人和故意伤害都造成了他人死亡的结果，但两罪的区别主要在于心理状态的不同；刚公诉人发表的公诉意见已对起诉书指控被告人犯故意杀人罪的事实、证据以及理由作出了详细的阐述，现补充几点：①被告人是有准备、有目的实施犯罪的，被告人因追求被害人未果，事先准备作案工具就是为了报复被害人；②被告人具有故意剥夺他人生命的主观故意，虽被告人在供述中辩称只是想把被害人的脸划花没有人要，只能跟他好，但被告人携带水果刀准备到工厂找被害人，就是为了对被害人实施报复，其作案动机非常明确，具有故意剥夺他人生命的主观故意。

（2）被告人实施的客观行为印证了其主观故意，从捅刺被害人的部位来看，被害人受伤的部位均集中在颈部等要害部位，导致被害人死亡的创口由上至下多达6处，鉴定结论被害人体表的伤口多达12处，从伤口的深度来看，足以证明被告人持刀捅刺被害人的力度之大，可见被告人捅刺被害人的客观行为足以印证其故意剥夺他人生命，希望他人死亡的结果发生，其行为构成了故意杀人罪的主客观要件，应认定为故意杀人罪；被告人手段残忍、犯罪情节恶劣，建议合议庭量刑时认定。辩护人认为本案因感情发生的纠纷，应对被告人从轻处罚，公诉人认为本案不能认定为因感情发生的纠纷，根据证人证言，被告人从去年11月时开始追求被害人，还爬到被害人居住的阳台，但被害人是拒绝被告人的追求，被告人还供述其很喜欢被害人，多次追求被害人，还来到被害人上班的工厂上班，直到案发前两天还多次打电话、发短信给被害人，对此被害人均不予理会，虽被告人在今天的庭审中辩称其与被害人自去年11月份已确立男女朋友恋爱关系，但今天其在法庭上作的辩解与之前其在侦查阶段作的供述是矛盾的，也没有其他证据印证其这一辩解，其辩解是完全站不住脚的，现有证据足以证明被告人一直在追求被害人，但多次遭到被害人的拒绝，直到案发。所谓感情应是男女在自由的状态上建立的，被告人与被害人之间从未确立过男女朋友关系，因此两人并不存在男女之间的感情，感情纠纷的引发是在男女双方已产生感情的前提下，既然被告人与被害人之间不具有男女朋友关系这一感情基础的前提，本案就不能认定本案因感情纠纷引发，同时被害人在本案不存在任何过错。综上所述，本案不属于因婚姻家庭、民间矛盾引发的犯罪，不应对被告人从轻或减轻处罚。

（3）对被告人谢×东辩护人提出的被告人是激情犯罪没有社会危害性，公诉人不同意此意见，被告人在本案实施的犯罪手段是残忍的，导致被害人当场死亡，因此依法不应对其从轻处理。（4）对辩护人提出的其他辩护意见，公诉人已在上一轮公诉意见作出了阐述，因此不再重复答辩。

审：下面由被告人继续发表新的意见。

被：我没有预谋报复被害人的心理。

审：下面由辩护人发表新的辩护意见？

辩：①对案件定性的问题，被告人确实导致被害人死亡的结果，但这个结果并不是被告人所追求或其希望发生的结果，本案的证据也不能证明被告人有希望受害人死亡的这种心态，根据受害人受伤程度和受伤的部位，当时被告人是在情绪失控下实施的犯罪行为，事后在侦查阶段侦查人员问被告人是否知道伤害到受害人的什么部位以及伤害了多少刀，被告人对此是完全没有记忆的，足以证明被告人当时的大脑是处于空白的状态，其行为不受其意识支配，根据尸体检验报告，受害人创口有12处，其中两处有擦划伤，比较深的伤口有3处，其中一处是动脉，我们不能说根据受害人受到的一个刀伤的数量就推断被告人有杀害她的故意，因为当时被告人是处于失控状态。②针对公诉人提出的被告人与受害人的感情问题，发表如下意见：本案能够证明被告人与受害人的感情问题的证据只有谢×慧和苏×的证言，谢×慧是被害人妹妹，且对被告人有反感态度，其的证言对被告人是不利的，且没有其他证据印证，因此其证言可能影响法庭公正判定；苏×的证言都没有其他证据可以作证，所以结合本案证据，没有完整证据链条直接推断被告人具有杀人的故意，针对公诉人所说被告人的行为是有预谋性的，完全不符合一般人的认知常识，如其有预谋的话，会在公众场所杀害被害人吗？这明显不符合常理，案发当天早上，被告人只是想追问受害人前两天为何不接他的电话，他想对这个事情有一个清楚的答案，并没有预谋说要杀害她，从其出发到公交车站这一段路程也没有发生什么事情可以让他在短期内产生报复思想、心理，遇到受害人之间，其还不知道受害人的一个明确态度，因此起诉书当中指控被告人因报复而杀人的说法不属实。

审：法庭已经充分听取了控辩双方的意见，并由书记员记录在案，合议庭在合议时会予以充分考虑。刑事部分法庭辩论到此结束。下面进行附带民事部分的法庭辩论。先由附带民事诉讼原告人发表辩论意见。

原代： ①根据受害人家属打开的受害人 QQ 的聊天记录，被告人在 2 月 5 日至 6 日多次联系被害人，被害人均没有回应，也就是说，他们的关系并不是被告人所说的恋人关系，且被告人多次在记录中出现叫被害人去死等字眼，说明被告人的心理状态在事发之前已经慢慢积累出来的故意杀人的意图和意愿，结合公诉人指控的案件事实，应可以认定被告人是有预谋的犯罪；②被告人在追求被害人未果的情况下，且受害人自始至终没有做出任何不当的事情，没有作出激发两人矛盾的行为，被害人是无辜的，被害人在公众场所对被害人行凶，手段残忍、社会影响恶劣，虽被告人事后自首，但其在庭审上不如实供述，因此我们认为对被告人不应从轻处理，我们认为被告人应被判处死刑。

审： 下面由被告人发表答辩意见。

被： 我不会表达。

审： 被告人谢×东的委托代理人发表意见。

被代： 对附带民事部分，我们完全接受对方提出的赔偿金额。

审： 附带民事部分的法庭辩论结束，根据法律规定，对于附带民事部分可依法进行调解，附带民事诉讼原告人与被告人是否同意进行调解？

原： 同意调解。

被： 同意调解。

审： 如果达成调解协议或者被告人及其亲属已进行相应赔偿的，可对被告人在量刑时予以考虑，附带民事诉讼原告人及被告人是否清楚？

原： 清楚。

被：清楚。

审：附带民事诉讼原告人，关于调解，你有何具体要求？

原：按照法律的要求来调解，要求被告人取得我方的谅解再进行调解。

审：被告人，你是否同意附带民事诉讼原告人的调解意见？

被：同意。

审：鉴于双方都同意调解，法庭今日就不再组织进行调解，休庭后，附带民事诉讼原告人与被告人及其亲属可继续调解，双方是否清楚？

原：清楚。

被：清楚。

审：法庭辩论结束，下面由被告人作最后陈述。

被：希望法庭对我轻判。

审：附带民事诉讼原告人，还有没有什么意见？

原：没有新的意见。

审：今日的庭审到此结束。何时宣判等候法院另行通知。现在休庭。（击法槌）

审判员签名：

书记员签名：

（三）法官驾驭法庭技巧与规则

1. 庭前准备技巧。庭前准备能力是法官驾驭法庭的重要组成部分，刑事法官的庭前准备应当具备以下能力：

（1）阅卷归类能力，包括：①审查阅读起诉书和案卷材料，对针对被告指控的事实进行认真审查，构建待证事实体系；②审查案件主要证据材料，建立与待证事实相对应的待审证据体系；③对照指控的事实，按照先后顺序，有序地审阅证据材料。

（2）制作庭审提纲。庭审提纲在前面的一审程序、二审程序中已经叙述，下面仅仅提出应当注意的问题：①体现庭审的程序性，全面反映庭审的全过程；②体现庭审规范性，严格按照规范制作，语言要使用法言法语；③体现案件的针对性，要结合个案，有针对地制作；④要有预测性，应当对案件提纲做出可能出现情况的单独预案。

（3）预测变化能力，包括：①关注控辩双方举证是否达到证明标准的要求，是否遗漏量刑情节的证据；②预测被告人与被害人法庭相见可能出现冲突混乱，事先通知法警做好预案；③预测辩护人可能提出的主张以及对策。关于鉴定意见的异议和重新鉴定意见的处理，通知新的证人出庭建议的处理。如果不统一，应当说明的理由。④庭审可能出现的其他突发事件。

2. 开庭审理阶段指挥管理技巧。

（1）宣布开庭时语言要严肃、规范、清楚。告知当事人权利要用肯定语句表述。告知的对象、内容、事项要具体准确。告知时，使用提示性语气。

（2）主持法庭审理要注意客观公正，正确处理各方询问。

3. 归纳概括和综合分析技巧。

（1）庭审调查中的归纳技巧，包括：①被告一人多次作案，法庭调查结束做一次归纳概括；②有多项证据的，在举证、质证后作一次归纳确认。

（2）法庭辩论阶段归纳技巧包括：①公诉人支持公诉，发表最后意见后应当作出归纳概括；②辩护人发表辩论意见后，对辩论意见进行归纳；③法庭出现争议焦点时进行综合归纳。

4. 法庭辩论的指挥技巧。法庭辩论应当围绕控方指控的事实是否成立，证据是否确实充分，被告人行为性质如何，是否构成犯罪，对被告人如何定罪量刑各自发表意见。法庭辩论中法官要控制节奏，注意避免双方相互指责、偏离主题、言论重复等不当行为。法庭辩论应当遵循以下规则：①紧扣争点，对偏离争点的辩论要制止；②禁止强人所难，任何人都无权将己方观点强加于对方，让对方接受；③禁止人身攻击；④禁止设置无答案的问题。

5. 评议裁判规则。

（1）评议被告人承担刑事责任应当具备的前提条件：是否是告诉才处理的案件；被告人是否是精神病人；是否达到刑事责任年龄，是否符合《刑事诉讼法》第 15 条的规定等。

（2）评议案件事实是否清楚、证据是否充分，合理性怀疑能否排除。

（3）评议被告人行为，应当正确适用刑法分则规定。

（4）评议量刑应当依照事实和法律。

这些规则和技巧也适用于二审程序，在二审中不再赘述。

五、一审刑事判决书

（一）一审刑事判决书的概念

一审刑事判决书是指第一审人民法院对于公诉或自诉的刑事案件，按法定程序审理后，根据已经查明的事实、证据和有关实体法的规定，对于被告人有罪或者无罪、构成何种罪，判处什么刑罚或者免除处罚，或者宣告无罪等实体问题作出处理决定时所使用的文书。本节以一审公诉案件适用普通程序审理终结的格式为例进行讲解。

（二）一审刑事判决书的法律依据

根据《刑事诉讼法》第 195～197 条的规定，"在被告人最后陈述后，审判长宣布休庭，合议庭进行评议，根据已经查明的事实、证据和有关的法律规定，分别作出以下判决：①案件事实清楚，证据确凿、充分，依据法律认定被告人有罪的，应当作出有罪判决；

②依据法律认定被告人无罪的，应当作出无罪判决；③证据不足，不能认定被告人有罪的，应当作出证据不足、指控的犯罪不能成立的无罪判决"，"判决书应当由审判人员和书记员署名，并且写明上诉的期限和上诉的法院。"

一审刑事判决书是审判机关适用一审程序审理刑事案件的结论，是判决发生法律效力后，对被告人执行刑罚的法律根据，是当事人或其法定代理人、辩护人在法定期限内上诉或同级人民检察院在法定期限内抗诉的根据，同时为适用二审程序、审判监督程序继续审理案件打下了基础。判决书是在案件审理报告的基础上形成的，二者都是在案件审理终结后对案件经过材料组织和文字加工后形成的文书，在内容上有密切的联系。但审理报告是司法行政内部文书，判决书是公开的审判文书，在格式、性质、作用上都有明显的不同。

一审刑事判决书具体有五种：适用普通程序的第一审公诉案件刑事判决书，适用单位犯罪的第一审刑事判决书，适用简易程序的第一审公诉案件刑事判决书，适用普通程序的第一审刑事附带民事判决书，第一审自诉案件刑事判决书。

（三）一审刑事判决书的结构、内容和写作方法

一审刑事判决书由首部、正文、尾部三大板块组成。

1. 首部。依次写明下列内容：

（1）标题，分两行居正中写法院名称和文书名称。其中法院的名称，一般应与院印的文字一致，但是基层法院应冠以省、自治区或直辖市的名称。涉外案件时，各级法院均应冠以"中华人民共和国"国名。文书名称无需标明审判程序和起诉主体的性质。

（2）案号，由立案年度、制作法院、案件性质、审判程序的代字和案件的顺序号组成。一审刑事判决书的编号即为"（年度）×刑初字第×号"。

（3）公诉机关，写明提起公诉的检察机关的全称。即"公诉机关×××检察院"。根据我国《检察院组织法》第15条和《刑事诉讼法》第167条的规定，代表国家提起公诉的是人民检察院，而不是院内的某一个人，故须写"公诉机关"而不应称"公诉人"。"公诉机关"与"×××检察院"之间不用标点符号，也不用空格。

（4）被害人和法定代理人、诉讼代理人出庭参加诉讼的，在审判经过阶段的"出庭人员"写明（未出庭的不写）。

（5）被告人的基本情况。应依次列明如下项目：姓名（括号注明与案情有关的别名、化名和绰号），性别，出生年月日，民族，出生地，文化程度、职业或工作单位和职务，住址，以及因本案所受强制措施情况，现羁押何处。需要注意的是被告人的职业无工作单位的一般应写工人、农民、个体工商户等。

①对于未成年被告人必须写明出生年月日。被告人是未成年人的，应当在写明被告人基本情况之后，另行续写法定代理人的姓名、与被告人的关系、工作单位和职务及住址。

②被告人曾经受过刑事处罚、行政处罚或者又在限制人身自由期间内逃跑等，或者酌定从重处罚的情节，应写明其事由和时间。

③被告人被拘留、逮捕的，应写明被拘留、逮捕的年月日，不能只写被逮捕的日期，以便折抵刑期。

④同案被告人有二人以上的，按主犯、从犯的顺序列项书写。

⑤被告人是外国人的，应在其中文译名后用括号写明其外文姓名、护照号码、国籍。

上述各项之间可用逗号隔开，如果某项内容较多，可视行文需要，另行采用分号、句号等等。

⑥辩护人的基本情况。该项因担任辩护人的情况不同而写法有别。辩护人是律师的，写明姓名、工作单位和职务，例"辩护人×

××，系××律师事务所律师"；辩护人是由被告人所在单位或者人民团体推荐的，应写明其姓名、工作单位和职务；是被告人的亲友、监护人的，除应写明其姓名和职务外，还应写明与被告人的关系；辩护人是人民法院指定的，写为"指定辩护人"。

同案被告二人以上各有辩护人的，分别列在各被告人下一行。

⑦案件的由来、审理组织、审判方式和审判经过。是一段固定化的表述文字。这段文字是为了体现审判程序的合法性。主要包括：案件由来和公诉日期，是组成合议庭审判还是独任审判，公开或不公开审理，到庭参加诉讼的情况。

公诉案件要写明起诉日期，即法院签收起诉书等材料的日期，这关系到审理期限的计算。

出庭参加诉讼的人员，不仅要写控方人员，而且还要写被告人及其辩护人出庭情况，意味着更加郑重地承认了辩护人在法庭上应有的地位，是诉讼参与人的诉讼权利依法得到保障的反映。

公诉案件中如果有对象明显、受害严重的被害人，与案件的利害关系密切，又是最了解案情的证人，开庭时应当依法通知到庭，写入出庭人员之内。

对于前案依据《刑事诉讼法》第195条第3项规定作出无罪判决，人民检察院又起诉的，原判决不予撤销，但应在案件审判经过段"××××人民检察院以×检×诉〔 〕××号起诉书"一句前，增写"被告人×××曾于××××年××月××日被人民检察院以××××罪向××××人民法院提起公诉。因证据不足，指控的犯罪不能成立，被××××人民法院依法判决宣告无罪。"

2. 正文。正文包括事实、理由和判决结果三部分。

（1）事实，这是判决书的基础部分，是判决理由与判决结果的根据。包括两大层次内容。一是叙述检察院指控被告人犯罪的事实和证据；被告人的供述、辩解和辩护人辩护意见。该段文字旨在加强刑事判决的透明度，突出争讼的焦点，有利于法院在认定事实和列举证据及阐述判决理由的时候具有针对性，有利于在下文对控辩双方的意见表态。但是在归纳双方意见时，应简练概括，切忌文字冗长，同时避免前后有明显重复。二是详细叙述法院认定的事实、情节和证据。

（2）理由，理由是判决书的灵魂，是将犯罪事实和判决结果有机地联系在一起的纽带。其核心内容是针对案情特点，运用法律规定和犯罪构成理论，阐述公诉机关的指控是否成立，被告人的行为是否构成，犯何罪，依法应当如何处理，为判决结果打下基础。具体表述依次如下：

①对案件事实分析认定。主要是围绕定罪量刑两方面事实展开论证。针对犯罪的事实、性质、情节，根据法律规定、政策精神与犯罪构成理论，阐述公诉机关的指控是否成立，分析被告人的行为是否构成犯罪，触犯了什么罪名；分析被告人所具备的量刑情节，如被告人具有从重、加重或从轻、减轻、免除处罚等情节的一种或数种的，应当分别予以肯定或者综合论定，以明确对被告人的处理原则。

在确定罪名时，应以刑法和最高人民法院《关于执行〈中华人民共和国刑法〉确定罪名的规定》、补充规定为依据，按分则各条规定的罪状特征，以被侵犯的直接客体（不是同类客体）为基础，使罪名准确合法；除了法律有专门规定以外，不能根据犯罪情节来确定罪名，因为情节只影响量刑，不影响犯罪性质。对于刑法分则中某些条文中的排列式罪名，就单独确定罪名，例如《刑法》第151条规定的走私武器、弹药罪、走私核材料罪、走私假币罪；走私文物罪、走私贵重金属罪、走私珍贵动物罪、走私珍贵动物制品罪；走私珍稀植物、珍稀植物制品罪等；刑法分则有些条文，还规定了行为选择和对象选择性罪名，由于犯罪行为或对象的性质相同，故只要实施了其中一种犯罪行为，或者侵害了一种特定对象，就可以构成犯罪，并应根据实施的具体行为或侵害的具体对象，相应确定具体罪名。法律条款中没有规定的罪名，一般按刑法分则中最相近的条款确定罪名。

一人犯数罪时，一般先定重罪，后定轻罪；一般共同犯罪和集团犯罪案件，应在分清各被告人的地位、作用和刑事责任的前提下，依次确定首要分子、主、从犯的罪名，做到理由和事实的密切呼应。

该部分还要针对事实中控辩双方关于适用法律方面的意见，有分析地表示是否予以采纳，即对于检察院指控的罪名，正确的应当表示肯定，不构成犯罪或者罪名不当，应有理有据地分析评定；对于辩护、辩解的主要理由，应当表明予以采纳或据理反驳，使控、辩、审三方意见密切联系，力避脱节现象。

②引述法律条文。在定性量刑之后便要引用相应的法律依据，以充分体现"以事实为根据，以法律为准绳"的办案原则。在引述法律条文时一定要坚持准确、完整、具体、针对性和有序的原则。

（3）判决结果，判决结果是根据事实和理由所作出的定性处理结论，是判决书画龙点睛部分。一定要和事实、理由相一致，和法律条文相吻合，做到定罪准确，量刑恰当，明确具体。选词用语应推敲斟酌，精练妥帖。

判决结果有定罪判刑、定罪免刑和宣告无罪三种情况。制作时，要注意下列事项：

①罪名要准确，和理由部分保持一致，不能漏写或前后矛盾。如"判处被告人丁××有期徒刑二年"的写法既不符合格式用语要求，又缺少罪名，是很不规范的。而应依序写明被告人姓名、罪名、刑种、刑量。

②刑种、刑量要清楚、明白、准确，表述要规范。有如下几种

表述方式：

第一种情形：有期徒刑的刑罚，应当写明刑种、刑量和主刑的折抵办法及刑期的起止时间。判处结果适用缓刑的，应当写成"被告人×××犯××罪，判处有期徒刑（或拘役）×年（月），缓刑×年（月）"而不能写成"被告人×××犯××罪，判处缓刑×年"，因为这样写不符合法律规定。

第二种情形：适用死刑的，表述为："被告人×××犯××罪，判处死刑，剥夺政治权利终身。"不能写为"判处死刑，立即执行"，因为这样不符合刑法规定，而且从程序上看，任何一个死刑判决，都要经过死刑复核程序，由负有核准死刑权的法院院长下达执行死刑命令后，才能执行。

对判处死刑缓期执行的，应依刑法规定，表述为："被告人××犯××罪，判处死刑，缓期二年执行，死刑缓期二年执行的期间，从高级人民法院核准之日起计算。"

如系判处管制的，表述中"羁押一日折抵刑期一日"，变更为"羁押一日折抵刑期二日"，其余同格式。

第三种情形：数罪并罚的应当分别定罪量刑（包括主刑和附加刑），然后按照刑法总则第四章第四节的规定，决定最后执行的刑罚，不能"估堆"量刑。例如："被告人×××犯贪污罪，判处死刑，剥夺政治权利终身；犯抢夺罪，判处有期徒刑五年，决定执行死刑，剥夺政治权利终身。"

第四种情形：对未成年人、精神病人和被告人死亡的三类特殊案件判决结果的表述。根据最高人民法院《刑诉解释》第241条第6、7、9项之规定，对被告人因不满16周岁不予刑事处罚和被告人是精神病人在不能辨认或者不能控制自己行为的时候造成危害结果不予刑事处罚的，应当在判决结果中宣告"免予刑事处罚"；对于被告人死亡的案件，根据已经查明的案件事实和认定的证据材料，能够认定被告人无罪的，也应在判决结果中宣告"被告人无罪"。

第五种情形：对于因证据不足，适用《刑事诉讼法》第195条第3项宣告被告人无罪的，应将"×××人民检察院指控的犯罪不能成立"作为判决的理由，而不应该作为判决主文。判决主文上仍只写"被告人×××无罪"。

第六种情形：追缴、退赔和没收的财物，应写明其名称、数额。如果财物多、种类复杂的，只在判决书上写明其种类和总数，另列清单作为判决书的附件。例如："被告人刘××受贿人民币3500元予以没收；收缴林×人民币3500元予以没收。"

最后需要注意的是：一案多名被告人的，应以罪责的主次或者所判刑罚的重轻为顺序，分项定罪判处。

3. 尾部。尾部包括上诉事项、署名、时间等内容。表述文字基本固定，如格式。

（1）交代上诉期限、上诉法院、上诉方式。如果适用《刑法》第63条第2款的规定在法定刑以下判处刑罚的，应当在交代上诉权之后另起一行写明："本判决依法报请最高人民法院核准后生效"。

（2）署名，由参加审判案件的合议庭组成人员署名，如格式所示。其中有些问题须加注意：合议庭成员中有陪审员的，署名为"人民陪审员×××"；是助理审判员的，署名为"代理审判员×××"；助理审判员担任合议庭审判长的，与审判员担任合议庭审判长的一样，均署名为"审判长×××"；院长或庭长参加合议庭，应担任审判长的，亦应署名为"审判长×××"。

（3）日期，写明当庭宣判的日期或者签发判决书的日期。年月日上加盖院印，应骑年盖月端正地加在年月日中央。在时间下方由书记员署名。判决书正本制成后，书记员应将正本与原本进行核对，确认无异后，在日期左下方与书记员署名的左上方，加盖"本件与原本核对无异"的核对章，个别涂改之处，应盖校对章。

（四）文书格式

法院刑事一审判决书样式（一审公诉案件适用普通程序用）：

×××人民法院
刑事判决书

（××××）×刑初字第××号

公诉机关×××人民检察院。

被告人·····（写明姓名、性别、出生年月日、民族、出生地、文化程度、职业或者工作单位和职务、住址和因本案所受强制措施情况等，现羁押处所）。

辩护人·····（写明姓名、工作单位和职务）。

×××人民检察院以×检×诉［××××］××号起诉书指控被告人×××犯××罪，于××××年××月××日向本院提起公诉。本院依法组成合议庭，公开（或者不公开）开庭审理了本案。×××人民检察院指派检察员×××出庭支持公诉，被害人×××及其法定代理人×××、诉讼代理人×××、被告人×××及其法定代理人×××、辩护人×××，证人×××，鉴定人×××，翻译人员×××等到庭参加诉讼。现已审理终结。

×××人民检察院指控·····（概述人民检察院指控被告人犯罪的事实、证据和适用法律的意见）。

被告人×××辩称·····（概述被告人对指控的犯罪事实予以供述、辩解、自行辩护的意见和有关证据）。辩护人×××提出的辩护意见是·····（概述辩护人的辩护意见和有关证据）。

经审理查明，·····（首先写明经庭审查明的事实；其次写明经举证、质证定案的证据及其来源；最后对控辩双方有异议的事实、证据进行分析、认证）。

本院认为，······（根据查证属实的事实、证据和有关法律规定，论证公诉机关指控的犯罪是否成立，被告人的行为是否构成犯罪，犯的什么罪，应否从轻、减轻、免除处罚或者从重处罚。对于控辩双方关于适用法律方面的意见，应当有分析地表示是否予以采纳，并阐明理由）。依照······（写明判决的法律依据）的规定，判决如下：

······〔写明判决结果。分三种情况：

第一，定罪判刑的，表述为：

"一、被告人×××犯××罪，判处······（写明主刑、附加刑）。

（刑期从判决执行之日起计算。判决执行以前先行羁押的，羁押一日折抵刑期一日，即自××××年××月××日起至×××年××月××日止。）

二、被告人×××······（写明决定追缴、退赔或者发还被害人、没收财物的名称、种类和数额）。"

第二，定罪免刑的，表述为：

"被告人×××犯××罪，免予刑事处罚（如有追缴、退赔或者没收财物的，续写第二项）。"

第三，宣告无罪的，无论是适用《中华人民共和国刑事诉讼法》第195条第2项还是第3项，均应表述为：

"被告人×××无罪。"〕

如不服本判决，可在接到判决书的第二日起十日内，通过本院或者直接向×××人民法院提起上诉。书面上诉的，应当提交上诉状正本一份，副本×份。

审判长：×××

审判员：×××

审判员：×××

××××年××月××日

（院印）

本件与原本核对无异

书记员：×××

六、控辩双方常用的诡辩之术与破解

（一）辱骂恐吓，人身攻击

这是一种以对论辩对方进行侮辱谩骂、人身攻击来代替对具体论题的论证的诡辩手法。如李庄案中公诉人在最后的意见陈述中，突然称李庄一方面为龚×模伪造证据，一方面又享受着龚家提供六七千元消费的四星级酒店住宿和嫖宿，实乃律师行业中的害群之马。这一言论理所当然引来外界批评，有人认为：对被告人进行人身攻击，只会令公诉人形象毁损，丧失风度，是公诉人"理屈词穷"的表现，辩论者不是用证据、事实或理由去维护他的立场、观点，而是透过贴标签进行人身攻击方式来攻击对手的做法是不可取的。

这种所谓的"批驳"，对对方观点没有任何实质性的分析，却对对方的人身和动机进行了毫无根据的攻击和诬蔑。

（二）双重标准，为我所用，翻手成云，覆手为雨

这是一种实用主义的诡辩术，指在同一问题上对自己和对别人采取不同的是非标准和取舍标准，以混淆是非，达到有利于自己的目的。典型例子是古希腊著名的"半费之讼"：

古希腊有一个叫欧提勒士（Euathlus）的人，向著名的辩者普罗太哥拉斯（Protagoras）学习法律知识。双方订有合同，约定欧

提勒士分两次交付学费，开始学习时先付一半，另一半等欧提勒士毕业以后第一次出庭打赢了官司再付。毕业后，欧提勒士迟迟未执行律师业务。普罗太哥拉斯等得不耐烦，于是向法庭提起诉讼。

在法庭上，原告普罗太哥拉斯说："如果我打赢官司，那么按法庭判决，被告应该付给我另一半学费；如果被告打赢了官司，那么按我们的合同，被告也应该付给我另一半学费。因而，不论这场官司是赢还是输，被告都应该付给我另一半学费。"

被告欧提勒士也不示弱，他针锋相对地应道："如果我打赢官司，那么按法庭判决，我不应该付给原告另一半学费；如果原告打赢了官司，那么按我们的合同，我也不应该付给原告另一半学费。因而，不论这场官司是赢还是输，我都不应该付给原告另一半学费。"

由于对同一事物采用双重标准，普氏这个二难推理是有谬误的：第一个假言前提不成立。因为既然将问题诉诸法庭，就应以法庭判决为准，而不能在判决有利时就执行判决，不利时就不执行判决而执行合同。对普氏这个错误的二难推理，欧氏没有正面揭露其假言前提的虚假，而是构造了一个针锋相对的反二难推理。

欧氏的反二难推理与普氏的二难推理一样，也采用了双重标准，第二个假言前提不能成立。但他不是用这个反二难推理来论证自己不付学费，而是用来破斥对方的诡辩，驳斥普氏的二难推理。在破斥对方诡辩方面，欧氏的这个反二难推理还是很有力的。

（三）以人品、才能为据，回避实质问题

这是指在论证中回避论题的实质，而用对某人品质、才能的评价来代替对论题的论证。比如，某高校两位教师教学观点发生冲突，找到学校相关部门裁判评价，相关部门以某人是工农兵学员出身，而另一人是名校本科毕业为依据，裁判名校毕业的那位教师观点正确。这是典型的以文化层次高来证明他的观点是正确的。还有以某某人品德差或文化层次低来证明他的观点是错误的。这种以人立言、因人废言的做法就是以人为据。例如，以下议论就是典型的"以人为据"："他检举我受贿，你们就相信吗？他的父亲坐过牢，他自己连大学也没有考上，是在夜大学习才混出个大专文凭的，据说他的大专毕业作业还是请人代笔的，几经周折才勉强通过。我看对这种德性的人，是不能把他的话当回事的。"这段话中，即使所说的有关"他"的情况全部属实，也不能证明他的检举不实，辩护者不提供证据证明自己的清白，却用对他人品质或才能的评价来否定其检举的真实性，显然是无效的辩护。

（四）诉诸情感，转移视线

这是指用煽情的语言来唤起公众的某种情感以转移视线、逃避责难的诡辩术，这是辩护律师常用的伎俩，是一种"以情感为据"的谬误。如，某公司偷漏巨额税款，在法庭上该公司法定代表人辩解道："我们承认少缴了一些税款。可是要我们补缴还要罚款，等于置我们公司于死地。我们公司可是一家大型国有企业啊！要是公司倒闭了，5000多员工就要下岗失业，如果他们下岗就连子女的学费也交不起了。谁能负得起这个责任啊。我们单位的职工，我比谁都更了解，要是他们连基本生活都失去了保障，那是什么事情都能干得出来的！你们要追缴税款，还要罚款，就问问他们同意不同意吧。"这种辩护，先是企图唤起人们的同情，然后又以"工人们什么事情都能干得出来"相威胁，这是比较典型的诉诸情感、诉诸公众的诡辩。

诉诸情感又叫诉诸怜悯，由于人们一般都有同情之心，在某些场合使用这种手段确实能唤起公众的同情。但是，论证和论辩是理性活动，所持论点应该"言之成理，持之有据"，而不是玩弄情感游戏。对付这种诡辩的办法是揭露其诡辩实质，唤起公众的理性。

（五）诉诸权威、主流思想，借以吓人

以专家或权威的说话作论据，而不是用逻辑或证据来支持该论据。这种诡辩术是指对论题不作任何论证，只是拿出权威人士的只言片语来吓唬人，用权威人士的个别言论代替对论题的逻辑论证。有的人在争论问题时，摆不出一条像样的事实，讲不出一点让人信服的道理，张口就是"某某权威是如何如何说的"。这就是诉诸权威。

（六）玩弄实例，以偏概全

玩弄实例指用个别的、局部的事例为据，无视反例的明显存在和整体的情况，武断地得出结论的诡辩术。例如，某些人以清华大学刘海洋伤熊和云南大学马加爵凶杀等少数事例，就断言现代大学生"人文道德素质极差"，就是一种以偏概全的诡辩。"×地方的人都是坏人"，"所有的穆斯林都是恐怖分子"等论断都是以偏概全。从逻辑上讲，要反驳一个普遍性的全称论题，只要找到一个反例就行了；但要证明一个普遍性的全称论题，就绝不是通过一些实例可以奏效的。

（七）循环论证

这也是一种故意违反"论据必须已知为真"的论证规则的诡辩手法。论题的真实性要靠论据来证明，而论据的真实性又要靠论题来证明，就是循环论证。例如，鲁迅先生在《论辩的魂灵》一文中曾经举出一个典型的循环论证的例子："……你是卖国贼。我骂卖国贼，所以我是爱国者。爱国者的话是最有价值的，所以我的话是不错的，我的话既然不错，你就是卖国贼无疑了！"[1]

（八）偷梁换柱，歪曲原意

这是故意违反同一律的要求和"论题必须保持同一"的论证规则的一种诡辩，实质上就是"巧妙地"偷换论题。有三种表现形式：

---

〔1〕《鲁迅全集》（第3卷），人民文学出版社1980年版，第28页。

1. 歪曲地解释自己原来提出的某种命题的原意，以掩盖错误，逃避批评。例如，白马非马。

2. 随意歪曲、篡改别人的论点，将对方的论点曲解为明显的谬误，然后振振有词地加以"有力的驳斥"。在论战或辩论中，有的人经常用这种诡辩术来造成胜利的假象。例如，在一场著名辩论中，有人将何祚庥院士"人类无需敬畏大自然"的命题歪曲为"人类无需保护大自然"，然后加以"批驳"。这种诡辩法又叫做"堂吉诃德攻击风车法"。

3. 歪曲地解释第三者的观点，以作为自己论证的论据。

对于"偷换论题"的诡辩手法，我们可以直接指出被偷换的论题的本来意义，以揭露对方的诡辩伎俩。

（九）含糊其辞，模棱两可

这种诡辩术就是故意违反"论题必须清楚明确"的规则，在论证中将论题说得含混暧昧，似是而非，企图在不同情况下做不同解释，以便达到某种不可告人的目的。例如，某些歪理邪说宣传存在着一种超自然的"法力"，提出所谓"你相信它，它就存在；你不信它，它就不存在；你信得越诚，你对它的感觉就越明显"。然后对这个所谓的观点举出一些"例子"来加以"论证"。这种所谓的"法力"是根本无法验证的，因为如果你在这种"理论"诱导下形成了心理错觉，那就说明它"真的"存在；如果你感觉不到它，那是因为你对它"信得不诚"。一些类似的歪理邪说就这样迷惑了许多人。

对这种含糊其辞的诡辩，我们可以要求他明确论题的确切含义。例如对上面的例子，可以要求宣传者明确究竟存在不存在超自然的"法力"，怎样做才算"信得诚"等。

（十）无中生有，编造论据

这是指故意违反"论据必须已知为真"的规则，用编造的

"权威理论"或所谓例证作为论据，来论证错误的论题。例如，一些人在为制假售假的违法行为辩护时说："在市场经济下，哪有百分之一百的真货？不信，你去全国一百家最大的商场调查，要是有一家不卖假货，那才怪呢！再说，许多消费者也有是喜欢假货的，我卖的这个牌子的假烟，比真牌子的质量还要好。消费者的利益并没有受到损害。"这一段怪论中有许多材料是明显编造的，例如"许多消费者也是喜欢假货的"、"比真牌子的质量还好"等。

第七章

刑事二审攻防与审判

一、刑事二审程序概述

（一）二审程序的提起主体

1. 上诉的主体。①被告人、自诉人及其法定代理人。②附带民事诉讼的当事人及其法定代理人对第一审人民法院的判决、裁定中的附带民事诉讼部分享有独立上诉权。③被告人的辩护人和近亲属，经被告人同意方可上诉。被害人没有上诉权，只有请求检察院抗诉的权利。

2. 抗诉的主体。二审抗诉权主体是地方各级人民检察院。这里的地方各级人民检察院是指在一审中提起公诉的检察院。

（二）二审程序的提起理由

1. 上诉无需理由，只要不服一审判决即可。

2. 抗诉理由是地方各级人民检察院认为一审判决确有错误。

（三）二审程序提起的形式与途径

1. 上诉的形式与途径。①形式：书面或者口头；②途径：上诉状即可以提交原审法院也可以提交上级法院。

2. 抗诉的形式与途径。①抗诉的形式：必须以书面抗诉；②抗诉的途径：抗诉书只能提交原审法院。

（四）二审审判的原则

1. 全面审查原则。既要审查上诉或者抗诉的部分，又要审查没有上诉或者抗诉的部分，即不管有无上诉或抗诉都要审查；既审查一审判决事实是否正确，证据是否确实、充分，又要审查适用法律有无错误；既要审查刑事诉讼部分，又要审查附带民事诉讼部分；既要审查实体问题，又要审查程序问题；共同犯罪案件只有部分被告人提出上诉的，或者人民检察院只就第一审人民法院对部分被告人的判决提出抗诉的，第二审人民法院应当对全案进行审查，一并处理；共同犯罪案件如果提出上诉的被告人死亡，其他被告人没有提出上诉，第二审人民法院仍应当对全案进行审查，死亡的被告人不构成犯罪的，应当宣告无罪，审查后认为构成犯罪的，应当宣布终止审理，对其他同案被告人仍应当作出判决或者裁定。

2. 上诉不加刑原则。二审法院审理只有被告人或者其法定代理人、辩护人、近亲属上诉的案件，不得加重被告人的刑罚。控方抗诉或者自诉人上诉的，不受上诉不加刑规定的限制。具体情形：①对被告人判处拘役或者有期徒刑宣告缓刑的，不得撤销原判决宣告的缓刑或者延长缓刑考验期。②实行数罪并罚的，不得加重决定执行的刑罚，也不能在维持原判决决定执行的刑罚不变的情况下，加重数罪中某罪的刑罚。③法院对原判认定事实清楚、证据充分，只是认定的罪名不当的，在不加重原判刑罚的情况下，可以改变罪名。④一审判死缓，二审不能改判死缓限制减刑。⑤第二审人民法院发回原审人民法院重新审判的案件，除有新的犯罪事实，人民检察院补充起诉的以外，原审人民法院也不得加重被告人的刑罚。⑥对事实清楚、证据充分，但判处的刑罚畸轻，不得撤销第一审判决，直接加重被告人的刑罚，也不得以事实不清或者证据不足发回原审人民法院重新审理。必须依法改判的，应当在第二审判决、裁定生效后，按照审判监督程序重新审理。⑦原判没有宣告禁止令的，不得增加宣告；原判宣告禁止令的，不得增加内容、延长期限。⑧共犯问题一并原则：共同犯罪案件，只有部分被告人提出上诉的，既不能加重提出上诉的被告人的刑罚，也不能加重其他同案被告人的刑罚。⑨分离原则：共同犯罪案件中，人民检察院只对部分被告人的判决提出抗诉的，第二审人民法院对其他第一审被告人不得加重刑罚。

（五）二审审理的方式和程序

1. 开庭审理。下列案件，应当组成合议庭，开庭审理：①被告人、自诉人及其法定代理人对一审认定的事实、证据提出异议，可能影响定罪量刑的上诉案件。②被告人被判处死刑立即执行的上诉案件；被判处死刑立即执行的被告人没有上诉，同案的其他被告人上诉的案件，第二审人民法院应当开庭审理；被告人被判处死刑缓期执行的上诉案件，虽不属于前述情形，有条件的，也应当开庭审理。③人民检察院抗诉的案件。④应当开庭审理的其他案件。

2. 不开庭审理。对于经过合议庭阅卷，讯问被告人、听取其他诉讼参与人的意见后，认为事实清楚，认定的事实与第一审认定的没有变化，证据充分的，可以不开庭审理。

（六）二审的审理结果

1. 维持原判裁定。①一审裁判没有任何错误，二审维持原判；②一审量刑过轻，但受上诉不加刑原则的限制，维持原判。

2. 改判判决。①应当改判的情形：原判决认定事实没有错误，但适用法律有错误或者量刑不当的，应当改判；②可以改判的情形：原判决事实不清楚或者证据不足的，可以在查清事实后改判。

3. 发回重审裁定。

（1）可以发回重审的情形：原判决事实不清楚或者证据不足的，可以裁定撤销原判，发回原审人民法院重新审判。此情形发回重审只能发回一次。

（2）应当发回重审的情形：①违反《刑事诉讼法》有关公开审判的规定的；②违反回避制度的；③审判组织的组成不合法的；

④剥夺、限制了当事人的法定诉讼权利，可能影响公正审判的；⑤其他违反法律规定的诉讼程序，可能影响公正审判的。

（七）在法定刑以下判处刑罚的核准程序

1. 上报程序。①一审不上诉和抗诉的，在上诉、抗诉期满后3日内报请上一级人民法院复核。上一级法院同意原判的，应当逐级报请最高人民法院核准；任何一个上级法院都有否决权。上一级人民法院不同意原判的，应当裁定发回重新审判或者改变管辖，按照第一审程序重新审理。②一审后上诉、抗诉的，应当按二审程序审理。上诉或者抗诉无理的，应当裁定驳回上诉或者抗诉，维持原判，并按照上述程序逐级报请最高人民法院核准。上诉或者抗诉有理的，应当依法改判。

2. 最高院复核处理。①予以核准；②不予核准的，应当撤销原判决、裁定，发回原审法院或者指定其他下级人民法院重新审判。

二、刑事二审控方技能训练与规则

（一）二审公诉人出庭方略

1. 归纳二审案件争点。二审控辩双方争议的问题集中在四个方面，事实争议、适用法律的争议、量刑争议和诉讼权利被剥夺的争议。

事实争议是控辩双方中的一方对一审判决结果最严重的争议，对一审判决结果的否定。适用法律的争议是争议人对案件性质的质疑，可能会引起有罪与无罪，此罪与彼罪。直接的量刑争议也会引起二审量刑的变化。在刑事诉讼中，如果公检法剥夺或者限制被告人的诉讼权利，也可以引起程序的无效。

2. 事实争议案件的二审出庭。在二审庭审中，由于争议的目标指向一审判决或者裁定，公诉人的职责由一审指控犯罪，转变为与二审法院一起评价一审裁判是否公平、合法。证明犯罪由一审的立论为主，转变为二审的驳论为主。

二审检察官出庭支持公诉应当对以下问题提出意见：①已被一审判决采信的证据，是否应当作为定案的根据，是否确实充分地证明了被告人的犯罪事实；②未被采信的证据，一审判决对未采信有没有说明理由，或者理由是否成立；③未被采信的证据对全案是否产生影响且影响如何。

3. 适用法律争议案件的二审出庭。出现适用法律争议的原因：①一审判决后法律发生变化，导致定性发生变化；②在罪数形态上存在罪名选择与适用的分歧；③在有关犯罪性质认定的关键证据的采信上存在分歧。处理这一问题，应当以刑罚为依据，提出科学、权威的公诉意见。

4. 量刑争议案件的二审出庭。产生量刑争议的原因有两个：①争议人对一审法院判决认定被告人行为性质及社会危害程度不认可；②对一审法院是否认可被告人的立功、自首、被害人有过错有异议。对于此类的异议，公诉人客观、全面、公正做出评价即可。

5. 诉讼权利被剥夺争议案件的二审出庭。可能引起该类争议的原因：①公检法人员该回避未回避；②依法应当获得法律援助的被告认为获得法律援助；③违反公开审判原则的规定，剥夺当事人最后陈述权；④依法应当复核的证据未复核复查。

（二）刑事抗诉书

1. 刑事抗诉书的概念。刑事抗诉书是指人民检察院发现人民法院的刑事判决或者裁定确有错误而依照法定程序提出抗诉所制作的文书。刑事抗诉分二审抗诉和再审抗诉。

2. 刑事抗诉书的结构、内容与写作方法。刑事抗诉书是叙述式文书，分首部、正文和尾部三部分。

（1）首部。首部包括标题、编号、原审判决或裁定的情况。

①标题，标题分两行居中写明提起抗诉的检察机关名称和文书名称。文书名称一律称为"刑事抗诉书"。

②编号，文书编号，即"×检刑抗［×］×号"。"×"号分别依次写出人民检察院简称、年度、顺序号。

二审程序适用的刑事抗诉书不写被告人的基本情况，直接写原审判决或裁定情况，具体表述为："×××人民法院以××号刑事判决书（裁定书）对被告人×××（姓名）×××（案由）一案判决（裁定）……（判决、裁定结果）。"

（2）正文。正文由三部分组成，包括审查意见、抗诉理由，以及结论意见、法律依据决定和要求事项。

①审查意见。直接明确检察机关对原判决的审查意见，指出原审判决、裁定的错误所在，阐述提出抗诉及纠正错误的必要性。明确抗诉焦点，观点要鲜明、简要。可表述为，如"本院审查后认为：该判决（裁定）确有错误（包括认定事实有误，适用法律不当、审判程序严重违法）理由如下：……"

②抗诉理由。这是抗诉书的核心，根据《刑事诉讼法》规定，有针对性地运用事实和证据，具体指出原审判决或裁定的错误，阐明为什么错误，同时论证抗诉意见的正确性。写抗诉理由时，论点要准确，论据有理，论证合理。主要应针对以下几个方面提出：

第一，原判决或裁定认定事实有错误的，要具体指出错在哪里，突出争议重点，再论证检察机关查实认定的事实和证据。论述事实要有针对性地列举证据，说明证据的内容要点及与犯罪的联系。

第二，原判决或裁定适用法律有错误的，主要针对犯罪行为的本质特征论述如何认定行为性质，从而正确适用法律。要从引用罪状、量刑情节等方面分别论述。

第三，要针对量刑不当的原因，阐述抗诉理由：如果是认定事实错误，致使定罪适用法律错误的，应参照上述要求，在阐明正确认定事实和准确适用法律的意见后，再写清量刑的不当所在。如果事实和定罪基本无误，只是量刑过轻过重的，应着重从情节、社会危害性等影响量刑的诸要素方面进行分析，指出原判量刑上的错误所在，进而提出准确量刑的原则意见。

第四，原判决或裁定违反法律规定的诉讼程序的，要根据《刑事诉讼法》和有关司法解释逐个论述，先写原审违反诉讼程序的事实表现，再写明影响公正判决的现实或可能性，最后阐述法律规定的正确诉讼程序。

第五，原裁定将犯罪事实清楚、证据确凿的案件错误地裁定为事实不清、证据不足的，要针对分歧焦点，充分运用犯罪事实和证据，逐条逐项论证本案符合法定条件，足以认定的道理。

③结论意见、法律依据决定和要求事项。这部分应依次写明三方面的内容：

第一，阐明结论性意见，即根据所述的抗诉理由，针对原判错误，阐述检察机关认定的被告人行为的性质、罪名、量刑等意见。

第二，引用法律根据。要针对实际写明的实体和程序两个方面的法律根据，据以指出和纠正原判决或裁定错误的法律条款。据以提出抗诉的法律条款，即我国《刑事诉讼法》第217条。

第三，要求事项，即在末尾写明"特提出抗诉，请依法判处"。

（3）尾部。写明"此致"、受理抗诉的法院名称（即写上一级法院全称）。发出本文书的年、月、日，加盖院章。所附事项包括被告人羁押场所和新的证人名单和证据目录。

（4）制作再审抗诉书的要求。再审抗诉书由首部、原审被告人基本情况、诉讼过程、生效判决或裁定的概况；对生效判决（裁定）的审查意见；抗诉理由；结论性意见、法律根据、决定和要求事项；尾部等部分组成。与二审程序的抗诉书，内容结构和写法大部分类似。但是，由于审判监督程序比较复杂，与生效判决或裁定间隔时间相对长一些，审理期限也较长，因此，这类抗诉书写法，也有自己的特点。

与二审程序的抗诉书相比，首部、尾部完全相同，其余部分的主要区别是：

①增写原审被告人基本情况。包括原审被告人姓名、性别、出生年月日、身份证号、民族、出生地、职业、单位及职务、住址、服刑情况、刑满释放或者假释的具体日期等。如系共同犯罪案件，则应按犯罪事实情节由重至轻的顺序分别列出。

②要写明诉讼过程、生效判决或裁定情况。具体表述为："×××人民法院以××号刑事判决书（裁定书）对被告人×××（姓名）×××（案由）一案判决（裁定）……（具体写明生效的一审判决、裁定或者一审及二审判决、裁定情况）。经依法审查（如果是被告人及其法定代理人不服地方各级人民法院的生效判决、裁定而请求人民检察院提出抗诉的，应当写明此过程；如果是一审生效的判决或裁定，不仅要写明一审判决或裁定的主要内容，还要写明一审判决或裁定的生效时间；如果是二审终审的判决或裁定，则应分别写明一审和二审判决或裁定的主要内容。此外，还应写明提起审判监督程序抗诉的原因），本案的事实如下：……"

③对生效判决或裁定的审查意见（含事实认定）。此部分应概括叙述检察机关认定的事实、情节。要根据具体案件事实、证据情况，围绕《刑法》规定该罪的构成要件特别是争议问题，简明扼要地加以叙述。一般应具备时间、地点、动机、目的、关键行为情节、数额、危害后果、作案后表现等有关定罪情节要素。如果一案中涉及数罪、各罪又有数次作案的，应当依由重至轻的顺序或者按照行为发生时间的先后顺序进行叙写。对于原审判决、裁定中认定的事实或者新发现的事实、证据，应重点加以介绍。审查意见部分

的内容是检察机关对原判决（裁定）的审查意见，要明确指出原判决（裁定）的错误所在，告知再审法院检察机关抗诉的重点是什么，此部分应该观点鲜明、语言精炼。

④写抗诉理由，与二审程序抗诉书一样，在总的方面，要根据案件的不同情况，针对认定事实确有错误、适用法律不当或者审判程序违法等几方面进行阐述。其中，关于证据部分的列举及论述、对于适用法律不当以及审判程序违法的抗诉理由的阐述方法和要求，也与二审程序抗诉书相一致。具体阐述时，需要特别注意的是，对于人民法院认定的事实有误的，要针对原审裁判的错误之处，提出纠正意见，强调抗诉的针对性。对于有多起"犯罪事实"（因为检、法两机关对此存在分歧，故加引号）的抗诉案件，只叙述原判决（裁定）认定事实不当的部分，对认定没有错误的，可以简单表述为"对……事实的认定无异议"即可。要提出检、法两机关争议的重点，体现抗诉的针对性。对于共同犯罪案件，也只对原判决（裁定）漏定或错定的部分被告人犯罪事实作重点叙述，对其他被告人的犯罪事实可简写或者不写。

⑤结论性意见、法律根据、决定和请求事项。此部分应注意用语简洁、明确。具体表述为："综上所述……（概括上述理由），为维护司法公正，准确惩治犯罪，依照《中华人民共和国刑事诉讼法》第二百四十三条第三款的规定，对×××法院××号刑事判决（裁定）书，提出抗诉，请依法判处。"文书末尾的附注。写明被告人现服刑地或者居住处所、新的证人名单或者证据目录。对于未被羁押的原审被告人，应将其住所或者居所写清楚。

3. 二审刑事抗诉书格式（二审程序适用）。

×××人民检察院
刑事抗诉书

×刑抗 〔 〕×号

×××人民法院以××号刑事判决书（裁定书）对被告人×××（姓名）×××（案由）一案判决（裁定）……（判决、裁定结果）。本院依法审查后认为（如果是被害人及其法定代理人不服地方各级人民法院第一审的判决而请求人民检察院提出抗诉的，应当写明这一程序，然后再写"本院依法审查后认为"），该判决（裁定）确有错误（包括认定事实有误、适用法律不当、审判程序严重违法），理由如下：

……（根据不同情况，理由从认定事实错误，适用法律不当和审判程序违法等几方面阐述。）

综上所述……（概括上述理由），为维护司法公正，准确惩治犯罪，依照《中华人民共和国刑事诉讼法》第二百四十三条第三款的规定，特提出抗诉，请依法判处。

此致

×××人民法院

×××人民检察院

（院印）

××××年××月××日

附：

1. 被告人×××现羁押于×××（或者现住×××）。
2. 新的证人名单或者证据目录。

三、刑事二审辩方技能训练与规则

（一）刑事上诉状

1. 刑事上诉状的概念。刑事上诉状是指刑事诉讼当事人或者依照法律规定有权提出上诉的其他人，不服人民法院第一审刑事判决、裁定，在法定期限内，向上一级人民法院提出上诉，请求撤销或者变更第一审刑事判决、裁定的文书。

刑事上诉状的主体是公诉案件的被告人和自诉案件、附带民事案件的当事人。有效的上诉，应在上诉期内提起，一审判决的上诉期为 10 日，裁定的上诉期为 5 日。

2. 刑事上诉状的法律依据。《刑事诉讼法》第 216 条第 1、2 款规定："被告人、自诉人和他们的法定代理人，不服地方各级人民法院第一审的判决、裁定，有权用书状或者口头向上一级人民法院上诉。被告人的辩护人和近亲属，经被告人同意，可以提出上诉。附带民事诉讼的当事人和他们的法定代理人，可以对地方各级人民法院第一审的判决、裁定中的附带民事诉讼部分，提出上诉。"

最高人民法院《刑诉解释》第 300 条规定："人民法院受理的上诉案件，一般应当有上诉状正本及副本。上诉状内容应当包括：第一审判决书、裁定书的文号和上诉人收到的时间，第一审人民法院的名称，上诉的请求和理由，提出上诉的时间。被告人的辩护人、近亲属经被告人同意提出上诉的，还应当写明其与被告人的关系，并应当以被告人作为上诉人。"前述规定是制作刑事上诉状的法律依据。

3. 刑事上诉状的结构、内容和写作方法。

（1）首部。①标题写"刑事上诉状"；②上诉人和被上诉人基本情况。

（2）正文。正文应当写明案由、收到一审裁判的时间、一审法院的名称和裁判文书的编号；上诉请求；上诉理由以及证据的情况。

(3) 尾部。①致送的人民法院名称；②刑事上诉状副本的份数；③上诉人签名；④上诉时间。

4. 上诉状格式。

刑事上诉状

上诉人（刑事案件被告人、刑事自诉案件自诉人、刑事附带民事案件原告人或被告人）：姓名、性别、出生年月日、民族、籍贯、职业或工作单位和职务、住址、邮政编码、联系电话等。（如上诉人委托律师代理诉讼的，应在其项后写明代理律师的姓名及其所在律师事务所的名称。）

被上诉人（刑事自诉案件自诉人或被告人、刑事附带民事案件原告人或被告人；刑事公诉案件被告人上诉不列被上诉人）：姓名、性别、出生年月日、民族、籍贯、职业或工作单位和职务、住址、邮政编码、联系电话等。（如被上诉人是法人或其他组织的，应写明其名称、住所、法定代表人或主要负责人的姓名和职务。如果是在押被告人，应当写明："于×年×月×日被拘留，×年×月×日被逮捕，现羁押在××看守所"。）

上诉人因××一案，不服×××人民法院××××年××月××日 [　　] 字第××号刑事判决（或裁定），现提出上诉。

上诉请求：

（写明上诉人不服的原审裁判，要求第二审人民法院部分或全部撤销或者变更原审裁判，或者要求第二审人民法院重新审判等。）

上诉理由：

（明确提出原审裁判在认定事实方面，在适用法律方面或在诉讼程序方面存在的错误或不当之处，可以是上述一个方面，也可以是两个或三个方面，但都必须运用充分的事实证据和有关的法律依据加以论证，以说明自己的上诉请求是合法的。）

证据和证据来源，证人姓名和住址：

（如有新的证据、证人，应写明能够证明上诉请求的主要证据及其来源或证据线索，证人姓名和详细住址。如证据、证人在事实部分已写明，则此处只需点明证据名称、证人住址即可。）

此　致
×××人民法院
附：本上诉状副本××份

上诉人：×××
××××年××月××日

（二）刑事二审辩护

1. 明确靶向目标。二审辩护与一审不同，一审针对的是控方的起诉书或者刑事自诉状，其辩护的目的是让控方的指控不成立，不构成犯罪，或者轻罪或者有减轻、从轻的情节，二审辩护的目标对象是一审尚未生效的判决，目的是让二审法院撤销或者改判一审判决。

2. 通过会见、阅卷、调查形成辩护思路。

（1）二审辩护人要会见被告人，会见被告人家属，听取他们对案件的看法，如果二审辩护人没有参与一审的辩护，在必要的情况下，可以约见一审的辩护人。

（2）认真阅卷：①主要是对一审判决，一审庭审笔录，侦查卷进行审阅，审查一审判决对事实的认定是否有错误，证据是否确实充分，是否达到排除合理性怀疑的证明程度；②审查侦查活动中侦查机关的侦查行为是否合法，搜查、辨认、鉴定等是否有瑕疵；③侦查机关在讯问被告人时是否有刑讯逼供的行为，是否需要启动非法证据审查排除程序。

（3）调查证据：辩护人可以寻找新证据，提交二审法院，以达到二审案件开庭审理之目的。二审辩护人应重点收集与一审法院认定不一致的目击证人、书证物证、视听资料等证据，或者收集与一审法院审理时的鉴定意见、尸检报告意见不一致的技术性报告。借以促成二审开庭审理，以此更好地维护被告人的利益。

（4）通过上述措施，对全案形成完整的认识，形成较为完善可行有利的辩护思路。

3. 二审辩护策略。

（1）量刑情节辩护。①可以根据犯罪时就已经形成的法定量刑情节如从犯、未遂、中止、被害人有过错等，再加上犯罪后促成的新的量刑情节，如：刑事和解、赔偿、退赃、提前缴纳罚金等情节。②改变定罪的辩护，如果重罪不成立，但是又不可能作无罪处理，在征得当事人同意的前提下作轻罪的辩护，从而达到较轻的量刑处罚。③在一人多次多罪，或者多人多次多罪的案件中，针对证据不足的罪行事实提出质疑，达到减少定罪罪名和数量的目的，以此减轻被告人数罪并罚的量刑裁判。

（2）程序违法，证据无效辩护。这种情况往往体现在侦查程序中的讯问犯罪嫌疑人时公安机关的刑讯逼供行为，搜查程序违法、鉴定程序违法。①针对刑讯逼供，辩护人可以向法院提出申请侦查员、讯问人员出庭作证，要求播放全程的录音、录像资料。调取进出看守所的记录和看守所内的医疗检查表证明被告人曾经经受刑讯逼供。②针对搜查没有制作笔录，鉴定样品来源不清的可以主张证据无效，不能作为证据使用。对鉴定意见有异议时，可以申请重新鉴定或者补充鉴定，也可以申请专家辅助人出庭作证。

（3）法律观点和意见的援引。一般情况下，可直接引用刑法、刑事诉讼法、司法解释的规定。除此之外，我国虽然不是判例法国家，但是，司法实践已经逐渐形成遵循先例的司法传统，最高法院近年来不断推出的最高法院公报，最高法院指导性案例甚至上级、同级其他法院的裁判都可以进行援引，以此达到影响法院法官裁判，作出对被告人有利裁判的结果。

二审辩护词格式与一审相同，本章不再赘述。

四、刑事二审审判流程

刑事二审的审判流程以庭审模拟提纲作为实例说明。

[庭前准备]

书记员在开庭前应依次进行下列工作：

1. 查明诉讼参与人是否到庭。请检察员、辩护人、原审附带民事诉讼原告人及诉讼代理人入庭就座。

2. 宣布法庭纪律（略）。

3. 全体起立，请审判长、审判员入庭。（待审判人员入庭就座后）。

4. 报告审判长，本案检察员、诉讼参与人均已到庭；本案上诉人（抗诉的为原审被告人）已提押到法庭候审室；本案证人也已到庭等候传唤，庭前准备工作就绪，请开庭。

[宣布开庭]

审：（击法槌）现在开庭。

审：传上诉人（原审被告人）×××、×××到庭。审判长分别询问查明上诉人（原审被告人）基本情况（是自诉案件的还应先查明或报告原审自诉人的基本情况）：①姓名、出生年月日、民族、籍贯、文化程度、职业、住址；②是否曾受到过法律处罚和处罚的种类、时间；③被拘留、逮捕的日期（自诉案上诉的不问此项）；④是否收到×××县（区）人民法院的刑事判决书、是否提出上诉（如果是抗诉案件，应问明原审被告人是否收到×××人民检察院的抗诉书，是什么时间收到的）。

审：根据《中华人民共和国刑事诉讼法》的规定，××省××市×××人民法院刑事审判第×庭今天在这里依法公开审理由××县（区）人民法院判决的被告×××上诉的［……］一案（抗诉的为由×××人民检察院提起抗诉的被告人×××［……］一案），本法庭由审判员×××、×××、×××组成合议庭，由×××担任审判长。书记员×××担任法庭记录。××省××人民检察院指派检察员×××、×××依法出庭执行职务（自诉案无此项）；×××律师事务所律师×××出庭为上诉人（抗诉的为原审被告人）×××辩护，×××律师事务所律师×××出庭为上诉人×××辩护（自诉人有代理人的亦应说明）；×××公安局法医××出庭为本案技术问题提供鉴定结论意见。

审：根据《中华人民共和国刑事诉讼法》的有关规定，本案的当事人及诉讼代理人在法庭审理过程中依法享有申请回避的权利，也就是说如果认为合议庭组成人员、检察员、书记员、翻译人员、鉴定人与本案有利害关系，可能影响案件公正审判的，可以提出事实理由申请回避，要求更换有关人员。

审：被害人（自诉人）及附带民事诉讼原告人×××，你听清楚了吗？你是否提出回避申请？（申请回避无理的，应根据事实理由和法律规定予以解释说明并驳回；若回避申请有理且对象是审判人员或检察员的，应宣布休庭，将上诉人带到法庭候审室，并根据回避对象的不同，分别报院长或检察长作出是否准予回避的决定后再行开庭。)

审：根据刑事诉讼法的规定，当事人和辩护人、诉讼代理人有权申请法庭通知新的证人到庭作证，调取新的证据、重新鉴定或者勘验；根据刑事诉讼法的规定，上诉人（原审被告人）除享有上述权利外，还有自行辩护的权利，最后陈述的权利。

审：被害人（自诉人、原审附带民事诉讼原告人）×××，以上诉讼权利你听清楚了吗？

审：被害人（自诉人）的诉讼代理人，以上诉讼权利你听清楚了吗？

审：请鉴定人暂时退庭到休息室等候传唤。

[法庭调查]

审：现在开始法庭调查。由审判员宣读一审判决书（是抗诉案件的，在审判员宣读一审判决书后，还应由检察员宣读抗诉书）。

审：上诉人×××，你的上诉理由是什么？（由上诉人或其辩护人代为宣读上诉状。是抗诉案件的，问清原审被告人对抗诉书听清楚没有？有无意见？）[在共同犯罪中有几个被告人同时上诉的，都应一一询问，或让其陈述上诉理由。若有数个上诉人时，此时审判长应宣布将第一上诉人（原审被告人）留审，将其余上诉人（原审被告人）带到法庭候审室候审。]

审：上诉人（原审被告人）×××，现在你就对一审判决不服而上诉的理由、事实（抗诉案件的为对抗诉书指控你犯×××罪的事实）向法庭如实陈述（略）。

1. 检察员对上诉人（原审被告人）进行讯问；

2. 民事诉讼原告人（被害人）×××有无向上诉人作补充性发问？

3. 原告的诉讼代理人有无向上诉人进行发问的？

4. 辩护人有无发问的？

5. 审判人员认为有必要问清有关问题时，可以自行讯问。

审： 现在由被害人陈述案件经过情况。

审： 检察员有无向被害人询问的？

审： 上诉人（原审被告人）×××，你对被害人的陈述有无意见？

审： 辩护人你对被害人有无询问的？

[**举证质证**]

审： 现在开始当庭举证质证。首先由上诉人×××就上诉的理由（抗诉的为：检察员对指控原审被告人犯××罪的事实和原审判决不当的问题）向法庭提供证据，并说明证据的来源、特征及所要证明的问题。（对证人证言应当庭宣读，对视听资料当庭播放，对物证当庭展示；对需证人出庭作证的，检察员或自诉人应提请法庭予以传唤。举证、质证把握的原则是：①要一事一证、一证一质；②两个以上互不关联、性质不同的犯罪应分别举证、质证；③两个以上行为连续实施，构成两个以上性质不同犯罪如杀人后抢劫的，应同时举证、质证；④多起性质相同的犯罪应同时举证质证；⑤对前一犯罪行为举证、质证完毕后，再按时间顺序对下一犯罪行为进行举证、质证；⑥公诉人出示物证，让上诉人辨认时，可以自行向上诉人询问是否是其作案工具或现场遗留物。）

（当检察员宣读证人证言后。）

审： 上诉人（原审被告人）×××，你对检察员宣读的证人证言听清楚没有？有什么意见？

审： 辩护人有什么意见？

审： 法警，将检察员宣读的证人证言交付法庭。

审： 检察员（自诉案为自诉人）你还有什么证据要提供吗？（如有证言，请宣读，如有物证，请出示。）

（当检察员或自诉人出示物证时。）

1. 法警将检察员（或自诉人）出示的物证让上诉人辨认；

2. 上诉人（原审被告人）×××，这是你作案时所用的工具吗？（根据物证要证明的问题来讯问上诉人）

3. 如是凶器，还应问被害人（自诉人）×××，这是不是上诉人（原审被告人）×××当时作案所用的凶器？

4. 辩护人对检察员或（自诉人）出示的物证有无异议？

5. 法警，请将物证×××交付法庭（置证据台上）。

审： 检察员（自诉人），你还有什么证据或证人提供？〔如有证人时，检察员（自诉人）应提请法庭传唤证人到庭作证〕。

审： 传证人×××到庭（证人到庭后审判长查明证人身份：应询问证人姓名、年龄、住址、职业与本案当事人的关系；告知证人要如实提供证言，有意作伪证或者隐匿罪证应负的法律责任；请证人在保证书上签字。）

审： 证人×××，请你把知道的案件情况向法庭作证。

1. 检察员（自诉人）可以就有关问题向证人发问；

2. （被害人）原告人是否向证人发问？

3. 上诉人（原审被告人）×××，你对证人的证言有无意见？有无发问的？

4. 辩护人有无发问？

5. 请证人退庭。（如对有关鉴定问题予以说明时，检察员还应主动提请法庭传鉴定人到庭）

检察员： 对×××的问题，有鉴定意见加以证明。现提请法庭传鉴定人×××到庭说明情况。

审： 同意。传鉴定人×××到庭。

（鉴定人到庭后，审判长应查明鉴定人身份，询问其姓名、年龄、职业、与当事人及本案有无利害关系；告知鉴定人要如实提供鉴定意见，作虚假鉴定要负的法律责任。）

审：请鉴定人宣读鉴定意见（或鉴定意见书）。

1. 检察员还有无向鉴定人发问的？

2. 被害人及原告对鉴定意见有无意见，有无对鉴定人发问的？

3. 上诉人（原审被告人）×××，对鉴定意见听清楚没有？有无意见、是否对鉴定人发问？

4. 辩护人有无意见，是否发问？

审：请鉴定人退庭。

审：检察员是否还有其他证据当庭宣读、出示？

审：被害人是否有其他证据向法庭提供的？

审：上诉人（原审被告人）×××是否申请通知新的证人到庭，调取新的物证，申请重新鉴定或者勘验？

审：辩护人是否有上述申请？［如是多被告人的，当第一上诉人审完后，审判长应让法警将其带到法庭羁押室暂押，再传第二上诉人到庭审讯，依此类推，其庭审均按庭审第一被告的规范进行；待刑事部分审理完毕后，将同案上诉人（原审被告人）全部传至法庭，再审理民事部分，附带民事诉讼原告人未上诉，无异议的，民事部分可以不再审理。］

审：现在由原审附带民事诉讼原告人和诉讼代理人向法庭提供赔偿请求的证据。

审：上诉人（原审被告人）×××对原告及其诉讼代理人提出的证据有无异议？

［**法庭辩论**］

审：法庭调查结束，现在进行法庭辩论。

1. 由检察员（或自诉人）发言；

2. 由被害人发言；

3. 由上诉人（原审被告人）×××自行辩护；

4. 由上诉人（原审被告人）×××（第二被告人）自行辩护；

5. 现在由上诉人（原审被告人）×××的辩护人发言；

6. 现在由上诉人（原审被告人）×××（第二上诉人）的辩护人发言。

（接着再进行第二轮答辩）

审：上诉人（原审被告人）是否还有新的上诉理由或辩护意见？

审：现在由原审附带民事诉讼原告人（自诉人×××）进行民事辩论发言。

审：由原告（自诉人）的代理人发言。

审：由上诉人（原审被告人）×××答辩（接着再进行第二轮答辩）。

审：现在辩论结束。

1. 由上诉人（原审被告人）×××作最后陈述；

2. 现在由上诉人（原审被告人）×××（第二上诉人）作最后陈述。

审：根据法律规定，民事赔偿可以进行调解。

1. 上诉人（原审被告人）×××你是否愿意赔偿？是否愿意调解？原告（自诉人）要求赔偿的数额能否全部赔偿？

2. 自诉人或自诉人的代理人有什么意见？（若均同意调解，由审判人员依法主持调解，达成协议时）

审：鉴于双方当事人同意就民事部分予以调解，本庭根据本案事实、法律规定和上诉人（原审被告人）或双方当事人责任，进行了当庭调解并达成如下协议：……（略）。上述协议是在自愿、合法的基础上达成的，本庭予以认可，并根据双方的协议制作调解书（当庭履行完毕的可记入笔录，不另制调解书），待双方签收后即发生法律效力。（如果一方不愿调解或调解不成则为）

审：由于当事人一方不同意调解（或双方分歧太大，调解不成），附带民事赔偿将同刑事部分一并判决。

[合议庭评议]

审：现在休庭，由合议庭进行评议（击法槌）。（如当庭不能宣判的，审判长宣布：下次开庭的时间、地点或另行公告。）

审：法警将上诉人（原审被告人）×××、×××带到法庭羁押室看押（自诉案无此项）（合议庭合议后或经审委会讨论后）

[当庭宣判]

审：（击法槌）现在继续开庭。传上诉人（原审被告人）×××、×××到庭。（自诉案件为：传自诉人、上诉人或原审被告人到庭）

审：对上诉人（原审被告人）……一案，本庭在合议时充分考虑了检察员、原告人及诉讼代理人、上诉人（原审被告人）及辩护人的意见，进行了认真的评议并经审判委员会讨论决定，现在宣判：（书记员宣布全体起立）

审：（审判长宣判认定的事实、证据、适用法律的各项依据和判决的结果）

1. 刑事部分理由及结果；

2. 民事部分理由及结果（击法槌）。

审：今天是口头宣判，本判决为终审判决，判决书于闭庭后五日内送达。

审：上诉人（原审被告人）×××、×××对以上判决是否听清？

审：法警将上诉人×××、×××送押看守所（如是改判为缓刑等的，应及时变更强制措施）。（自诉案无此项）

审：现在闭庭（击法槌）。（对自诉案件本规则在表述上是设定为被告人上诉的情况，若是自诉人上诉的案件，在称谓上相应变通，原为自诉人的改称为上诉人，原为上诉人的改称为原审被告人，其他基本相同。）

五、二审刑事判决书

（一）二审刑事判决书概念

二审刑事判决书，是指第二审人民法院根据当事人提起的合法有效的上诉或者人民检察院提起的合法有效的抗诉，依刑事诉讼法规定的第二审程序就原判决或者裁定所认定的事实证据及法律适用是否正确进行评判，并作出评定时所制作的文书。

（二）二审刑事判决书的法律依据

《刑事诉讼法》第 216 条规定，被告人、自诉人和他们的法定代理人，不服地方各级人民法院第一审的判决裁定，有权用书状或口头向上一级人民法院上诉。被告人的辩护人和近亲属，经被告人同意，可以提出上诉，附带民事诉讼的当事人和他们的法定代理人，可以对地方各级人民法院第一审的判决裁定中的附带民事诉讼部分，提出上诉。对被告人的上诉权，不得以任何借口加以剥夺。

《刑事诉讼法》第 217 条规定，地方各级人民检察院认为本级人民法院第一审的判决、裁定确有错误的时候，应当向上一级人民法院提出抗诉。

根据《刑事诉讼法》第 225 条和第 233 条规定："①原判决认定事实和适用法律正确、量刑适当的，应当裁定驳回上诉或者抗诉，维持原判；②原判决认定事实没有错误，但适用法律有错误，或者量刑不当的，应当改判；③原判决事实不清楚或者证据不足的，可以在查清事实后改判；也可以裁定撤销原判，发回原审人民法院重新审判。原审人民法院对于依照前款第 3 项规定发回重新审判的案件作出判决后，被告人提出上诉或者人民检察院提出抗诉的，第二审人民法院应当依法作出判决或者裁定，不得再发回原审人民法院重新审判。""第二审的判决、裁定和最高人民法院的判决、裁定，都是终审的判决、裁定。"

二审刑事判决书是二审人民法院对上诉或抗诉的一审刑事判决进行全面审查的书面结论，第一审判决在认定事实上是否清楚、适用法律是否正确、诉讼程序是否合法等，都要在第二审中进行审查；它纠正一审判决实体部分中的错误，依法准确地惩罚犯罪，保障无罪的人不受刑事追究；它有利于上级人民法院监督和指导下级法院的刑事审判工作，保证办案质量。

（三）结构、内容与制作方法

二审刑事判决书的结构与一审刑事判决书基本相同。它是按公诉案件的被告人提出上诉的模式设计的。如果条件变换，首部各项应作相应调整。

1. 首部。

（1）标题。其写法与一审刑事判决书相同。无需标明审级。

（2）文书编号，即案号的简缩语，其中审判程序的代字为"终"，意为刑事终审，不采用"二"或"上"字，凡第二审程序的各种刑事诉讼文书皆用"终"字。

（3）抗诉方和上诉方的称谓及基本情况。该格式是按公诉案件的被告人提出上诉而设计的，如果条件变换，首部公诉机关和主要诉讼参与人各项应作如下变动：

①公诉案件的具体情形如下：

第一，被告人的辩护人或近亲属经过被告人同意而提出上诉的，上诉人仍为原审被告人，但应将审理经过段中"原审被告人×××不服，提出上诉"一句改为"原审被告人×××的近亲属（或者辩护人）×××经征得原审被告人×××同意，提出上诉"。被害人及其法定代理人请求人民检察院提出抗诉，检察院根据《刑事诉讼法》第218条规定决定抗诉的，应在审理经过段中的"原审被告人×××不服，提出上诉"一句之后，续写"被害人（或者

其法定代理人）×××不服，请求×××人民检察院提出抗诉。×
××人民检察院决定并于××××年××月××日向本院提出抗
诉"。

第二，检察机关提出抗诉的，写明："抗诉机关×××人民检
察院。原审被告人……。辩护人……。"如果在同一案件中，既有
被告人上诉，又有检察机关抗诉的，其表述顺序为："抗诉机关×
××人民检察院。上诉人（原审被告人）……。辩护人……。"

②自诉案件的具体情形如下：

第一，自诉人提出上诉的，表述顺序为："上诉人（原审自诉
人）……。原审被告人……。"

第二，被告人提出上诉的，表述顺序为："上诉人（原审被告
人）……。原审自诉人……。"

第三，自诉人和被告人均提出上诉的，表述为："上诉人（原
审自诉人）……。上诉人（原审被告人）……。"

如果自诉人有诉讼代理人，被告人有辩护人的，应分别在各自
的项下增写"诉讼代理人"项或"辩护人"项。

第四，如果自诉人、被告人系未成年人，其法定代理人或指定
代理人提出上诉的，仍称"上诉人"并括注其与被代理人的关系，
随后续写被代理人、"原审自诉人"项或"原审被告人"项。

另外，共同犯罪案件的数个被告人中，有的上诉，有的不上诉
的，前面列写提出上诉的"上诉人（原审被告人）"项，后面续写
未提出上诉的"原审被告人"项。

上述主要参与人的基本情况与第一审刑事判决书相同，即上诉
人为原审被告人、原审自诉人、指定代理人（法定代理人）的，写
法同于一审刑事判决书中的被告人、自诉人、指定代理人（法定代
理人）的要求，辩护人、委托代理人写法亦如是。

对于第二审人民法院未开庭审理的，在本院依法组成合议庭之

后，将"公开开庭审理了本案"，改写为"经过阅卷，讯问被告人、听取其他当事人、辩护人、诉讼代理人的意见，认为事实清楚，决定不开庭审理。"

（4）案件由来和审判经过。主要写明不服原判提出上诉或者抗诉后第二审法院依法进行审理的经过。这一部分包括以下内容：罪名，案件来源（上诉或抗诉），原判情况，上诉或抗诉原因和审判组织、审判方式及到庭诉讼参与人。

①由当事人提出上诉的，可写成："×××人民法院审理被告人……（写明姓名和案由）一案，于××××年×月×日作出（年度）×刑初字第××号刑事判决。被告人×××不服，提出上诉。本院依法组成合议庭，公开（或不公开）开庭审理了本案。×××人民检察院检察长（或员）×××出庭支持公诉，上诉人（原审被告人）×××及其辩护人×××、证人×××等到庭参加诉讼，本案现已审理终结。"（未开庭的这样写："本院依法组成合议庭审理了本案，现已审理终结。"）

②由检察机关提出抗诉的，可写成："×××人民法院审理被告人……（写明姓名和案由）一案，于××××年×月×日作出（年度）×刑初字第××号刑事判决。×××人民检察院（原审同级检察院）认为……（判决不当的主要之点）提出抗诉。本院依法组成合议庭，公开（或不公开）开庭审理了本案。×××人民检察院（上诉审法院的同级检察院）检察长（员）出庭支持抗诉，原审被告人及其辩护人×××，证人×××等到庭参加诉讼。本案现已审理终结"。（未开庭的写法同前）

至于其他诸种情况，比如检察院抗诉、被告人又上诉的，自诉人上诉的，自诉案件被告人上诉的，被告人的辩护人或近亲属经被告人同意提出上诉的，被告人的法定或指定代理人提出上诉的等等，可以比照以上两种列出的方式、结构，根据实际情况来叙写。

2. 正文。二审刑事判决书的正文部分，也包括事实、理由和判决结果三部分。第二审刑事判决书在认定事实、阐述理由时，与一审判决书不同，它力求全面性和有针对性。但是，第二审判决与第一审判决具有不可分割的联系，第二审法院应当以上诉、抗诉和人民检察院在二审中提出的问题为重点，对第一审判决的内容进行全面审查。因此，二审刑事判决书行文时，既要针对上诉或者抗诉的主要事实和理由，又要针对原审判决有重点地叙事论理。

（1）事实。二审刑事判决书的事实部分应写明两项内容：一是概述一审判决的基本内容，上诉、辩护的主要意见及检察院在二审中提出的新意见。二是另起一段写明二审查明认定的事实，同时还要分析确认原判认定的事实及情节哪些是正确的，哪些是错误的，正确的予以肯定，错误的予以否定。如果上诉人辩护人对事实提出异议，也应予重点分析答复。

需要明确的是二审刑事判决书所叙述的事实，不能按一审刑事判决书认定的事实照搬，而是第二审人民法院全面审查后认定的事实和证据，不受上诉（或抗诉）范围的限制。二审刑事判决书事实的具体写法有以下三种：

①概括式叙述，如果上诉主体对原审法院认定的事实没有异议，而仅对定罪量刑或适用法律不服提起上诉或抗诉，针对这种情况事实部分就应概括叙述，着重写明与定罪量刑、适用法律有关的重要情节即可。

②详细式叙述，如果上诉人或抗诉机关对原审法院认定的事实完全不服，而二审法院审理后认同并肯定原审认定的事实的，就应当有针对性地就二审认定的事实进行详细地叙述，并写出肯定原判认定事实的理由和根据，切忌照搬一审认定的事实，这是需要特别注意的。

③半详半略式叙述，如果上诉人或抗诉机关对原审认定的事实

部分承认，部分否认，二审应就无争议的事实予以概略叙述，而对于有争议的事实详细叙述，并针对上诉抗诉主体否定的部分事实是否有根据表明二审法院的观点。

采用何种方法叙述二审法院认定的事实，应根据上述三种情况来决定。

（2）理由。二审判决是对一审判决进行全面审查后作出的终审判决，该判决是决定被告人命运的裁判。因此，无论是维持原判或是予以改判，阐明二审法院的观点都是必须，只有这样才能据理下判，折服当事人。在这一部分应针对上诉人（或抗诉机关）的理由，以二审查明的事实和有关法律为依据，进行充分的分析、论证，确认原审被告人是否犯罪，犯什么罪，应否从宽或从严处理。对于上诉人（或抗诉机关）提出的经审查认定正确的理由要予以肯定，错误的予以否定；对于原审判决正确的应当维持，错误的应纠正，指明其错误之处。理由的论述要公允、公正，于法有据，同时还要注意论证要有针对性，切忌泛泛而论。此外还须保持事实、理由、判决三者的一致性，不要前后矛盾。如何阐述可根据下列情况酌情决定：

①如果上诉人（或抗诉机关）认为原审法院适用法律不正确或量刑畸轻畸重，二审判决书的理由应阐明支持或否定上诉人（或抗诉机关）的具体道理。如果二审法院认为原审法院适用法律正确、量刑适当，则应肯定原审法院判决的正确，对上诉或抗诉理由进行批驳；若二审法院认为原法院确属适用法律不当，量刑畸轻畸重，就必须指明其不当之处并阐明改判的理由。

②如果上诉人（或抗诉机关）认为原审法院认定的事实有部分错误，二审判决书的理由则应紧紧针对这部分事实，根据查明的事实，获取的证据阐明是肯定这部分事实还是否定这部分事实的道理。

③如果上诉人（或抗诉机关）认为原审法院认定的事实不准，同时适用法律亦不当，二审判决书的理由需要分别阐明认定事实是否准确，适用法律是否得当的道理。阐述应注意论证的条理性，分项阐明，不要将二者混在一起论述。理由写完之后，还应写明判决适用的法律。在文字上可作如下表述：为此，依照《中华人民共和国×××法》第××条的规定判决如下……

（3）判决结果。由于二审刑事判决只适用于改判，有以下两种写法：

第一种全部改判的，表述为："一、撤销×××人民法院［年度］×刑初字第×号刑事判决。二、上诉人（原审被告人）×××（写明改判的内容）。"

第二种部分改判的，表述为："一、维持×××人民法院［年度］×刑初字第×号刑事判决的第×项，即（写明维持的具体内容）。二、撤销×××人民法院［年度］×刑初字第×号刑事判决的第×项，即（写明撤销的具体内容）。三、上诉人（原审被告人）×××（写明部分改判的具体内容）。"

3. 尾部。写明两项内容：判决结果之后另起一行写"本判决为终审判决"。右下角由审判人员署名，注明日期，加盖院印。再下由书记员署名，如系判决书正本、副本在日期左方空处加盖"本件与原本核对无异"蓝戳。

（四）注意事项

1. 二审刑事判决书由于自身的特点，其首部、事实、理由、判决结果、尾部都具有不同的针对性。

2. 数罪并罚的案件，原判如有一个罪名定得不当，应当将其定罪量刑部分全部撤销，再写改判的罪名和刑罚。

3. 掌握好详与略的关系，对各方意见分歧的问题要详写，对没有异议的地方可以一带而过；对原判决的基本内容，可作概括叙述，而在甄别事实与阐述理由时，应有重点地分析论证。

4. 叙述原判的基本内容，上诉辩护的主要意见及检察院在二审中提出的新意见要注意避免与法院查明认定事实文字上出现不必要的重复，以免造成表述的拖沓、冗赘。

5. 二审判决书的制作机关如果是高级法院，改判的结果中有判处死刑的被告人的，应依照《刑事诉讼法》第236条第2款的规定，由于判决并未发生效力，故在判决结果下方写："本判决由本院依法报送最高人民法院核准"，不写"本判决为终审判决"。

6. 第二审人民法院审理上诉、抗诉案件的判决结果是在法定刑以下判处刑罚，并且依法应当报请最高人民法院核准的，在尾部写明："本判决报请最高人民法院核准后生效"。

7. 署名要签署合议庭组成人员的名称。

（五）文书格式（二审改判用）

××人民法院
刑事判决书

（××××）×刑终字第××号

原公诉机关×××人民检察院。

上诉人（原审被告人）……（写明姓名、性别、出生年月日、民族、籍贯、职业或工作单位和职务、住址和因本案所受强制措施情况等，现在何处）。

辩护人……（写明姓名、性别、工作单位和职务）。

×××人民法院审理×××人民检察院指控原审被告人……（写明姓名和案由）一案，于××××年××月××日作出（××××）×刑初字第××号刑事判决。被告人×××不服，提出上诉。本院依法组成合议庭，公开（不公开）开庭审理了本案。×××人民检察院检察长（员）×××出庭支持公诉，上诉人（原审被告人）×××及其辩护人×××、证人×××等到庭参加诉讼。本案现已审理终结（未开庭的改为："本院依法组成合议庭审理了本案，现已审理终结"）。

……（首先概述原判决的基本内容，其次写明上诉、辩护的主要意见，再次写明检察院在二审中提出的新意见）。

经审理查明，……（写明原判决认定的事实、情节，哪些是正确的或者全部是正确的，通过分析主要证据加以确认；哪些是错误的或全部是错误的，否定的理由有哪些。如果上诉、辩护等对事实、情节提出异议，应予重点分析答复）。

本院认为，……〔根据二审确认的事实、情节和有关法律规定，论证原审被告人是否犯罪，犯什么罪（一案多人的还应分清各被告人的地位、作用和刑事责任），应否从宽或从严处理。指出原判决的定罪量刑哪些正确、哪些错误，或者全部错误。对于上诉、辩护等关于适用法律、定罪量刑方面的意见和理由，应当有分析地表示采纳或者予以批驳〕。依照……（写明判决所依据的法律条款项）的规定，判决如下：

……〔写明判决结果。分两种情况：

第一，全部改判的，表述为：

"一、撤销×××人民法院（××××）×刑初字第××号刑事判决；

二、上诉人（原审被告人）×××……（写明改判的内容）。"

第二，部分改判的，表述为：

"一、维持×××人民法院（××××）×刑初字第××号刑事判决的第×项，即……（写明维持的具体内容）；

二、撤销×××人民法院（××××）×刑初字第××号刑事判决的第×项，即……（写明撤销的具体内容）；

三、上诉人（原审被告人）×××……（写明部分改判的内容）。"〕

本判决为终审判决。

审判长　×××

审判员　×××

审判员　×××

××××年××月××日

（院印）

本件与原本核对无异

书记员　×××

六、二审刑事裁定书

（一）二审刑事裁定书的概念

二审刑事裁定书，是第二审人民法院依照《刑事诉讼法》规定的第二审程序，在审理上诉或者抗诉案件过程中，就有关诉讼程序问题和实体问题作出的书面决定。

（二）二审刑事裁定书的法律依据

根据《刑事诉讼法》第225条第1款第1、3项和第227、229条规定，使用裁定的情形有四种：

1. 原判决认定事实和适用法律正确、量刑适当的，应当裁定驳回上诉或者抗诉，维持原判。

2. 原判决事实不清楚或者证据不足的，可以在查清事实后改判，也可以裁定撤销原判，发回原审人民法院重新审判。

3. 第二审人民法院发现第一审人民法院的审理有违反法律规定的诉讼程序的应当裁定撤销原判，发回原审人民法院重新审判，具体包括：违反本法有关公开审判的规定的；违反回避制度的；剥夺或者限制当事人的法定诉讼权利，可能影响公正审判的；审判组织的组成不合法的；其他违反法律规定的诉讼程序，可能影响公正审判的。

4. 第二审人民法院对不服第一审裁定的上诉或者抗诉，经过审查后，应当参照《刑事诉讼法》第225、227条和第228条的规定，分别情形用裁定驳回上诉、抗诉，或者撤销、变更原裁定。

（三）二审刑事裁定书的结构、内容和写作方法

二审刑事裁定书的首部和尾部与二审刑事判决书相同，但是正文不同。以下仅就正文部分进行阐述：

1. 事实。

（1）对原审法院判决认定的事实、证据、理由和判决结果进行概述。

（2）对上诉（抗诉）的主要理由和辩护的意见进行归纳概述。然后，概述人民检察院在第二审中提出的新公诉意见。

（3）写明经第二审法院审理查明的事实、据以定案的证据，并针对上诉理由中与原判认定的事实、证据有异议的问题进行分析、认证。驳回上诉的裁定，由于原判认定事实没有错误，因此，在叙述事实时，为了避免不必要的重复，重点叙述原判认定的事实和证据，而对二审查明的事实可以概括叙述，但对涉及定罪量刑的关键性的事实，则应当叙述清楚。

2. 理由。应当针对上诉（抗诉）所持的主要理由进行分析、论证。根据二审查明的事实、证据和有关法律规定，重点阐明原审法院的判决在认定事实和适用法律上为什么是正确的，上诉或者抗诉的理由为什么不能成立。对于上诉人、辩护人或者出庭履行职务或者支持抗诉的检察人员在适用法律和定性处理方面的意见，应当逐一进行回答，说明不予采纳的理由。为了增强说服力，驳回的理由应当具体、充分。一般可采取逐点论述的方法，这样层次清楚，

说服力强；也可以综合上诉、抗诉意见，重点加以论述。但不论采取哪种方法，驳回上诉的理由都要实事求是，是非、罪责分明，有理有据，恰如其分，做到以理服人，以法服人；文字上力求写得概括、精练、注意分寸。同时，写明维持原判的法律依据。

3. 裁定结果。依照《刑事诉讼法》第 225 条第 1、3 项和第 227、229 条的规定和修订样式的要求，裁定结果应当写明："驳回上诉（或者抗诉），维持原判。"或者针对一审裁定的上诉采取"裁定驳回上诉、抗诉，或者撤销、变更原裁定"。对于发回重审的第二审刑事裁定书的内容和制作方法，由于发回重审的裁定只解决程序问题，第二审法院并没有对案件的实体问题作出处理，因此，在制作文书上的一个重要特点，是不需要具体叙述原判认定的事实、证据、理由和上诉、抗诉的意见、理由，只需在首部案件的由来段用最精练的文字，写明"以……为由"，提出上诉或者抗诉即可。在裁定书的正文部分，则原则上应当具体写明发回重审的理由及其法律依据。如果认为原判决事实不清或者证据不足，需要发回原审法院进一步查证的，除特殊情况外，应当具体、明确地指出原判哪些事实、证据需要继续查清。如果认为一审严重违反法律规定的诉讼程序而需要发回原审法院重新审判的，应当具体写明原审法院违反了《刑事诉讼法》第 227 条第×项之规定。裁定结果部分应当分两行写明："一、撤销×××人民法院（××××）×刑初字第×号刑事判决；二、发回×××人民法院重新审判。"

（四）制作二审刑事裁定书应当注意的问题

1. 刑事附带民事诉讼案件，对于只对第一审刑事附带民事判决中的附带民事部分判决不服提出上诉或者抗诉，第二审裁判结果是驳回上诉或者抗诉，维持原判的，文书名称仍应使用"刑事附带民事裁定书"，而不应使用"刑事裁定书"。

2. 被判处死刑缓期二年执行的罪犯，在死刑缓期执行期间，因故意犯罪，第一审人民法院作出认定构成故意犯罪的判决后，该罪犯不服提出上诉，第二审人民法院经过审理，确认一审判决正确，应当核准执行死刑，剥夺政治权利终身，因而裁定驳回上诉，维持原判的，应当在裁定书尾部写明："本裁定依法报请最高人民法院核准"。

3. 第二审人民法院审理上诉、抗诉案件的裁定结果如果是在法定刑以下判处刑罚，依法应当报请最高人民法院核准的，裁定书尾部则应当表述为："依照《中华人民共和国刑法》第六十三条第二款的规定，本裁定报经最高人民法院核准后生效。"

4. 第二审裁定结果的表述应当规范化。发回重审的裁定原则上应当具体写明发回重审的理由。

（五）文书格式（二审维持原判决用）

×××人民法院
刑事裁定书
（××××）×刑终字第××号

原公诉机关×××人民检察院。

上诉人（原审被告人）……（写明姓名、性别、出生年月日、民族、籍贯、职业或工作单位和职务、住址和因本案所受强制措施情况等，现在何处）。

辩护人……（写明姓名、性别、工作单位和职务）。

×××人民法院审理被告人……（写明姓名和案由）一案，于××××年××月××日作出（××××）×刑初字第××号刑事判决。被告人×××不服，提出上诉。本院依法组成合议庭，公开（不公开）开庭审理了本案。×××人民检察院检察长（员）×××出庭支持公诉，上诉人（原审被告人）×××及其辩护人×××、证人×××等到庭参加诉讼。本案现已审理终结（未开庭的改为："本院依法组成合议庭审理了本案，现已审理终结"）。

……（首先概述原判决的基本内容，其次写明上诉、辩护的主要意见，再次写明检察院在二审提出的新意见）。

经审理查明，……（肯定原判决认定的事实、情节是正确的，证据确凿、充分。如果上诉、辩护等对事实、情节提出异议，应予重点分析否定）。

本院认为，……（根据二审确认的事实、情节和有关法律规定，分析、批驳上诉、辩护等对原判决定罪量刑方面的主要意见和理由，论证原审判决结果的正确性）。依照……（写明裁定所依据的法律条款项）的规定，裁定如下：

驳回上诉，维持原判。

本裁定为终审裁定。

审判长　×××

审判员　×××

审判员　×××

××××年××月××日

（院印）

本件与原本核对无异

书记员　×××

第八章

民事一审攻防与审判

一、民事庭审概述

民事庭审是当事人和其他诉讼参与人在法官指挥下，依照法定形式和程序，在法庭上对民事案件进行实体审理的诉讼活动。庭审是民事诉讼活动的核心。民事诉讼围绕庭审设置了一系列的原则和制度，其目的就是要保证民事诉讼结果的公正性，实现司法正义。

民事诉讼程序与刑事诉讼程序相比较，由于解决的是平等主体间的纠纷，除法院以外，其他公权力的介入是有限的。因此，在程序设计之初，就体现出较强的对抗性，原被告双方在起诉、审判的各个环节都有较强的参与性，律师在诉讼中发挥技巧的空间是较大的。

二、原告方技能训练与规则

（一）起诉规则

1. 起诉的主体条件。

（1）原告是与本案有直接利害关系的公民、法人和其他组织。可以分为两种类型：一是，基于事实上的利害关系而形成的原告，即原告本身就是权利主体。二是，基于法律上的利害关系而形成的原告，即原告本身不是权利主体。

（2）被告是明确的公民、法人和其他组织。原告提供被告的姓名或者名称、住所等信息具体明确，足以使被告与他人相区别的，可以认定为有明确的被告。起诉状列写被告信息不足以认定明确的被告的，人民法院可以告知原告补正。原告补正后仍不能确定明确的被告的，人民法院裁定不予受理。

2. 起诉的事实和法律条件：有具体的诉讼请求和事实、理由。

（1）"具体的诉讼请求"，是指原告要求人民法院予以保护的民事权益的具体内容和范围，也就是原告通过法院向被告提出的诉的内容的具体体现，即实体方面的明确要求。

（2）"事实"，是指原告向人民法院提起的引起民事法律关系产生、变更、消灭的事件或者行为，以及民事法律关系产生、变更、消灭的原因、经过和结果。

（3）"理由"，是指对上述事实认定的分析及其法律依据，这里的法律既包括实体法，也包括程序法；既包括法律，也包括行政法规和规章、地方性法规、司法解释、立法解释、行政解释等各种法律渊源。

3. 起诉的法院条件：属于人民法院受理民事诉讼的范围和受诉人民法院管辖。不属于人民法院主管的案件，当事人便不能向人民法院提起诉讼，即使向人民法院提出，人民法院也不予受理。

4. 起诉的形式要件：即原告需提交书面起诉状、预交案件受理费，但存在特殊情形下的问题特殊对待，具有可变通性，并非所有案件都必须具备。

5. 起诉的消极要件：①依照行政诉讼法的规定，属于行政诉讼受案范围的，告知原告提起行政诉讼；②依照法律规定，双方当事人达成书面仲裁协议申请仲裁、不得向人民法院起诉的，告知原告向仲裁机构申请仲裁；③依照法律规定，应当由其他机关处理的争议，告知原告向有关机关申请解决；④对不属于本院管辖的案件，告知原告向有管辖权的人民法院起诉；⑤对判决、裁定、调解书已经发生法律效力的案件，当事人又起诉的，告知原告申请再审，但人民法院准许撤诉的裁定除外；⑥依照法律规定，在一定期限内不得起诉的案件，在不得起诉的期限内起诉的，不予受理；⑦判决不准离婚和调解和好的离婚案件，判决、调解维持收养关系的案件，没有新情况、新理由，原告在 6 个月内又起诉的，不予受理。

（二）民事起诉状

1. 民事起诉状的概念。民事起诉状是指公民、法人和其他组织，认为自己的民事权益受到侵害或者与他人发生了争议，以自己的名义，请求人民法院通过审判给予法律保护而制作的文书。

2. 民事起诉状的内容和制作方法。民事起诉状由首部、正文和尾部组成。

（1）首部。应当依次写明：

①文书标题，即"民事起诉状"。

②当事人的基本情况，应写明原告和被告的姓名、性别、出生年月日、民族、职业、工作单位和住址。原告是无民事行为能力人或者限制民事行为能力人的，应当在原告项下写明法定代理人的姓名、性别、出生年月日、职业、工作单位及其与原告的关系。当事人是法人或者其他组织的，应当写明法人或者其他组织的名称、所在地址和法定代表人或者主要负责人的姓名、职务。

不能将"原告"表述为"原告人"。如果案件中有多个原告，不得使用"原告一"、"原告二"的表述方式，而应当通过简称进行区分。在民事起诉状中不得将"被告"表述为"被告人"如果案件中有多个被告，不得使用"被告一"、"被告二"的表述方式，而应当通过简称进行区分。

民事起诉状中，原告和被告的名称应与法定名称相符。原告或被告为自然人的，其姓名应当与其身份证上的姓名一致。原告或被告为单位的，其名称应当与企业法人营业执照或组织机构代码证上记载的名称一致。

审查确定原被告名称时，应当注意区分在证据上使用的名称，印章中体现的名称以及法定名称。三者间存在不一致的，应当提供相应的依据，以确认证据上或印章中体现的民事主体，与本案的原告或被告属于同一民事主体。

应当按如下方式获得原告与被告的有效联系方式：要求当事人提供原告与被告的有效联系方式，以便备注在民事起诉状中；如果原告无法提供被告的联系方式，代理律师应当通过合法渠道进行查询。被告是自然人的，可以通过公安机关查询；被告是单位的，可以通过工商登记机关或其他相关机关查询，或者通过其官方网站及网络上的搜索引擎查询线索；无论通过何种方式获得的联系电话，均须通过现场拨打的方式进行校验，以保证其有效性；如果确实无法确定联系方式的，代理律师应当向委托人告知由此可能产生的后果。

原告或被告如果需要使用简称的，应当在"事实和理由"部分第一次出现时设置简称。简称应当注明在全称后面的括号内。简称的设置格式为："全称＋（以下简称'简称'）"。简称一旦确定后，应当统一使用，不得改变。

（2）正文。应当依次写明以下内容：

①诉讼请求，写明请求人民法院解决民事权益的具体事项。具体事项要写得明确、具体；有多项请求的，最好分项表述。诉讼请求的表述必须准确，没有歧义。表述诉讼请求时，所使用的方式及名词应当与法律规定和所依据的证据保持一致。

民事诉讼诉的种类有三种，针对给付之诉，应当明确给付标的物的名称、范围、数量及品质等；对于确认之诉来讲，应当明确确认权利的范围；对于变更之诉来讲，应当明确变更权利的对象。三种类型的诉，只有给付之诉具有可执行性，因此，在撰写民事起诉状时，应当对诉讼请求的可执行性进行论证和审查，确保诉讼请求被判决支持后具有可执行性。

针对利息或违约金的诉讼请求，按如下情形分别表述为：

如果有约定利息或违约金标准的，表述为：以×为本金，按合同约定的×标准，自×年×月×日计算至被告实际还清之日止，现暂计算至×年×月×日，计×元。

如果没有约定利息或违约金标准的，需要按法定的利率标准计算的，表述为：以×为本金，按中国人民银行公布的金融机构同类同期贷款基准利率，自×年×月×日计算至被告实际还清之日止，现暂计算至×年×月×日，计×元。

②事实，写明双方产生民事法律关系的时间、民事法律关系的主要内容、发生纠纷的原因、经过和现状；侵权纠纷应写明侵权人实施侵权行为的时间、经过、情节和造成的损害后果。叙述事实要实事求是。事实和理由应当围绕诉讼请求进行组织。民事起诉状选定的事实和理由应当以促成诉讼请求成立为目标。民事起诉状中陈述每个事实应当与证据清单中每份证据确定的证明对象一一对应。如果民事起诉状中陈述的事实，证据清单中没有证据与之对应，代理律师应当向委托人披露并告知可能存在的风险。

常见类型案件事实的表述技巧：

因意定之债提起的诉讼，民事起诉状应当按以下顺序陈述案件事实：原被告双方的诉讼主体及民事主体的情况，双方涉及的交易中的法律地位；原被告双方达成协议的情况，以及协议的内容，对与本案有关的协议条款，应当全文摘录；原被告双方履行合同的情况，被告违约的事实；因被告违约而给原告造成损失的情况及其他需要陈述的事实。

因法定之债提起的诉讼，民事起诉状应按以下顺序陈述案件事实：原被告双方的诉讼主体及民事主体的情况；陈述形成该法定之债所需要的全部要件事实；因被告原因导致原告的损失情况，或权利受到损害、妨害、妨碍的情况以及其他需要陈述的事实。

基于物上请求权或类似权利而提起的诉讼，应当按如下顺序陈述案件事实：原被告双方的诉讼主体及民事主体的情况；取得涉案权利的主要事实；涉案权利的现状，以及被限制、损害、妨害、妨碍的事实以及其他需要陈述的事实。

③理由，写明起诉人对纠纷或者争议以及是非责任的看法，提出支持其诉讼请求的法律依据。叙述理由应当讲理讲法。

④证据和证据来源，证人姓名和住址。具体书写应当分条写清，并注明该项证据要证明哪一问题或者哪一事实。

（3）尾部依次写明：①致送人民法院的名称；②民事起诉状副本的份数；③起诉人签名或者盖章；④起诉日期。

应当注意的问题：一是受诉法院名称应当为全称，不得使用简称。二是具状人应当使用全称，不得使用简称。三是具状人为自然人的，应当由具状人本人签名并加按手印。如果具状人是单位的，应当加盖单位公章并由单位法定代表人或负责人签名或盖章。

3. 律师制作民事起诉状需要注意的问题。

（1）写民事起诉状前，应当先确定案件涉及的基础法律关系、案由以及请求权基础，并据此展开民事起诉状撰写的准备工作。应当查询和确认委托人及被告的基本信息，保证民事起诉状中列明的当事人的基本情况真实、准确、有效。

（2）对委托人提供的证据及可证明的事实进行全面分析，并依据案件需要选定提交法院的证据并制作证据清单。拟提交法院的证据和证据清单确定后，再撰写民事起诉状。民事起诉状内容初步确定后，应当再与拟提交法院的证据清单和证据进行比对，以保证民事起诉状所记载的事项和所提交的证据相一致。

（3）就案件涉及的法律适用问题，应当进行相应的法律检索。检索的范围：案件可能涉及的相关法律规定、司法解释、司法政策以及案例；最高人民法院发布的指导性案例；最高人民法院公报登载的案例；最高人民法院民一庭在《民事审判指导与参考》和民二庭在《商事审判指导》，以及各类审判指导与参考中登载的裁判观点与实例；拟受案法院及上级法院、再审法院对案件所涉法律问题的司法政策、裁判观点与实例；其他有关法律适用方面的文件资料对案件涉及的事实问题和法律问题充分论证后，再行撰写和确定民事起诉状。

（4）文书撰写完毕后应当对民事起诉状的内容进行反自认审查。如果有自认情况的出现，应当评估诉讼风险。

4. 民事起诉状格式（公民提起民事、行政诉讼用）。

起诉状

原告×××，……。

被告×××，……。

诉讼请求

事实与理由

证据和证据来源，证人姓名和住址

此致

××人民法院

附：本诉状副本××份。

具状人：×××

×××年××月××日

（三）民事一审原告代理词

1. 民事案件代理词的概念。民事案件代理词，是指民事诉讼代理人依据《民事诉讼法》的规定，在接受民事案件当事人及其法定代理人的委托下，参与民事诉讼活动中，在法庭辩论阶段针对法庭调查、举证、质证情况，就案件的事实和法律适用问题所发表的综合性代理意见。民事案件代理词的作用是维护当事人的合法权益，协助人民法院查明案件事实并作出公正的处理。因此，律师作为民事案件诉讼代理人应当非常重视民事案件代理词的制作。按照委托人在具体诉讼中的地位不同，民事案件代理词可分为原告代理词、被告代理词和第三人代理词。按照审级的不同又可分为一审代理词、二审代理词和再审代理词以及在执行阶段还有执行代理意见。由于当事人在诉讼中所处的地位不同，决定了律师担任不同对象的当事人的代理人所发表的代理词在内容和特点上有所不同。律师应当根据案件具体情况有针对性地拟定代理词。

2. 民事案件代理词的结构、内容和写作方法。民事案件代理词也分为首部、正文和尾部三部分。

（1）首部。包括标题、称呼语和引言。格式与刑事代理词相同。引言由开场白和三个定式性内容组成。开场白视合议庭组成人员的具体情况来确定，分为"审判长、审判员"、"审判员、陪审员"等。三个定式性内容为：①简要说明代理律师出庭代理所依据的法律规定，接受案件哪方当事人委托参加诉讼；②说明代理权限，简述开庭前准备工作概况；③概括对案件的基本看法。例如：×××律师代理×××诉某医院医疗事故赔偿案代理词的引言是这样写的："审判长、审判员：我接受本案原告人×××的委托，依据《民事诉讼法》的有关规定，担任×××诉某医院医疗事故赔偿案的诉讼代理人。出庭前，我认真查阅了本案的卷宗材料，走访了××市著名的医学专家，并与被代理人进行了多次交谈。现就本案的事实、要求赔偿的理由以及法律适用等问题，发表如下代理意见，请合议庭充分予以考虑。"

（2）正文。正文包括代理意见和结论两部分。

①代理意见。律师根据代理的对象不同，在具体的案件中，依据事实和法律，详细地、完整地论述具体的代理意见。

一审原告代理词的内容有三个方面：一是围绕原告起诉时所依据的基本事实和证据加以论述。二是强调原告诉讼请求内容的合法性。原告围绕其诉讼请求的内容陈述事实，提供证据。作为原告的诉讼代理人有义务从法律上针对原告诉讼请求的内容，论证原告诉讼请求内容的合法性，并根据具体的案情引用有关法律规定。原告的诉讼请求只有在合法的前提下才能得到法律保护。三是针对被告答辩发表代理意见。被告针对原告的起诉，在事实和证据上常常会表示不同的意见。作为原告的诉讼代理人在代理词中应对被告答辩意见作出反应，依据事实和法律对不正确的地方加以驳斥。

②结论。结论是对上述代理意见所作的概括和归纳，应当简明。

（3）尾部。注明律师事务所名称和承办律师的姓名以及代理意见发表的日期。

3. 文书格式。

代理词

审判长、审判员（或人民陪审员）：

　　根据《民事诉讼法》第××条之规定，××律师事务所接受本案当事人的委托，并指派我担任本案当事人××的诉讼代理人。接受委托之后，本诉讼代理人进行了阅卷并进行了全面调查，今天又参加了庭审，对于该案有了较为全面的了解。

　　根据法律和事实，本诉讼代理人发表如下代理意见，请合议庭在合议时能予以考虑：

一、……

二、……

综上所述，代理人认为，为了维护当事人的合法权益，请合议庭依法公正判决。

×× 律师事务所律师：××

× 年 × 月 × 日

三、被告方技能训练与规则

（一）被告反诉的条件

提起反诉，须具备以下条件：

（1）由本诉的被告向本诉的原告提出，此为主体的特定性。

（2）反诉与本诉的诉讼请求基于相同法律关系、诉讼请求之间具有因果关系，或者反诉与本诉的诉讼请求基于相同事实的，人民法院应当合并审理。提起反诉的目的是在于要抵消或吞并本诉原告的诉讼请求。

（3）须在本诉进行中提出反诉。根据 2015 年实施的《民诉解释》第 232 条的规定，应当在案件受理后，法庭辩论结束前提出。

（4）须向受理本诉的法院提出，且受诉法院对反诉有管辖权。反诉应由其他人民法院专属管辖，或者与本诉的诉讼标的及诉讼请求所依据的事实、理由无关联的，不予受理，告知另行起诉。

（5）须适用同一诉讼程序。如果本诉适用了简易程序，而反诉应当适用普通程序的，则不能提起反诉。

（二）民事反诉状

1. 首部。

（1）标题。居中写明"民事反诉状"。

（2）当事人的基本情况。反诉原告（本诉被告）的姓名、性别、年龄、民族、职业、工作单位、住所、联系方式，法人或者其他组织的名称、住所和法定代表人或者主要负责人的姓名、职务、联系方式。反诉被告（本诉原告）的姓名、性别、工作单位、住所等信息，法人或者其他组织的名称、住所等信息。如果反诉原告或被反诉被告是法人或其他组织的，应写明其名称和所在地址，以及法定代表人（或主要负责人）的姓名和职务。

2. 正文。

（1）反诉请求。反诉请求要写清楚具体主张和要求，如果不止一项，则分项写出。具体要求可参照民事起诉状的要求来写。

（2）事实部分。应写明与本诉同一的和相关联的事实，写明事实、原因和经过，重点写明被反诉人的侵权或违约行为。

（3）理由部分。应根据自己陈述的事实和有关法律，阐明反诉人对本案的性质、被反诉人的责任以及如何解决纠纷的意见。

（4）证据。写明向人民法院提供的能够证明反诉请求的证据的名称、件数，并写明证据来源。有证人的，应写明证人的姓名和住址。反诉状要反驳原告的起诉，所以举出证据，说明真相，尤为重要。

3. 尾部。①致送人民法院的名称；②反诉人签名；③反诉时间；④本反诉状副本份数。反诉状副本份数应按被反诉人的人数提交。

4. 民事反诉状格式。

民事反诉状

反诉原告（本诉被告）：

反诉被告（本诉原告）：

反诉请求：

事实与理由：

此致

××市××区人民法院

反诉人：

年　月　日

附：反诉状副本 1 份。

（三）被告答辩

答辩是被告针对原告的起诉所做的防御性诉讼活动。因此，应当针对原告起诉从事实和证据、法律关系、法律适用、逻辑推理和诉讼程序等方面找出原告起诉的错误进行反驳。

1. 答辩的时间。根据《民事诉讼法》第 125 条规定，人民法院应当在立案之日起 5 日内将起诉状副本发送被告，被告应当在收到之日起 15 日内提出答辩状。答辩状应当记明被告的姓名、性别、年龄、民族、职业、工作单位、住所、联系方式；法人或者其他组织的名称、住所和法定代表人或者主要负责人的姓名、职务、联系方式。被告不提出答辩状的，不影响人民法院审理。正是这一规定，给了被告方在答辩期内不进行书面答辩的法律支持。因此司法实践中大部分的被告代理人选择当庭口头答辩。但是，随着新民诉法司法解释的落地，被告方庭前不答辩，对原告方进行突袭的情形可能会有所改变。《民诉解释》第 225 条第一项规定，庭前会议明确原告的诉讼请求和被告的答辩意见。因此，笔者认为被告方应在庭前会议前形成答辩意见，并在庭前会议上提交法院。

2. 答辩理由。常见的答辩理由有如下几种：

（1）借原告之名的虚假诉讼。这种案件常见于家庭财产纠纷中，真正的利益纠纷不在原、被告之间，而是在起诉的实际操纵人与被告之间，起诉不是原告的真实意思表示，甚至原告不知情。

（2）原告不适格。有的案件，作为被告律师，还要审查原告是否适格。一般情况下，法院在立案审查阶段，会审查原告是否适格。但有的时候，在没有其他抗辩理由的情况下，原告不适格确是一种抗辩理由。

（3）被告不适格。被告不适格，也是抗辩理由之一。所谓被告不适格，就是原告告错了对象。

（4）针对原告的诉讼主张直接对抗。针对原告的诉讼主张抗辩理由很多，如合同上的不安抗辩、先履行抗辩，侵权责任上的正当防卫抗辩，紧急避险抗辩，继承法上的丧失继承权抗辩，公司法上的出资未到位抗辩等等。归纳起来，主要有如下几种：①原告的诉讼主张成立，但条件不成就。②原告诉讼主张成立，但有阻碍原告主张的其他事实，如债务抵销，如不可抗力，如对方已经放弃债权等等。③原告的诉讼主张不成立。

这种对抗就是否认，否认可以分为完全否认和部分否认，这里讲的部分否认，是指对原告请求权基础中的部分条件进行否认。不管是完全否认还是部分否认，只要能够达到否认原告的请求权基础，原告的诉讼请求就会被法院驳回。如原告起诉被告偿还借款，并且拿出借条作为证据，被告说我没有借你的钱，借条上的签名不是我写的，这是完全否认。如果承认借条是被告写的，这是承认借款合同成立，但是原告没有将款项如约交给被告，这是部分否认，足以阻却原告的诉请。

（5）时效抗辩。时效抗辩，就是承认原告的诉讼主张，但是原告的诉请超过了法定的诉讼时效，原告丧失胜诉权。

3. 民事答辩状。

（1）民事答辩状的概念及法律依据。民事答辩状，是民事诉讼被告或者被上诉人针对原告的民事起诉或者上诉人的上诉，所作出的答复和辩驳的文书。根据《民事诉讼法》第 125 条和第 167 条的规定，人民法院应当将起诉状副本或者上诉状副本送达被告或者上诉的对方当事人，被告或者上诉的对方当事人应当在收到之日起 15 日内提出答辩状。不提出答辩状的，不影响人民法院审理。

（2）民事答辩状的内容和制作方法。民事答辩状由首部、正文和尾部组成。

首部应当依次写明：①文书名称，即"民事答辩状"；②答辩人的姓名、性别、出生年月日、民族、职业、工作单位和住址。答辩人是法人或者其他组织的，应当写明法人或者其他组织的名称、所在地和法定代表人或者主要负责人的姓名、职务。

正文应当依次写明：①案由；②答辩内容。在行文上可表述为："因……一案，提出答辩如下：……"写好答辩状，一是要有针对性，针对起诉状或上诉状中的事实、理由和请求来回答；二是要实事求是，叙述事实要客观；三是要讲理讲法，根据事实和法律辩驳对方的主张。

尾部依次写明：①致送人民法院的名称；②答辩状副本的份数；③答辩人签名或者盖章；④答辩日期。

（3）民事答辩状格式。

民事答辩状

答辩人名称：×××　地址：×××××　电话：×××××××

法定代表人×××，职务：×××

委托代理人×××，（……性别、年龄、民族、职务、工作单位、住所、电话）

因×××诉我单位×××一案，答辩如下：……。

此　致

　　×××人民法院

　　　　　　　　答辩人：×××（盖章）

　　　　　　　　法定代表人：×××（签章）

　　　　　　　　　　×××年××月××日

　　附：答辩书副本×份。其它证明文件××份。

　　（四）被告代理人代理词

　　被告代理人代理词的首部和尾部与原告代理人代理词的写法相同，在此不再赘述，下面仅就正文代理意见部分的写法进行阐述：

　　由于被代理人的诉讼地位不同，代理词的基础、论证方法和论证重点也不相同。原告方代理词是以起诉书为基础，是起诉书的补充和发挥，因而通常以正面阐述事实、分析当事人权利义务关系为主。而被告方代理词是以答辩状为基础，通常是针对原告起诉书中的事实、理由和诉讼请求，进行反驳和辩解。同时表明被告对双方争议焦点问题的态度、观点。因此，在制作一审被告代理词时应当注意：（1）对程序中存在的问题应当首先表示意见。先程序、后实体也是法院受理和审理案件的方式。因为原告的诉讼请求如果在程序上不能成立，则无须涉及实体内容。当然，并不是所有民事案件都存在程序问题。但是，如果原告起诉的程序存在问题，而被告代理人忽略，则是无法解释的。常见程序问题包括时效、管辖、被指控的当事人是否有误、是否遗漏当事人等。（2）对原告提供证据的充分性、合法性进行论证。原告对其提起的民事诉讼有责任提供相应的证据加以证明。原告提供的证据是否充分、合法是原告诉讼请求能否得到法律保护的前提条件。被告代理词中不可缺少的内容之一就是针对原告提供的证据中不充分、不合法的部分进行反驳，并提出相反的证据证明原告主张不能成立的理由，这里主要包括四方面的内容：①证据的真实性；②证据本身的证明力；③证据的合法

性；④证据的来源。

四、民事一审庭审规则

（一）审前程序规则

审前程序在各国的立法、司法实践中都是一个重点，甚至成为核心程序。2012年之前的我国《民事诉讼法》因为在立法中缺乏审前程序关于当事人证据交换、审前会议等规定，往往造成庭审反复，无法提高庭审的效率。2012年新《民事诉讼法》从第125条到第133条做了规定，特别是第133条第4项明确规定："需要开庭审理的，通过要求当事人交换证据等方式，明确争议焦点。"因此，司法实践中，法官在审前程序中应当做如下工作：

1. 审查工作。

（1）初步阅卷审查案件的主管和管辖是否正确，如果无主管权，裁定驳回起诉。如果管辖错误，裁定移送有管辖权的法院。

（2）审查当事人情况。审查当事人的身份证明材料，避免错列当事人；审查原告是否适格，诉讼主体资格是否消灭，诉讼代表人和诉讼代理人是否有代理权限，审查是否遗漏当事人等。

2. 送达、排期、保全、调查工作。法官对案件进行初步审查后，应当与法官助理、书记员沟通，做如下工作：

（1）送达。法院向当事人送达的法律文件有两种，一种是当事人提交的材料，如诉状、答辩状、证据材料等，由法院转递给对方当事人的材料。另一种是法院制作的，有关诉讼程序的通知、告知书、传票等。送达是诉讼程序非常重要的一环，诉讼是否合法有效会影响诉讼程序能否顺利进行。

（2）排期。排期可分为证据交换排期、审前会议排期和开庭审理排期。排期应当遵循以下原则：①合理原则。合理安排法官、书记员时间，兼顾当事人、代理人的时间。②高效原则。要考虑当事人、代理人的时间、路程、人力物力成本。

（3）保全。在诉前阶段和审前阶段，根据案件情况和当事人的申请，法院均可依法做出保全，保全的种类有证据保全、财产保全和行为保全。保全一般要求当事人提供担保，如果当事人不提供担保的，人民法院不宜依职权采取保全措施。

（4）调查。法院调查有两种情况：

第一，当事人及其诉讼代理人因客观原因不能自行收集的证据，包括：①证据由国家有关部门保存，当事人及其诉讼代理人无权查阅调取的；②涉及国家秘密、商业秘密或者个人隐私的；③当事人及其诉讼代理人因客观原因不能自行收集的其他证据。当事人及其诉讼代理人因客观原因不能自行收集的证据，可以在举证期限届满前书面申请人民法院调查收集。

第二，人民法院认为审理案件需要的证据，包括：①涉及可能损害国家利益、社会公共利益的；②涉及身份关系的；③涉及《民事诉讼法》第55条规定的公益诉讼案件；④当事人有恶意串通损害他人合法权益可能的；⑤涉及依职权追加当事人、中止诉讼、终结诉讼、回避等程序性事项的。

人民法院调查收集证据，应当由两人以上共同进行。调查材料要由调查人、被调查人、记录人签名、捺印或者盖章。

3. 组织召开审前会议。

（1）组织交换证据和庭前会议的时间：答辩期届满后。

（2）庭前会议可以包括下列内容：①明确原告的诉讼请求和被告的答辩意见；②审查处理当事人增加、变更诉讼请求的申请和提出的反诉，以及第三人提出的与本案有关的诉讼请求；③根据当事人的申请决定调查收集证据，委托鉴定，要求当事人提供证据，进行勘验，进行证据保全；④组织交换证据；⑤归纳争议焦点；⑥进行调解。

（3）交换证据和召开审前会议的作用：明确庭审焦点，锁定争议焦点。当然，人民法院应当根据当事人的诉讼请求、答辩意见以及证据交换的情况，归纳争议焦点，并就归纳的争议焦点征求当事人的意见。

（二）民事案件一审庭审流程

1. 民事案件一审程序庭审模拟提纲。

第一章 庭前准备

第一条 书记员检查庭审设施是否完备，标志牌是否齐全、摆放到位。

第二条 书记员检查当事人、诉讼代理人是否到庭。

1. 原告×××，委托代理人×××是否到庭；

2. 被告×××，委托代理人×××是否到庭；

3. 第三人（原审第三人、原审原告、原审被告）×××。委托代理人×××是否到庭。

第三条 书记员宣布：请当事人、委托代理人入庭按席位就座。

第四条 书记员宣布：请大家肃静，现在宣布法庭纪律。

依照《中华人民共和国人民法院法庭规则》的规定，下列人员不得参加旁听：不满 18 周岁的未成年人；精神病人和醉酒的人；被剥夺政治权利的人；正在监外服刑的人及被监视居住、取保候审的人；携带武器、凶器的人；其他有可能妨害法庭秩序的人。

当事人、其他诉讼参与人、旁听人员必须遵守以下纪律：

1. 旁听人员必须保持肃静，不准鼓掌、喧哗、吵闹，不得有其他妨碍审判活动的行为；

2. 旁听人员不得随便走动，不得进入审判区；

3. 当事人和其他诉讼参与人不得中途退庭、未经审判长同意，不得发言、提问，发言时应当起立，注意文明礼貌，不得攻击、辱骂他人；

4. 未经法庭许可，任何人不得在法庭录音、摄影、录像；

5. 不准吸烟和随地吐痰；

6. 移动电话和其他通讯设备应予关闭或静音。

对违反法庭纪律的，法庭将给予口头警告、训诫，不听劝告的，经审判长决定，可以没收录音、录像、摄影器材，责令退出法庭，或者经院长批准予以罚款、拘留。对于哄闹、冲击法庭等严重扰乱法庭秩序的人，依法追究刑事责任。

第五条　书记员宣布：现在请本案审判长和合议庭成员入庭，全体起立。

第六条　书记员向审判长报告当事人及诉讼代理人出庭情况。

第二章　庭　审

第七条　审判长宣布开庭：人民法院民事审判庭，依照《中华人民共和国民事诉讼法》第134条的规定，今天公开（不公开）审理原告×××与被告×××，××纠纷一案，现在开庭。（不公开开庭审理的，应说明理由）。

第一节　核对当事人及其诉讼代理人身份

第八条　核对当事人身份。

审判长：现在核对当事人、诉讼代理人的身份。

原告向法庭陈述自己的姓名、性别、出生年月日、籍贯、职业、住所地（是诉讼代表人的陈述姓名、职业、住所地；是法定代表人的陈述姓名、职业、单位住所地）。

委托代理人向法庭陈述自己的身份及代理权限。

被告、第三人及委托代理人向法庭陈述自己的身份。

第九条 审判长询问当事人：

（原告）对对方出庭人员的身份有无异议？

被告对对方出庭人员的身份有无异议？

第三人对原、被告出庭人员的身份有无异议？

当事人均表示无异议后，审判长宣布：

各方当事人（及其诉讼代理人）符合法律规定，可以参加本案诉讼。

第十条 被告、第三人经传票传唤，无正当理由拒不到庭的，审判应宣布：

被告、第三人×××经本院×年×月×日送达开庭传票，无正当理由拒不到庭，依照《中华人民共和国民事诉讼法》的规定，本庭依法决定缺席审理。

第二节 宣布合议庭组成人员及书记员名单

第十一条 审判长：依照《中华人民共和国民事诉讼法》的规定，本案依法组成合议庭审理，由审判员（或代理审判员）×××担任审判长，审判员（或代理审判员）×××、×××参加合议，书记员×××担任记录。会计师（工程师、翻译）×××接受本院委托担任本案的鉴定人（勘验人、翻译）。

第三节 告知当事人诉讼权利和义务

第十二条 审判长：现在告知当事人在法庭上的诉讼权利和诉讼义务。

当事人在法庭上享有以下诉讼权利：

1. 申请回避的权利。根据《民事诉讼法》第 44 条、第 45 条之规定，当事人如认为合议庭组成人员、书记员、鉴定人、勘验人、翻译人与本案有利害关系，或者与本案当事人有其他关系，可能影响对本案公正审理的，有权申请回避，但申请回避应当说明具体的理由。

2. 提出新的证据的权利。根据《民事诉讼法》第 64 条、第 139 条之规定，当事人有权提供证据来证明自己陈述的事实和主张，经审判长许可，可以提供新的证据。

3. 经法庭许可，当事人可以向证人、鉴定人、勘验人发问，可以申请重新调查、勘验和鉴定。

4. 进行辩论和请求法庭给予调解的权利。根据《民事诉讼法》第 49 条、第 142 条的规定，当事人有权对对方的主张提出自己的看法，阐述自己的观点，论述自己的主张，以及对如何认定案件事实和适用法律进行辩论。在案件审理直至宣判前，当事人都可以根据自愿的原则，请求人民法院依法调解。

5. 原告有放弃、变更、增加诉讼请求的权利，被告有反诉的权利；原告增加、变更诉讼请求，被告反诉，应在法庭辩论结束前提出。

6. 陈述最后意见的权利。根据《民事诉讼法》第 141 条的规定，法庭辩论结束后，当事人可以向法庭陈述对案件处理的最后意见。

当事人在法庭上必须自觉履行下列诉讼义务：

1. 依法正确行使诉讼权利；

2. 遵守法庭纪律和诉讼秩序，听从审判长指挥；

3. 对自己提出的主张有责任提供证据；

4. 如实陈述案件事实，不得歪曲事实，提供虚假证据，不得伪造证据。否则，应当承担法律责任。

第十三条　审判长询问当事人：

原告是否听清当事人在法庭上的诉讼权利和诉讼义务？是否申请合议庭组成人员及书记员、鉴定人（勘验人、翻译人）回避？

被告是否听清当事人在法庭上的诉讼权利和诉讼义务？是否申请合议庭组成人员及书记员、鉴定人（勘验人、翻译人）回避？

第三人（原审原告、原审被告、原审第三人）是否听清当事人在法庭上的诉讼权利和诉讼义务？是否申请合议庭组成人员及书记员、鉴定人（勘验人、翻译人）回避？

当事人提出回避申请的，审判长应要求当事人陈述申请回避的理由，然后宣布：由于本案当事人×××对合议庭成员×××［或书记员（鉴定人、勘验人、翻译）×××］提出回避申请，现在休庭，待作出是否回避的决定后继续开庭。

作出决定后继续开庭，由审判长宣布决定：

1.（对审判人员以外的其他人员提出回避的）审判长：

（1）×××申请本案书记员（鉴定人、勘验人、翻译）×××回避，经审查，不符合《中华人民共和国民事诉讼法》第45条的规定，对×××提出的回避申请不予准许；或（2）×××申请×××回避，经审查，符合《中华人民共和国民事诉讼法》第45条的规定，对其回避申请予以准许，本案更换书记员（鉴定人、勘验人、翻译人），另行择期开庭。

2.（当事人对审判人员提出回避申请的）审判长：

（1）×××申请本案合议庭成员×××回避，经本院院长（或本院审判委员会，院长担任审判长的，是否回避由审判委员会决定）审查，不符合《中华人民共和国民事诉讼法》第45条的规定，对×××提出的回避申请不予准许；或（2）×××申请合议庭成员×××回避，经本院院长或审判委员会审查，符合《中华人民共和国民事诉讼法》第45条的规定，对×××提出的回避申请予以准许。

第十四条 当事人对驳回回避申请的决定不服，申请复议的，不影响案件的开庭。对复议申请应当在3日内作出复议决定，并通知复议申请人。

第四节 法庭调查

第十五条 审判长宣布：

现在进行法庭调查，法庭调查是通过双方当事人及其诉讼代理人的陈述、举证、质证，查明案件事实，重点是当事人争议的事实以及本合议庭认为应当调查的事实。依照《中华人民共和国民事诉讼法》第64条的规定，当事人对自己的主张有责任提供证据，反驳对方的主张也应当提供证据或说明理由。

第十六条 当事人陈述。

1. 由原告向法庭陈述诉讼请求（上诉请求）以及所依据的事实和理由，询问委托代理人有无补充意见；

2. 由被告对原告的起诉作答辩，询问委托代理人有无补充意见；

3. 由第三人（原审原告、原审被告、原审第三人）陈述（或答辩，有独立请求权的第三人陈述诉讼请求和理由），询问委托代理人有无补充意见。

第十七条 当事人提出增加、变更诉讼请求，审判长应询问被告；

原告提出×××（陈述增加或变更诉讼请求），对其原来的诉讼请求做了增加（变更），根据《中华人民共和国民事诉讼法》的规定，原告增加（变更）的诉讼请求你方可以要求当庭审理，也可以要求在15天答辩期满后开庭审理。被告是否同意当庭审理？

若被告不同意当庭审理，审判长应宣布：由于原告×××增加（变更）诉讼，请求被告×××要求在答辩期内答辩，本案将延期审理（或当庭宣布下一次开庭日期），现在休庭。

第十八条 审判长告知当事人举证程序和要求：

现在进行庭审举证和质证，当事人举证和质证必须按照下列程序和要求进行。

1. 当事人所举的证据必须符合《中华人民共和国民事诉讼法》第 63 条规定的 8 种证据形式，即书证、物证、视听资料、证人证言、当事人的陈述、鉴定结论、勘验笔录、电子数据。

2. 举证时应向法庭及对方当事人提交自己一方的证据复印件，应同时提供原件，以备当庭核对，物证要提供原物，原物确实无法提供的，要说明原物存放的地点。

3. 出示和宣读证据时，应向法庭陈述证据的名称、证据的来源和证据的基本内容，说明提供该份或该组证据的目的，要证明什么问题。

4. 对对方提供的证据进行质证，要对该证据的真实性进行确认，对该证据的取得是否合法提出意见，同时，应明确提出该证据是否能够证明对方的主张。反驳对方的意见应说明理由或提供相关证据。

5. 对对方提供的证据不作肯定或否定的表态，视为对该证据无异议。对质证意见的辩解也要求明确作出同意或者反对的表态，否则视为无异议。

6. 对一方当事人提供的证据，另一方质证时可以就相关问题提问，但提问须经审判长许可。

第十九条 审判长归纳举证范围。

对一审案件审判长应告知原告按诉讼请求的各项内容分别举证。

第二十条 当事人举证和质证。

先由原告对自己的主张向法庭提交证据，由被告进行质证。

由被告提交反驳原告诉讼请求的证据，原告质证。

由第三人（原审原告、原审被告、原审第三人）举证，由××

× 质证。

当事人举证完毕后，如发现一方或双方对自己的某些主张没有举证，审判长应告知：原告或被告主张×××，应向法庭提交相关证据。

若当事人对某些主张不能当庭举证，确有理由的，审判长应宣布：原告或被告×××所述关于×××的证据，应在庭审后×日内向法庭提交，并在下次开庭时进行质证。逾期不提交，视为不能举证，承担相应的法律后果。

第二十一条 证人出庭作证。

证人出庭作证应由当事人在庭审前或者法庭辩论结束前提出。

1. 传证人 ×××出庭。

2. 要求证人向法庭出示有效身份证件，询问证人姓名、性别、出生年月日、工作单位、职务、住所地、与当事人的关系。

3. 向证人宣布权利和义务：根据《中华人民共和国民事诉讼法》第72条、第111条的规定，凡是知道案件情况的单位和个人，都有义务出庭作证；证人要如实向法庭陈述案件事实，不得作虚假陈述，否则要承担相应的法律责任；证人依法作证的权利受法律保护，法律禁止任何对证人作证进行打击报复。

4. 证人向法庭陈述自己知道的案件情况。

5. 经审判长许可，当事人分别向证人发问。

6. 合议庭成员向证人提问。

7. 证人退庭。

证人确实困难不能出庭的，由提供证人的当事人向法庭宣读证人的书面证言，对方当事人进行质证。

第二十二条 鉴定人（勘验人、翻译人）出庭作证。

1. 传鉴定人（勘验人、翻译人）出庭。

2. 要求鉴定人（勘验人、翻译人）出示本人有效身份证件，询问鉴定人（勘验人、翻译人）姓名、性别、出生年月日、工作单位、职务、住所地、与当事人的关系。

3. 法庭宣读委托鉴定（勘验、翻译）书。

4. 鉴定人（勘验人、翻译人）宣读鉴定结论（勘验笔录、翻译文本），并作说明。

5. 经审判长许可，当事人分别向鉴定人（勘验人、翻译人）提问。

6. 合议庭成员向鉴定人（勘验人、翻译人）提问。

7. 鉴定人（勘验人、翻译人）退庭。

第二十三条 宣读或出示合议庭调查收集的证据。

1. 法庭宣读书证及证人证言、勘验笔录；当庭出示物证；当庭播放视听资料。

2. 当事人对法庭出示的证据分别发表质证意见。

第二十四条 审判长询问双方当事人有无新的证据出示。

第二十五条 审判长征询合议庭成员有无需要向当事人发问的问题。

宣布由合议庭向当事人调查与案件有关的问题。要求一方当事人陈述，另一方当事人作出肯定或否定的回答。提问应公正、客观、明确，不得带有倾向性。

第二十六条 审判长宣布休庭：

现在休庭，由合议庭对庭审质证的证据进行评议后继续开庭。

（如案件疑难复杂，或对有些证据需要庭审后再调查核实，无法当庭认证的，可以直接进入法庭辩论程序，待法庭辩论结束休庭，合议庭评议后再开庭认证并宣判）。

第二十七条 恢复庭审，法庭认证。

由审判长根据当事人举证、质证和合议庭调查核实情况，分别对当事人出示的证据进行确认。

认证要对证据的真实性、合法性和关联性进行确认。能当庭确认的，应当庭确认。合议庭评议后认为不能当庭确认的，告知当事人待合议庭进一步核实后在下次开庭时确认。

对证据的审核和认定应遵循以下一般规则：

1. 当事人对自己的主张，只有本人陈述而不能提出其他相关证据的，除对方当事人认可外，其主张不予支持。

2. 一方当事人提出的证据，对方当事人认可或者不予反驳的，可以确认其证明力。

3. 一方当事人提出的证据，对方当事人举不出相应证据反驳的，可以确认其证明力。

4. 双方当事人对同一事实分别举出相反证据，但都没有足够理由否定对方证据的，应当分别对当事人提出的证据进行审查，并结合其他证据综合认定。

5. 物证、历史档案、鉴定结论、勘验笔录或者经过公证、登记的书证，其证明力一般高于其他书证、视听资料和证人证言。

6. 证人提供的对与其有亲属关系或者其他密切关系的一方当事人有利的证言，其证明力低于其他证人证言。

7. 原始证据的证明力大于传来证据。

8. 未成年人所作的与其年龄和智力状况不相当的证言；与一方当事人有亲属关系的证人出具的对该当事人有利的证言；没有其他证据印证存有疑点的视听资料；无法与原件、原物核对的复印件、复制品，不能单独作为认定案件事实的依据。

第二十八条 审判长宣布法庭调查结束。

当事人要求提供新的证据或者合议庭认为事实尚未查清，确需人民法院补充调查、收集证据或通知新的证人到庭或必须进行鉴定、勘验，因而有必要延期审理的，可以宣布延期审理。

第五节 法庭辩论

第二十九条 审判长宣布：

下面进行法庭辩论。法庭辩论的目的是在法庭调查的基础上，通过当事人发表辩论意见，提出法律依据，分清是非责任。双方当事人应当围绕本案双方当事人争议的×××问题及法庭确认的事实和证据，提出维护自己诉讼请求和反对对方主张的辩驳意见。在辩论中，应实事求是，举出法律依据，讲明道理，不得进行人身攻击。

第三十条 根据《中华人民共和国民事诉讼法》第141条的规定，法庭辩论按下列顺序进行：

1. 原告及其诉讼代理人发言；

2. 被告及其诉讼代理人答辩；

3. 第三人及其诉讼代理人发言或者答辩；

4. 互相辩论。

根据案件需要，审判长可宣布进行第二轮辩论，但应强调不得重复上一轮意见，并可限定当事人及其诉讼代理人每次发表意见的时间。

第三十一条 法庭辩论时，合议庭成员不得对案件性质、是非责任发表意见，不得与任何一方当事人进行辩论。

第三十二条 法庭辩论时，当事人又提出新的事实和证据，审判长可视情况宣布中止辩论，恢复法庭调查。

第三十三条 审判长根据辩论情况征询各方当事人，如无补充意见，宣布辩论结束。

第三十四条 审判长按原告、被告、第三人的顺序要求各方陈述最后意见。

第六节 当庭调解

第三十五条 根据《中华人民共和国民事诉讼法》第9条、第93条的规定，人民法院审理民事案件，应当根据自愿合法原则，在查清事实，分清是非的基础上进行调解。

第三十六条 审判长分别征询当事人是否愿意在合议庭的主持下进行调解，当事人均同意调解时，应分别由各方当事人提出调解方案。合议庭也可以根据当事人的请求提出调解方案，供当事人参考。也可以根据当事人的请求和时间安排，休庭后再继续调解。

第三十七条 双方当事人经调解达成协议的，合议庭应当宣布调解结果，告知当事人调解书经双方当事人签收后即具有法律效力。

当事人不愿意调解，或经调解不能达成协议的，应当宣布调解无效。

第三十八条 宣判长宣布休庭，由合议庭对案件进行评议后宣告判决。

第七节 宣 判

第三十九条 经合议庭评议，事实清楚，适用法律明确，能够当庭宣判的案件，应当当庭宣判。

评议中如发现案件事实尚未查清，需要当事人补充证据或者人民法院自行调查收集证据的，或尚需鉴定、勘验的，或适用法律较难，无法当庭宣判的，审判长应宣布另行开庭审理和判决，并说明理由。

第四十条 恢复庭审。

书记员宣布：全体起立，请审判长和合议庭成员入庭。审判长和合议庭成员入庭后，书记员宣布：请坐下。

第四十一条 审判长根据法庭调查、辩论情况和合议庭评议意见，对证据进行评述，认定案件事实，并说明处理纠纷的法律依据。

第四十二条 宣判长宣读判决。

宣判时，应由书记员宣布全体起立。判决宣读完毕，书记员宣布：请坐下。

第四十三条 宣判长宣布闭庭。

书记员宣布：全体起立，请审判长和合议庭成员退庭。

审判长和合议庭成员退庭后，书记员宣布：请旁听人员退庭，当事人及诉讼代理人核对庭审笔录。

第四十四条 根据《中华人民共和国民事诉讼法》第147条的规定，当事人和其他诉讼参与人认为对自己的陈述记录有遗漏或者差错的，有权申请补正。如果不予补正，应当将申请记录在案。

法庭笔录由当事人和其他诉讼参与人签名或者盖章。拒绝签名盖章的，记明情况附卷。

第四十五条 本操作规程适用于按普通程序审理的案件，适用简易程序审理案件的庭审操作规程另行制定。

2. 法庭实战笔录。

××市××区人民法院

开庭笔录

案号：（2014）×法金民初字第710号

案由： 民间借贷纠纷

开庭时间： 2014年11月27日

开庭地点： 本院第十一法庭，第一次开庭。

合议庭组成人员： 审判长：梅×文 人民陪审员：符×红、张×萍

书记员： 叶×环

当事人基本情况：

原告（反诉被告）： 王×，男，1985 年 10 月 28 日出生，汉族，住××市大学城外环西路×号。

委托代理人： 谢×金，××律师事务所律师。

被告（反诉原告）： 温×华，男，1984 年 4 月 14 日出生，汉族，住××市×区×号×房。

委托代理人： 梁×飞、林×冰，××律师事务所律师。

书： 宣布法庭纪律（略）。

书： 报告法官，原告王×的委托代理人谢×金，被告温×华的委托代理人梁×飞、林×冰到庭。

审： 双方对对方的出庭人员有无异议？

原代： 无异议。

被代： 无异议。

审： 双方当事人经书记员核对，符合法律规定，可以参加本案的诉讼活动。

审： ×市×区人民法院现在开庭，公开审理原告王×诉被告温×华民间借贷纠纷一案，被告在举证期限内提交反诉申请，本案本诉及反诉合并审理。根据《中华人民共和国民事诉讼法》的相关规定，本案适用普通程序，由审判员梅×文担任审判长，人民陪审员符×红、张×萍组成合议庭进行审理，由书记员叶×环担任法庭记录。当事人的诉讼权利和义务的规定已于庭前以书面形式告知双方当事人，不再当庭宣读。双方当事人是否申请回避？

原代： 不申请回避。

被代： 不申请回避。

审： 现在开始法庭调查。下面由原告宣读诉讼请求并简要陈述事实理由。

原代： 我方要求当庭变更诉讼请求，明确诉讼请求：①判令本案借款协议无效；②判令本案诉讼费用由被告承担。撤回原申请被告返还款项 99 500 元的诉请。事实理由与诉状一致（略）。

审：被告简要陈述本诉的答辩意见。

被代：我方认为原告诉状中陈述的事实不是事实，恳请驳回原告的诉讼请求，理由如下：①答辩人依约向原告支付了借款共计人民币伍拾万元整（RMB 500 000 元）。原告诉称："协议签订后，被告实际向原告借款 12.8 万元。"以上诉称完全与客观事实不符，无理无据。在 2012 年 12 月 11 日，原告以资金周转不灵且尚欠案外人梁×加人民币叁拾柒万贰仟元（RMB 372 000 元）急需偿还为由，向答辩人提出借款人民币伍拾万元（RMB 500 000 元）（见证据 1）。并且，原告要求答辩人将借款 50 万元分为两部分，其中 12.8 万元直接汇到原告账户（见证据 3），另外的 37.2 万元直接汇给案外人梁×加（见证据 4）。在《借款协议》签订之后，答辩人依约以转账方式向原告汇款 12.8 万元，并按照原告要求向案外人梁×加汇款 37.2 万元（见证据 2）。正因为答辩人向原告履行了借款义务，所以原告才得以注销案外人梁×加的房产抵押手续，并将其名下房产转而抵押到答辩人名下，并注明抵押债权为 50 万元，相关的抵押文件也到房管部门进行了备案（见证据 5、6）。综上，答辩人依约向原告支付了借款人民币伍拾万元整（RMB 500 000 元），而非抬贰万捌仟元整（RMB 128 000），原告的主张根本不是事实。②原告与答辩人约定月利率为三分五，原告前几个月亦是按照约定偿还利息，所以原告提交的证据仅能证明原告偿还了部分利息，原告诉称"原告分期向被告共支付 22.75 万元人民币。原告本以为已还清此笔债务。……被告实际放款给原告 12.8 万元，而实际已向原告收取 22.75 万元，超过其本金 9.95 万元，双方已无债权债务可言"这绝对不是本案的事实。事实上，在《借款协议》签订之后，答辩人已依约向原告支付借款 50 万元，而原告所谓的

22.75万元目前也根本无法证实。再加上，原告与答辩人早在《借款协议》签订时就已经约定了利息，原告一直以来也是按照月利率三分五的标准向答辩人支付的，现在原告单方推翻此前的一致约定，实属无理之诉。综上所述，原告向答辩人支付的款项仅为双方约定之利息，原告尚未向答辩人支付本金，原告诉称答辩人返还99 500元没有事实依据，也明显违反了我国法律的有关规定，恳请法庭依法驳回原告的全部诉求。

审： 下面由被告宣读反诉请求，并简要陈述反诉的事实理由。

被代： 明确反诉请求：①判令被反诉人偿还反诉人借款本金共计人民币50万元；②判令被反诉人向反诉人支付违约金人民币15万元；③判令被反诉人向反诉人支付实现债权而支出的律师费、差旅费等费用共计人民币4万元；④判令被反诉人承担本案的一切诉讼费用。事实理由与反诉状一致（略）。

审： 被告明确诉讼请求第3项目。

被代： 律师费2500元和差旅费32 000元，合计金额34 500元，因相关票据未开具，只有差旅费的发票作为证据证明。

审： 原告简要陈述反诉的答辩意见。

原代： ①答辩人与被答辩人签订的借款协议为被答辩人与第三人恶意串通后订立，明显侵害答辩人利益，应视为无效合同。因答辩人在签订借款前与第三人梁×加存在高利借贷且被答辩人为明知，因此，被答辩人在本案中明显乘人之危，损害第三人利益。②答辩人王×为一名音乐兼职教师，以教学生管弦乐为生。2012年，因学校学生提出要购置管弦乐器，应学校学生的要求，答辩人便向乐器公司购置了一批乐器。答辩人因购买资金不足，便向担保公司借了8万元高利贷暂用，不料当乐器购到手后，因当初答应订购的学生未能购买，最终导致答辩人手上资金链断裂，不得已向第二个放贷人梁×加借款20万元用于还第一借贷人，后又因无法支付高额利息，第二放贷人梁×加要求本案答辩人向本案被答辩人借款，最终由本案答辩人向被答辩人借款50万元，而实际到答辩人账户只有12.8万元，其他37.2万元则全部被第二放贷人梁×加拿走。答辩人认为，答辩人与被答辩人签订的协议显失公平，且在被答辩人与第三人恶意串通后订立，明显侵害答辩人利益，应视为无效合同。③本案被答辩人起诉答辩人支付15万元违约金无事实及法律依据。答辩人与被答辩人并未就违约金事项进行约定，且答辩人与被答辩人签订的借款协议为无效协议，因此，不存在违约金一说，也没有利息的约定。④本案被答辩人起诉答辩人律师费、差旅费等4万元在举证期限内未提供证据，无事实及法律上的依据。综上所述，请求法庭依法作出公平公正判决。

审：综合本诉及反诉的诉讼请求事实理由及答辩意见，本庭归纳本案的争议焦点是：

1. 涉案借款合同是否合法有效。

2. 涉案借款合同项下实际出借的款项金额是多少。

3. 本诉及反诉的各项诉请是否有事实及法律依据。

审：原告对本庭归纳的争议焦点是否同意？

原代：同意。

审：被告对本庭归纳的争议焦点是否同意？

被代：同意。

审：原、被告双方应围绕争议焦点出示有关证据并简要说明每个证据所证明的事实，然后由双方当事人辩证、质证，以及发表对证据承认或否认的意见。否认对方出示的证据的，要简要说明理由。下面由原告进行举证。

原代：本诉反诉一并出示证据如下：

证据1：借款协议及借款合同，证明不同版本的借款协议，对于3%的滞纳金没有法律依据，滞纳金本是国家强制性规定项目，任何个人或团体不得设立滞纳金条款，因此，我方认为此条款无效。原告举证该借款协议的目的在于，借款种类有多种还款方式类型，并没有规定有滞纳金这一项。此借款协议的 50 万元实际到账只有 12.8 万元，故此借款协议实际上显失公平。第二份借款合同与第一份借款协议两者已具备高利转贷的性质，第二份借款合同和第一份借款协议是不同版本的借款合同，第二份借款合同第 4 条约定，这符合高利转贷特征，应认定为无效合同。

证据 2：账户历史清单，证明原告实际仅收到被告 13 万元。

证据 3：账户历史清单即存款单，证明原告通过存款及汇款向被告支付 22.5 万元的事实。每月以 17 500 元归还给被告，直至 2013 年 12 月 19 日，共清偿 227 500 元。

证据 4：纸条，证明被告派人威胁原告的事实。

证据 5：照片，证明原告家里门被喷红漆的事实，是被告追债的手段。

证据 6：报警回执，证明原告及家人经常受到不明骚扰，向警方报警事实。

审：请原告将证据交由被告进行质证，被告对证据的真实性、合法性、关联性发表意见。

被代：对证据 1 的借款协议的真实性、合法性及关联性予以认可，该证据证实了：①证明在 2012 年 12 月 11 日，被告向原告提供借款共计人民币 50 万元；②证明根据该协议约定，原告未按期偿还借款，需向被告支付逾期还款滞纳金，即按日加收 3%；③证明原、被告一致同意，被告因实现债权而支付的一切费用（包括但不限于律师费、诉讼费、交通费等）由原告承担。对借款合同的真实性予以确认，该证据证明在借款期间内经书面约定，利息为同期银行贷款利率的 4 倍。

证据 2、3，由于是银行提供的流水单和存款单，故对其真实性予以认可，但由于原告提供的原告提供的存款单共有8张，只有其中5张是清晰可见的，我方对该5张予以认可，对其余3张没有字迹、时间和金额，被告无法辨认，由法庭依法确认。

审：被告明确你方确认的5张存款单的交易序号及金额？

被代：交易序号：006629，金额17 500元，时间2013年10月21日；

序号：001396，金额17 500元，时间模糊，应是2013年8月19日；

序号：001274，金额7500元，时间2013年11月29日；

序号：001272，金额10 000元，时间2013年11月29日；

序号：009252，金额7500元，时间2013年12月19日。

审：被告继续质证。

被代：对证据4纸条的真实性、合法性及关联性均不予确认，该材料与本案及被告无关，且残缺不全。

对证据5照片的真实性、合法性及关联性均不予认可，该材料与本案及被告无关，且该照片没有原件。

对证据6报警回执的真实性无法确认，合法性、关联性不予认可，该材料与本案无关，且报警人并非原告本人。

审：被告将原告提交的证据原件交由法庭核对。

审：经核对将证据原件退回给原告。

原代：收到。

审：下面由被告进行举证。

被代：本诉反诉一并出示证据如下：

证据1：借款协议，证明：①2012年12月11日，反诉原告向反诉被告提供借款共计人民币50万元；②根据该协议约定，反诉被告未按期偿还借款，需向反诉原告支付逾期还款滞纳金；③反诉被告与反诉原告一致同意反诉原告因实现债权而支付的一切费用由反诉被告承担。

证据2：转账记录，证明反诉原告按照反诉被告的要求，将借款分别转入反诉被告的账户和案外人梁×加的账户，共计人民币50万元。

证据3：被反诉人出具的身份证复印件及被反诉人银行卡复印件，证明2012年12月11日，反诉被告为了向反诉原告获取借款，而向反诉原告提供了其签字确认的身份证复印件、银行卡复印件，对此反诉原告亦按照其要求进行了汇款。

证据4：反诉被告出具的《同意书》及梁×加银行卡复印件，证明在2012年12月11日，反诉被告为了解除前房产抵押权人梁×加的抵押权，而要求反诉原告将部分借款直接汇入案外人梁×加账户，反诉原告按照反诉被告的要求向案外人梁×加进行了汇款。

证据5：房产证。

证据6：他项权证。

证据5、6证明在反诉原告提供借款共计人民币50万元后，反诉被告和反诉原告共同办理了房产抵押手续，并取得房地产他项权证。

当庭提交证据7：委托代理合同及律师费发票，证明反诉原告因向反诉被告主张债权而支付了律师费人民币34 500元。

审：请被告将证据原件交由原告质证，原告对证据的真实性、合法性、关联性发表意见。（请书记员转交）

原代：对证据1借款协议的其真实性、关联性认可，对其合法性不予认可。理由如下：其一，被反诉人认为此借款协议是在反诉人与第三人恶意串通及乘人之危的情况下订立的，依据最高人民法院《关于人民法院审理借贷案件的若干意见》第10条规定：一方以欺诈、胁迫等手段或者乘人之危，使对方在违背真实意思的情况下所形成的借贷关系，应认定为无效。借贷关系无效由债权人的行为引起的，只返还本金；借贷关系，由债务人的行为引起的，除返还本金外，还应参照银行同类贷款利率给付利息。其二，依据《合同法》第 197 条规定：借款合同的内容包括借款种类、币种、用途、数额、利率、期限和还款方式等条款。其中并未规定滞纳金。我国滞纳金具有法定性特征，滞纳金是由国家法律法规明文规定的款项，个人和其他团体都无权私自设立。因此，此借款协议约定滞纳金条款不具备合法性，此条款无效。其三，借款协议约定的滞纳金 3% 条款超出银行贷款利率四倍，为变相的高利放贷，依法应当认定为无效条款。其四：本借款协议并未全部履行，因合同具备相对性，在本案中，因答辩人只收到 128 000 元，与借款协议中约定的 50 万元金额不符，显失公平。

对证据 2 网转记录，虽然答辩人确实收到 128 000 元款项，但此网银转账并未显示出转账人信息，因此无法确认其真实性、合法性及关联性，希望法庭查明。对另外一笔转账是否真实转账到梁×加处，我方不清楚，被告应提供证据佐证。

对证据 3 王×身份证的真实性、合法性及关联性确认；王×工商银行卡的真实性、合法性及关联性确认。

对证据 4 同意书的真实性认可，证实本案被答辩人具备乘人之危及存在明知被答辩人此前欠有高利贷的情况，但答辩人并不清楚被答辩人是否已经将此款项转给梁×加。中国工商银行卡的真实性、合法性及关联性不认可，由法院依法查明。

对证据 5、6 房地产权证的真实性予以确认，该原件在被告处，符合高利贷特征，且被反诉人认为借款协议无效，依据合同法规定，主合同无效，从合同也无效，故我方认为该抵押合同应属无效。

对证据 7 的真实性由法院查明，律师费发票开具的时间是×年×月×日，合同是 2014 年 8 月 7 日签订，不符合委托代理合同与发票一致的原则，此证据是在举证期限届满后提交的，故不能作为本案定案的依据。借款合同中，根据我国相关法律规定，律师费、差旅费不应包含在内。

审：原告将被告提交的证据原件交由法庭核对。

审：经核对将证据原件退回给被告。

被代：收到。

审：双方就本诉及反诉的证据有否补充？

原代：没有。

被代：没有。

审：双方就事实方面有否补充？

原代：没有。

被代：当时原告欠梁×加款项，我方当时是应原告的要求向梁×加汇款，我方是从网上银行直接打印出来的，符合法律效力，如果原告坚持不予认可，我方申请法院调查梁×加收取涉案款项的证据。

审：下面本庭就案件相关问题向双方发问。原告从事什么职业？收入如何？

原代：音乐教师，收入每月 5000 元～15 000 元不等。

审：被告从事什么职业？收入如何？

被代：会计，收入每月 1 万～2 万元。

审：原、被告何时认识，什么关系？

原：2012 年 12 月 11 日经我借的第二笔高利贷的人即梁×加认识被告的。

被代：2012 年 12 月 11 日经朋友介绍认识。

审：原告向被告借款的用途是什么？

原：我向被告借款的用途是用于归还第二笔债务即向梁×加的债务。

被代：当时原告称资金周转有问题，且尚欠梁×加372 000元需偿还，故向我方提出50万元的请求，并承诺给予3分5的利息，我方认为利息可观的情况下，当天与原告及梁×加办理了借款事宜，梁×加也将抵押权注销，更换成被告的抵押权，同时款项也是原告陪同被告一同汇款的。

审：被告称借款是为了获取利益，借款的利息、利率是否在借款合同中进行约定？

被代：当时是口头约定三分五的利息，借款合同中仅约定了同期银行4倍的利率。

审：梁×加与原、被告是什么关系？

原：梁×加是我第二次借贷人的太太，她找到被告借款给我，这样我才认识被告。

被代：原告陈述基本属实，我方是通过朋友介绍，称有人需要借款，并愿意支付利息，我方认为可以，就与原告详谈。

审：被告，协议中规定的借款到期后有无向原告催收，原告诉状中陈述催款行为与被告是否有关？

被代：原告诉状中陈述的催款行为与被告无关，如果被告真的实施了原告所说的催款行为，则被告会遭受法律制裁，但至今未有相关部门向被告发出任何的通知。

审：原告称被告与他人恶意串通，涉案借款合同显失公平，原告何时发现该情形？

原：当时我方是在空白合同中签名，且没有持有合同原件，在通过房管局调查后才取得合同的。

审：2014年4月份起诉时并未提及被告与第三人恶意串通的事实？

原代：因为当时我们没有第三人梁×加的任何资料，我方希望通过诉讼将案外人梁×加拉进本案中，原告实际最初仅借款8万元，经过第一、二及本案被告的三次借款，借款本息已达到 90 万元。

审：经过法庭质证，原告共向被告借款本息金额是多少？

原代：确认被告借款给原告 50 万元，当时确实同意支付梁 × 加 372 000 元，其余的款项原告收到。

被代：确认原告陈述的事实，至于原告称其与被告借款之前的事实我方不清楚。

审：被告明确原告已还款的金额是多少？

被代：我方确认原告已归还了 227 500 元。

审：双方就本案事实有否补充？

原代：没有。

被代：没有。

审：经过法庭调查，本案事实已经清楚，下面双方围绕本案争议焦点进行辩论。由原告发表辩论意见。

原代：原告因为学校购买乐器，后因学校投标采购，导致原告亏损，借新还旧，经过第一手、第二手到现在第三手，原告从 8 万元借款到 80 万元，原告感到很后悔，原告认为对高利转贷的事实不应支持。且涉案借款协议中存在无效条款的事实，也并没有约定违约金之类的款项，因此原告认为，如果被告将 372 000 元给梁 × 加，则原告予以确认，我方也同意归还剩余的借款给被告，但利息不同意支付，如果法院认为应支付我方愿意按银行同期贷款利率支付。

审：被告发表辩论意见。

被代：①原告主张合同是可撤销还是无效需进一步认定。原告认为借款合同存在胁迫、欺诈、乘人之危、显失公平，到底是哪一项，原告应明确，并提供证据证明；②原告在诉讼过程中认可被告出借 50 万元的事实及被告转汇款给梁 × 加 37.2 万元的事实，且梁

×加也注销了此前的抵押手续，并将原告的房产转抵押到被告名下，相关金额亦可以查询。

审： 双方还有没有补充？

原代： 没有。

被代： 没有。

审： 经过法庭调查及辩论，本案事实已经清楚，是非责任已经分明，根据《中华人民共和国民事诉讼法》第94、142条之规定由本庭主持调解，双方是否愿意调解？

原代： 愿意。

被代： 愿意。

审： 请原告提出调解方案。

原代： 50万元扣减我方已归还的22.75万元本金，再加上银行同期贷款利率的利息给被告。

审： 被告有何意见？

被代： 不同意，我方有如下方案：①要求原告归还扣除原告已支付的22.75万元本金后剩余的款项27.25万元，并以该款项为基数，从2012年12月11日起至付清款之日止，按同期贷款利率4倍计算利息；②归还本金27.25万元，并以27.25万元为本金，从2012年12月11日起按同期贷款利率计付利息，并给付律师费3万元。

原代： 我方同意第一个方案，但要求从2012年12月11日起至付清款之日止，按中国人民银行同期贷款利率2倍计付利息。

被代： 就上述方案，我方可同意按中国人民银行同期贷款利率3倍计付至付清款之日止的利息。

（调解过程……）

原代： 经考虑，我方同意被告第二个还款方案。

被代： 原告明确还款时间。

原代：我方可在一个月内归还。

被代：同意。

审：诉讼费如何承担？

原代：本诉及反诉的诉讼费由双方各自承担。

被代：同意。

审：在本院主持下，双方经协商，自愿达成如下协议：

一、原告王×向被告温×华支付欠款本金272 500元及利息（利息以272 500元为本金，从2012年12月11日起计至付清之日止，按中国人民银行同期贷款利率计算），原告王×于2014年12月31日前向被告温×华支付。

二、原告王×于2014年12月31日前向被告温×华支付律师费3万元。

三、原告王×放弃其他本诉请求。

四、被告温×华放弃其他反诉请求。

五、本诉的案件受理费2290元减半收取1145元，由原告王×负担；反诉的案件受理费10 700元减半收取5350元，由被告温×华负担。

六、原告王×按本调解协议履行完毕后，被告温×华应协助原告王×到国土房管局办理房产抵押注销事宜。

审：双方对上述和解协议有何意见？

原代：同意上述和解协议，并确认没有异议。

被代：同意上述和解协议，并确认没有异议。

审：本庭认为双方当事人所达成的协议是双方当事人的真实意思表示，符合有关法律规定。根据最高人民法院《关于人民法院民事调解工作若干问题的规定》第13条的规定，双方当事人是否同意在本庭审调解笔录上签名，确认上述调解协议后，调解协议即发生法律效力？

原代：同意。

被代：同意。

审：双方当事人是否需要本院制作民事调解书送达各方？

原代：需要。

被代：需要。

审：告知双方当事人，本院将制作民事调解书后另行送达给各方当事人，拒绝签收民事调解书不影响已经确认的调解协议的法律效力。经双方确认的上述调解协议，若义务人不履行调解协议，权利人可以持民事调解书向法院申请强制执行。各方当事人是否清楚？

原代：清楚。

被代：清楚。

审：双方有否最后陈述？

原代：坚持庭审意见。

被代：坚持庭审意见。

审：今天开庭到此，现休庭。

审 判 长：

人民陪审员：

书 记 员：

五、民事一审法律文书

（一）一审民事判决书

1. 一审民事判决书的概念。一审民事判决书，是人民法院代表国家行使民事审判权，对受理的民事案件，按照《民事诉讼法》规定的第一审普通程序审理终结后，依照国家的民事法律、法规和最高人民法院的司法解释，就解决案件的实体问题作出的具有法律效力的书面处理决定。一审民事判决书包括普通程序适用的判决、简易程序适用的判决、特别程序适用的判决。一审民事判决书是民事判决书的一类。民事判决的作用是一致的，根本作用在于正确地处理各类民事权益纠纷，保证我国民事法律、法规的正确贯彻执行，维护公民、法人和其他组织的合法权益。

2. 一审民事判决书的法律依据。根据《民事诉讼法》第152条规定判决书应当写明以下内容：①案由、诉讼请求、争议的事实和理由；②判决认定的事实和理由、适用的法律和理由；③判决结果和诉讼费用的负担；④上诉期间和上诉的法院。判决书由审判人员、书记员署名，加盖人民法院印章。这是制作一审民事判决书的法律依据。

3. 一审民事判决书的结构、内容和写作方法。一审民事判决书在所有的民事裁判文书中最重要。熟悉本判决书的样式，明确了它的制作要求，掌握了制作方法，不仅对于制作好第一审民事判决书具有重要意义，而且对制作好其他民事裁判文书也具有重要意义。

一审民事判决书由首部、正文和尾部三部分组成。

（1）首部。首部应当依次写明制作机关名称、文书名称、文书编号、诉讼参加人及其基本情况以及案件由来和审理经过。

①文书制作机关名称和文书名称应分为两行书写。上行写法院名称、下行写文书名称。法院名称一般应与院印的文字相一致。但我国县法院的院印都不冠省、市、自治区的名称，而试行样式的说明则要求基层法院应冠以省、市、自治区的名称，其意义在于使人了解该法院隶属于哪一行政区域。

②文书编号，由年度和制作法院、案件性质、审判程序代号以及案件顺序号组成。年度和案件顺序号应用阿拉伯数字。

③诉讼参加人的称谓要正确表述。提起诉讼的公民、法人或者其他组织称为原告；被法院通知应诉的公民、法人或者其他组织称

为被告。在诉讼过程中，被告提起反诉且成立的，还应分别写明各当事人反诉的称谓，以表明其在反诉中的诉讼地位，如"原告（反诉被告）"、"被告（反诉原告）"。《民事诉讼法》第56条第1、2款规定："对当事人双方的诉讼标的，第三人认为有独立请求权的，有权提起诉讼。对当事人双方的诉讼标的，第三人虽然没有独立请求权，但案件处理结果同他有法律上的利害关系的，可以申请参加诉讼，或者由人民法院通知他参加诉讼。人民法院判决承担民事责任的第三人，有当事人的诉讼权利义务。"根据上述法律规定，第三人虽然分为有独立请求权的第三人和无独立请求权的第三人，但为了诉讼上的简便，均表述为"第三人"。法人或者其他组织的主要负责人在诉讼中的称谓，依照最高人民法院《民诉解释》第50条的规定，法人的主要负责人称为"法定代表人"，其他组织的主要负责人称为"代表人"。诉讼代理人的称谓，应当具体写明是法定代理人、指定代理人还是委托代理人，而不能笼统地写为"诉讼代理人"。这是因为，这三种人产生的根据不同，享有的权限也不完全相同。所以，应当具体写明。

④诉讼参加人自然情况的写法。根据试行样式的要求，当事人是自然人的，写明其姓名、性别、出生年月日、民族、职业或工作单位和职务、住址。住址应当写明其住所所在地；住所地与经常居住地不一致的，写经常居住地。

当事人是法人的，写明法人名称和所在地址，并另起一行写明法定代表人及其姓名、职务。当事人是个人合伙的，写明各合伙人的姓名、性别、出生年月日、民族、住址。

个人合伙有依法核准登记的字号的，应当注明登记的字号。

当事人是个体工商户的，写明业主的姓名、性别、出生年月日、民族、住址；起有字号的，在其姓名之后用括号注明"系……（字号）业主"。

法定代理人或者指定代理人应当写明其姓名、性别、职业或者工作单位和职务、住址，并在姓名后括注其与当事人的关系。委托代理人应当写明其姓名、性别、职业或者工作单位和职业、住址；如果委托代理人系当事人近亲属，还应当在姓名后括注其与当事人的关系；如果委托代理人系律师，应当写明其姓名、律师事务所名称和职业。

上述列项及内容，如遇到特殊情况，也可适当变通。

⑤案件由来和审理经过的写法。应当写明案件来源、案由、审判组织、审判方式和到庭参加诉讼人以及审理经过等内容。写明审判组织形式和审判方式，是为了说明审理本案的组织形式和方式是否符合法律规定。当事人及其诉讼代理人等到庭参加诉讼的情况具有重要意义。开庭审理是整个审判活动的中心，当事人及其诉讼代理人等是否到庭参加诉讼对查明事实，充分保障当事人行使诉权，十分重要。

主要有以下几种情况：

适用普通程序和简易程序审理的，具体可以表述为："……（写明当事人的姓名或名称和案由）一案，本院受理后，依法组成合议庭（或依法由审判员×××独任审判），公开（或不公开）开庭进行了审理。……（写明本案当事人及其诉讼代理人等）到庭参加诉讼。本案现已审理终结。"

适用特别程序审理的，具体可以分为以下几种：

第一，选民资格案件，可以表述为："起诉人×××不服××
×选举委员会关于……（写明决定的标题）决定，向本院起诉。本院受理后，依法组成合议庭，于××××年××月××日公开开庭审理了本案。起诉人×××、×××选举委员会的代表×××以及公民×××到庭参加诉讼。本案现已审理终结。"

第二，宣告失踪、宣告死亡案件，可以表述为："申请人××

×要求宣告×××失踪（或死亡）一案，本院依法进行了审理，现已审理终结。"

第三。认定公民无民事行为能力、限制民事行为能力案件，可以表述为："申请人×××要求宣告×××为无民事行为能力（或限制民事行为能力）人一案，本院依法进行了审理，现已审理终结。"

第四，认定财产无主案件，可以表述为："申请人×××要求认定财产无主一案，本院依法进行了审理，现已审理终结。"

第五，指定监护人案件，可以表述为："起诉人×××不服指定监护一案，本院依法进行了审理，现已审理终结。"

（2）正文。一审民事判决书的正文包括：事实、理由和判决结果三部分组成。

①事实。第一审民事判决书的事实，首先要写明当事人的诉讼请求、争议的事实和理由，然后再另起段写明法院认定的事实和证据。

首先，当事人的诉讼请求、争议的事实和理由。这一部分主要写明原告通过诉讼需要解决的问题，解决的意见以及向法院提供的事实和理由；被告的辩解以及第三人的主张。通过"原告×××诉称"，"被告×××辩称"，"第三人×××述称"的固定搭配引出。在概述完当事人提出的事实和主张后，还应列举当事人向法院提供的证据。通过这些内容，一来体现尊重当事人的诉讼权利，反映当事人的真实意思；二来集中反映出当事人的讼争焦点；三来便于法院在书写审理认定的事实、证据，判决理由和判决结果时有的放矢，并且紧密相连，前后照应。这部分内容，文句要简练，内容要概括。但是，对于当事人的具体请求事项不要有遗漏，必要时可以分项写明。当事人在诉讼过程中有增加、变更诉讼请求或者提出反诉的，也应当一并写明。

其次，法院认定的事实和证据。这一部分是一审民事判决书的重点内容，包括当事人之间民事法律关系发生的时间、地点和内容；产生纠纷的时间、原因、经过、情节和后果。法院认定的事实，必须经过法庭审理查证属实。叙述的方法一般应当按照事件发展的时间顺序，客观、全面、真实地反映案情，并要抓住重点，详述主要情节和因果关系。要注意根据案件的不同性质、特点写事实。

证据的写法，实践中，主要有以下几种方式：一是采取夹叙夹议的方法，在叙述事实过程中一并分析列举。例如，借贷纠纷，在叙述事实时，一般都要写明借款人书写借据的时间和内容。借据虽然是从事实的角度叙述出来的，但是，借据又是证明当事人之间存在着债权债务关系的有力证据之一。二是在叙述事实后单独分段列举证据。三是先列举证据，再叙述事实。四是先写无争议的证据，再写有争议的证据，并对有争议的证据进行分析、认证。

应当注意的是根据 2009 年的新格式，最高法院将被告承认原告的全部诉讼请求的事实部分的表述确定为"经本院审查，被告承认原告的诉讼请求，没有违反法律规定。本院判决如下：……"。

当事人对案件事实没有争议的表述："本院认为，被告×××承认原告×××在本案中主张的事实。对原告主张的事实予以确定，……（写明对责任承担和法律适用部分的理由）。依照……（写明判决所依据的条款项）的规定，判决如下：……"。

被告对原告主张的事实和请求部分有争议的表述："对当事人双方没有争议的事实，本院予以确认；被告承认原告的诉讼请求部分，没有违反法律规定，本院予以支持。"

②理由。民事判决书的理由部分是民事判决书的灵魂。应当写明判决的理由和判决所依据的法律规范。判决理由，主要是根据法院认定的事实和有关法律、法规和政策，阐明法院对纠纷的性质、

当事人的责任以及如何解决纠纷的看法。说理要有针对性，要根据事实和法律，针对当事人的争议和诉讼请求，摆事实，讲法律，讲道理，分清是非责任。诉讼请求合法、合理的予以支持，不合法、不合理的不予支持，对于违法的民事行为应当严肃指明。民事判决书必须写明判决的理由，一是法律有规定，二是有利于提高判决书的质量，三是有利于教育当事人，四是有利于宣传社会主义法治。这一部分写得如何，既是衡量制作民事判决书水平高低的标准之一，也是衡量办案质量好坏的标准之一，还是衡量审判人员政治与业务素质及写作能力强弱的标准之一。因此，必须在如何写好判决理由方面下功夫。

③判决结果。判决结果又称判决主文，是人民法院通过对案件审理做出的当事人实体权利义务的最后处理意见。民事案件判决结果因诉讼请求的差异，在判决主文的表述上有诸多的差异。具体写作内容应当符合以下要求：

第一，对判决结果的内容要求。判决结果应当与认定的事实、理由及当事人的诉讼请求相对应，其内容要求明确、具体、完整。对当事人的称谓要准确，要使用全称。判决结果必须针对当事人的诉讼请求做出，不能有遗漏。法院判决不能超出当事人的诉讼请求的范围。

第二，对判决结果的文字表述要求。裁判结果应简明扼要，用语要准确、精练，意思确定、单一，不得产生歧义或模棱两可。案件当事人不多或给付内容不复杂的，判决主文条款不应过多。可按给付主体或给付义务性质等进行适当归纳、合并。

第三，判决结果的顺序要求。仅涉及单一财产关系的，主债权在前，从债权在后；既涉及人身又涉及财产时，人身在前，财产在后；同时涉及法律定性、人身、财产关系，按上述顺序。

（3）尾部。民事判决书的尾部，应当写明诉讼费用的负担，交代上诉事项以及审判人员的姓名和判决日期等。

①诉讼费用的负担。不是当事人争议的民事权利义务，而是当事人进行民事诉讼依法应当交纳的费用；诉讼费用的交纳，依照国务院下发的《人民法院诉讼收费办法》办理，而且不准上诉。所以，诉讼费用负担的决定，不属于判决结果的内容。因此，应当在判决结果之后另起一行写明。诉讼费用包括案件受理费和其他诉讼费用，在具体表述时应当分别写明。

②交代上诉事项。根据试行样式的要求应当写为："如不服本判决，可在判决书送达之日起十五日内，向本院递交上诉状，并按对方当事人的人数提出副本，上诉于×××人民法院。"《民事诉讼法》第164条规定："当事人不服地方人民法院第一审判决的，有权在判决书送达之日起15日内向上一级人民法院提起上诉。"关于上诉期限如何计算的问题，有的认为，"从送达之日起十五日内"就是说从送达之日起开始计算。这种理解是不对的，因为《民事诉讼法》第82条第2款规定："期间开始的时和日，不计算在期间内。"《民诉解释》第125条规定："民事诉讼中以日计算的各种期间均从次日起算。"根据以上规定，尽管在民事判决书尾部所写明的是"可在判决书送达之日起十五日内"，但在计算上诉期间时，应当从次日起算。

③署名、日期及院印。由审判长和组成合议庭的其他审判员或者陪审员共同署名。"本件与原本核对无异"印戳是书记员在核对判决书正本与原本无误后加盖在判决书上的，它是书记员履行职责的体现。因此，该印戳应当加盖在判决日期与书记员署名之间空行的左边。

4. 制作一审民事判决书应当注意的问题。

（1）无民事行为能力人、限制民事行为能力人仍应在民事判决书中列为当事人。无民事行为能力和限制民事行为能力的人是无诉讼行为能力的人，但是却是有民事诉讼权利能力的人。他们的诉讼活动由法定代理人代为行使。《民法通则》第9条规定："公民从出生时起到死亡时止，具有民事权利能力，依法享有民事权利，承担民事义务。"因此，无民事行为能力人和限制民事行为能力人，并不因为他们的行为能力问题，而影响到他们的民事权利能力，他们在民事诉讼中，是符合条件的当事人。《民事诉讼法》第57条规定，无诉讼行为能力人由他的监护人作为法定代理人代为诉讼。《民诉解释》第83条也规定，无民事行为能力人、限制民事行为能力人的监护人是他的法定代理人。根据上述法律规定和司法解释，在民事判决书中，应当将符合当事人条件的无民事行为能力人、限制民事行为能力人列为原告或者被告，他们的监护人列为法定代理人。

（2）当事人人数众多的共同诉讼，当事人项可采用附页的方式列明，判决书中只需列明代表人项即可。《民事诉讼法》第54、55条均规定了推选代表人制度。因此，为了防止因当事人列项过多，而增加民事判决书首部的篇幅，可以在判决书首部当事人项作一简要交待，然后列明代表人项。

（3）确认案件事实的证据，在表述时应当根据《民诉解释》的要求，写明该证据所证明的事项。

5. 文书格式（一审民事案件用）。

×××人民法院
民事判决书

（××××）×民初字第××号

原告……（写明姓名或名称等基本情况）。

法定代表人（或代表人）……（写明姓名和职务）。

法定代理人（或指定代理人）……（写明姓名等基本情

况）。

委托代理人……（写明姓名等基本情况）。

被告……（写明姓名或名称等基本情况）。

法定代表人（或代表人）……（写明姓名和职务）。

法定代理人（或指定代理人）……（写明姓名等基本情况）。

委托代理人……（写明姓名等基本情况）。

第三人……（写明姓名或名称等基本情况）。

法定代表人（或代表人）……（写明姓名和职务）。

法定代理人（或指定代理人）……（写明姓名等基本情况）。

委托代理人……（写明姓名等基本情况）。

……（写明当事人的姓名或名称和案由）一案，本院受理后，依法组成合议庭（或依法由审判员×××独任审判），公开（或不公开）开庭进行了审理。……（写明本案当事人及其诉讼代理人等）到庭参加诉讼。本案现已审理终结。

原告×××诉称，……（概述原告提出的具体诉讼请求和所根据的事实与理由）。

被告×××辩称，……（概述被告答辩的主要内容）。

第三人×××述称，……（概述第三人的主要意见）。

经审理查明，……（写明法院认定的事实和证据）。

本院认为，……（写明判决的理由）。依照……（写明判决所依据的法律条款项）的规定，判决如下：

……（写明判决结果）。

……（写明诉讼费用的负担）。

如不服本判决，可在判决书送达之日起十五日内，向本院递交上诉状，并按对方当事人的人数提出副本，上诉于×××

人民法院。

审判长　×××

审判员　×××

审判员　×××

××××年××月××日

（院印）

本件与原本核对无异

书记员　×××

（二）民事一审调解书

1. 民事调解书的概念。民事调解书，是人民法院对正在审理中的民事案件依法进行调解，在诉讼双方当事人自愿、合法地达成解决纠纷的协议后，予以认可而制作的具有法律效力的文书。民事调解书与民事判决书有重要区别：

（1）解决纠纷的方式不同。民事调解书是人民法院依法进行调解，促成诉讼双方当事人自愿、合法地达成解决纠纷协议而予以认可的司法文书；民事判决书则是人民法院对案件经过审理，就诉讼双方当事人纠纷的解决而依法作出判决的司法文书。

（2）体现的意志不同。民事调解书在合法的前提下，体现了诉讼双方当事人的意志，是人民法院依法对诉讼双方当事人自愿达成解决纠纷协议的确认；民事判决书体现的则是人民法院的意志即国家意志。

（3）内容及其文书结构不同。民事调解书的内容比较简单，结构上不要求写明有关审理程序方面的问题及调解理由；民事判决书的内容则比较复杂，结构也有严格要求。

（4）发生法律效力的时间不同。民事调解书一经送达，当事人签收，立即发生法律效力；一审民事判决书则需经过一定的上诉期间，当事人不上诉的，方可发生法律效力。

2. 民事调解书的法律依据。《民事诉讼法》第9条规定，人民法院审理民事案件，应当根据自愿和合法的原则进行调解。第93条规定："人民法院审理民事案件，根据当事人自愿的原则，在事实清楚的基础上，分清是非，进行调解。"调解是人民法院处理民事纠纷，解决实体问题的重要方式之一，其法律效力与民事判决相同。《民事诉讼法》第97条第3款规定，民事调解书经双方当事人签收后，即具有法律效力，不论哪个审判程序都是如此；但一审民事判决书送达当事人后并不立即生效，只有超过了法定的上诉期限，当事人不上诉的，民事判决书才发生法律效力。《民事诉讼法》第97条规定："调解达成协议，人民法院应当制作调解书。调解书应当写明诉讼请求、案件的事实和调解结果。调解书由审判人员、书记员署名，加盖人民法院印章，送达双方当事人。调解书经双方当事人签收后，即具有法律效力。"这是制作和适用一审民事调解书的法律依据。民事调解书按照不同审级，可分为一审民事调解书、二审民事调解书和再审民事调解书。

3. 民事调解书的结构、内容和写作方法。

一审民事案件用的民事调解书，是指第一审法院在审理民事、经济纠纷案件的过程中，通过调解，促使当事人自愿达成解决纠纷的协议后，制作的具有法律效力的调解文书。包括首部、正文、尾部三部分内容。

（1）首部。首部应依次写明标题、案号、当事人及其代理人基本情况，以及案件由来。

①标题中的法院名称，一般应与院印的文字一致，但基层法院应冠以省、市、自治区的名称。法院名称的字体比正文大一号。文书种类应写在法院名称的下一行，字体比正文大两号字。二者均应

写在各行正中。

②案号由年度和制作法院、案件性质、审判程序的代字以及案件的顺序号组成，年度应用阿拉伯数字。

③当事人及其代理人基本情况，与一审民事判决书中诉讼参加人自然情况写法相同。另外，当事人不论是自然人、法人还是其他，一律称"原告"、"被告"，都不加"人"字。

有法定代理人或指定代理人的，应列项写明其姓名、性别、职业或工作单位和职务、住址，并在姓名后括注其与当事人的关系。

有委托代理人的，应列项写明其姓名、性别、职业或工作单位和职务、住址。如果委托代理人系当事人的近亲属，还应在姓名后括注其与当事人的关系。

④案由，即指纠纷的性质属于哪一类，如继承、离婚、赡养、债务、合同纠纷等。根据 2011 年 4 月 1 日最高人民法院《关于修改〈民事案件案由规定〉的决定》确定案由。按照最高人民法院文书样式的规定，第一审民事调解书只写明案由，第二审民事调解书则应当在写明案由后，另起一段写明案件来源。

（2）正文。依次写清案件的事实、协议内容等内容。

①应当写明当事人的诉讼请求，可以采用"原告诉称：……"和"被告辩称：……"及"第三人述称：……"的方法分别叙述，也可以采用综合叙述的方法将各方的请求写明。

②案件的事实部分可根据不同的情况另起一段叙述，如果案件是在已经开庭审理和查清事实的基础上，经法院主持调解，双方当事人自愿达成协议的，该部分可写明法院确认的事实。如果案件是在法院受理后，只是经审查，认为法律关系明确和事实清楚，征得双方当事人的同意而调解达成协议的，可写当事人争议的事实。

应以简明概括的叙述方法将双方当事人纠纷发生的起因、经过、争议的焦点一一说清，给人一个全面的了解。为了便利协议的顺利执行，调解书中不必阐述理由，以免产生不必要的争执。

③协议内容，是指当事人自愿达成解决争讼的协议条款。表述上应注意明确、具体，便于履行。协议内容较复杂时，可采用分项写法。

协议内容不得违背有关法律、政策的规定或者损害国家、集体和他人的合法权益；应是有法律上的实在意义并能予以执行的，说服教育性质的词句不要写在调解书上；文字表述应反映自愿的语气，不能使用强制性的语气。

（3）尾部。①写明法院对双方当事人达成的协议的内容予以确认。具体可以表述为："上述协议，符合有关法律规定，本院予以确认。"②写明诉讼费的负担。诉讼费用的负担如果是当事人之间协商解决的，应当写入协议内容。③写明调解书生效条件和效力。具体可以表述为："本调解书经双方当事人签收后，即具有法律效力。"

4. 民事调解文书格式（一审民事案件用）。

××××人民法院
民事调解书

（××××）×民初字第××号

原告……（写明姓名或名称等基本情况）。

被告……（写明姓名或名称等基本情况）。

第三人……（写明姓名或名称等基本情况）。

案由：……。

……（写明当事人的诉讼请求和案件的事实）。

本案在审理过程中，经本院主持调解，双方当事人自愿达成如下协议：

……（写明协议的内容）。

……（写明诉讼费用的负担）。

上述协议，符合有关法律规定，本院予以确认。

本调解书经双方当事人签收后，即具有法律效力。

审判长　×××

审判员　×××

审判员　×××

××××年××月××日

（院印）

本件与原本核对无异

书记员×××

第九章

民事二审攻防与审判

一、民事二审庭审概述

第二审程序，是指当事人不服地方各级人民法院的第一审未生效的判决、裁定，在法定期限内向上一级人民法院提起上诉，上一级法院对上诉案件进行审理时所适用的程序。第二审程序之所以发生，一是基于当事人的上诉权，二是基于上级人民法院的审判监督权。二者共同构成了第二审程序的发生基础，缺少哪一方面，第二审程序都不能发生。但第二审程序的启动，首先在于当事人行使上诉的权利。

（一）上诉的提起

《民事诉讼法》第164条规定，当事人不服地方人民法院第一审判决的，有权在判决书送达之日起15日内向上一级人民法院提起上诉。当事人不服地方人民法院第一审裁定的，有权在裁定书送达之日起10日内向上一级人民法院提起上诉。

1. 提起上诉的主体。根据法律规定，在第一审程序中，享有实体权利、承担实体义务的当事人，具有上诉人资格。包括第一审程序中的原告、被告、共同诉讼人、诉讼代表人、有独立请求权第三人、法院在一审判决中确认其承担义务的无独立请求权第三人。

2. 上诉客体。根据《民事诉讼法》规定，可以对之提出上诉，作为合格上诉客体的判决、裁定有：①地方各级人民法院按普通程序、简易程序审理民事案件所作的判决；②第二审人民法院发回原审人民法院重新审理的案件所作的判决；③第一审人民法院按照审判监督程序提起再审所作的判决；④地方各级人民法院所作的不予受理的裁定、驳回起诉的裁定和对管辖权有异议的裁定。

基层人民法院按照特别程序审理的案件实行一审终审，所作的裁判不得提起上诉；中级、高级、最高人民法院的二审裁判，当事人不得提起上诉；最高人民法院所作的第一审裁判是终审裁判，不得提起上诉；对调解协议不能上诉；除不予受理、驳回起诉、管辖权异议这三种裁定以外的其他民事裁定，不得提出上诉。

3. 上诉期限。

（1）判决：不服判决的上诉期间为 15 日。

（2）裁定：不服裁定的上诉期间为 10 日。

（3）涉外案件境内无住所的：30 日。

4. 程序要求。

（1）只能向一审法院的上一级法院提起。

（2）必须提交上诉状（书面）。上诉状应当通过原审人民法院提出，当事人直接向第二审人民法院上诉的，第二审人民法院应当在 5 日内将上诉状移交原审人民法院。

（二）对上诉案件的审理

1. 审判组织。人民法院审理第二审民事案件，由审判员组成合议庭，陪审员不得参加合议庭审理案件。

2. 审理的范围。第二审人民法院应当围绕当事人的上诉请求进行审理。当事人没有提出请求的，不予审理，但一审判决违反法律禁止性规定，或者损害国家利益、社会公共利益、他人合法权益的除外。

3. 审理方式。根据《民事诉讼法》第 169 条第 1 款的规定，第二审人民法院审理上诉案件有两种方式：一是开庭审理，二是不开庭审理。

（1）开庭审理是第二审人民法院审理案件的原则方式。

（2）不开庭审理的基本条件包括：①不服不予受理、管辖权异议和驳回起诉裁定的；②当事人提出的上诉请求明显不能成立的；③原判决、裁定认定事实清楚，但适用法律错误的；④原判决严重违反法定程序，需要发回重审的。

不开庭审理案件，审判人员必须经过阅卷、调查和询问当事人，经合议庭讨论，认为不需开庭审理。

（3）第二审人民法院审理上诉案件，可以进行调解。调解达成协议，应当制作调解书。调解书送达后，原审人民法院的判决视为撤销。

4. 上诉案件的审限。我国《民事诉讼法》第 176 条规定："人民法院审理对判决的上诉案件，应当在第二审立案之日起 3 个月内审结。有特殊情况需要延长的，由本院院长批准。人民法院审理对裁定的上诉案件，应当在第二审立案之日起 30 日内作出终审裁定。"

（三）对上诉案件的裁判

1. 维持原判。原判决、裁定认定事实清楚，适用法律正确的，以判决、裁定方式驳回上诉，维持原判决、裁定。

2. 依法改判。①应当改判。认定事实错误或者适用法律错误的，以判决、裁定方式改判、撤销或变更。②可以改判。基本事实不清的，二审人民法院可以查清事实后改判。

3. 裁定发回重审。①可以发回。基本事实不清的，可以裁定撤销原判决，发回原审人民法院重审。②应当发回。原判决遗漏当事人或者违法缺席判决等严重违反法定程序的，裁定撤销原判决，发回原审人民法院重审。

二、上诉方技能训练与规则

(一) 民事上诉状

1. 民事上诉状的概念。民事上诉状,是民事诉讼当事人不服人民法院第一审民事判决、裁定,在法定期限内,向上一级人民法院提出上诉,请求撤销或者变更第一审民事判决、裁定的文书。《民事诉讼法》第 164 条规定:"当事人不服地方人民法院第一审判决的,有权在判决书送达之日起 15 日内向上一级人民法院提起上诉。当事人不服地方人民法院第一审裁定的,有权在裁定书送达之日起 10 日内向上一级人民法院提起上诉。"第 165 条规定:"上诉应当递交上诉状。上诉状的内容,应当包括当事人的姓名、法人的名称及其法定代表人的姓名或者其他组织的名称及其主要负责人的姓名;原审人民法院名称、案件的编号和案由;上诉的请求和理由。"上述法律规定是制作民事上诉状的法律依据。

2. 民事上诉状的内容和制作方法。民事上诉状由首部、正文和尾部组成。

(1) 首部应当依次写明:①文书名称,即"民事上诉状";②上诉人和被上诉人的姓名(或者名称)及其基本情况,具体写法与民事起诉状相同。需要注意的是,在上诉人和被上诉人称谓后应用括号注明该当事人在原审时的诉讼称谓;共同诉讼的案件,上诉的内容未涉及的当事人仍列原审时的诉讼称谓,而不列为被上诉人。

(2) 正文应当依次写明:①案由、原审人民法院名称、案件编号;②上诉请求;③上诉理由。案由、原审人民法院名称、案件编号,一般可表述为:"上诉人因……(写明对方当事人姓名或者名称和案由)一案,不服×××人民法院×××年×月×日(××××)××初字第××号民事判决(或者裁定),现提出上诉。"

上诉请求，应当写明要求撤销或者变更原审裁判的具体内容。上诉理由，应当针对原审裁判认定事实错误或者部分错误，提出否定或者部分否定的事实和证据；针对原审裁判适用法律不当，提出应当如何适用法律的意见；针对原审在诉讼程序上的错误，提出依法应予纠正的意见。上诉理由要始终针对原裁判内容，紧紧围绕支持自己的上诉请求来叙述。

（3）尾部依次写明：①致送人民法院的名称；②民事上诉状副本的份数；③上诉人签名或者盖章；④上诉的日期。

3. 文书格式（公民提出上诉用）。

民事上诉状

上诉人：……

被上诉人：……

上诉人×××因××××一案，不服×××人民法院××年××月××日（　　）××字第××号××判决（或裁定），现提出上诉。

上诉请求：……

上诉理由：……

此致

××人民法院

附：本上诉状副本××份。

上诉人：××

××××年××月××日

（二）民事二审上诉人代理词

二审上诉人代理词的首部与尾部和一审代理词的写法相同，在此不再赘述，下面仅就正文的代理意见部分进行阐述。

二审程序中的代理词是针对一审判决或者裁定的内容，就一审事实的认定和法律的适用进行论证。二审上诉人代理词的主要内容包括以下两个方面：一是一审判决认定事实的证据存在的问题。二是一审判决在适用法律上存在的问题。二审代理词应根据案件的情况提出适用法律的意见。

撰写二审上诉人代理词应当注意以下几个问题：一是抓住重点，许多案件涉及的事实比较复杂，判决书在认定事实上可能存在与事实不符的情况，制作代理词时应掌握一个原则，即抓重点。什么是重点？就是与判决结果直接发生关系的事实的认定。二是把握二审程序的特点，当事人因对一审判决不服而提出上诉，因此，代理词应当紧紧围绕一审判决认定的事实是否正确及适用法律是否恰当来拟定，切不可过于纠缠一审审理中的是是非非。三是如果在一审期间，代理人的观点、证据已被一审判决接受并采纳的，在二审程序中原则上可以不写。未被接受和采纳的观点、证据在二审程序中则要着重说明。

三、被上诉方技能训练与规则

（一）民事答辩状

1. 民事答辩状的概念及法律依据。民事答辩状，是民事诉讼被告或者被上诉人针对原告的民事起诉或者上诉人的上诉，所作出的答复和辩驳的文书。根据《民事诉讼法》第125条和第167条的规定，人民法院应当将起诉状副本或者上诉状副本送达被告或者上诉的对方当事人，被告或者上诉的对方当事人应当在收到之日起15日内提出答辩状。不提出答辩状的，不影响人民法院审理。

2. 民事答辩状的内容和制作方法。民事答辩状由首部、正文和尾部组成。

（1）首部应当依次写明：①文书名称，即"民事答辩状"；

②答辩人的姓名、性别、出生年月日、民族、职业、工作单位和住址。答辩人是法人或者其他组织的，应当写明法人或者其他组织的名称、所在地和法定代表人或者主要负责人的姓名、职务。

（2）正文应当依次写明：①案由；②答辩内容。在行文上可表述为："因……一案，提出答辩如下：……"写好答辩状，一是要有针对性，针对起诉状或上诉状中的事实、理由和请求来回答；二是要实事求是，叙述事实要客观；三是要讲理讲法，根据事实和法律辩驳对方的主张。

（3）尾部依次写明：①致送人民法院的名称；②答辩状副本的份数；③答辩人签名或者盖章；④答辩日期。

（二）民事二审被上诉人代理词

二审被上诉人代理词的首部与尾部和一审代理词的写法相同，在此不再赘述，下面仅就正文的代理意见部分进行阐述。

二审被上诉人代理词内容主要包括以下两个方面：一是若上诉人未提出新证据，被上诉人代理词应强调原审判决认定的事实和适用的法律正确。二是若上诉人提出新证据，律师应给予充分重视，代理词应将此作为重点。上诉人在上诉时往往会提出新证据以证明一审判决存在错误。在这种情况下，被上诉人代理词内容应将上诉人新证据作为重点，不仅要认真分析新证据的真实性、证明力、来源，更要注意该证据为何一审未提出以及上诉人一审时是否提出过与新证据不一致的证据。如果新证据能够成立，显然将要推翻一审已认定的事实证据。二审被上诉人应尽可能证实上诉人新证据不能成立。

撰写二审被上诉人代理词应当注意以下几个问题：一是不能过于依赖一审代理意见。被上诉人多数是一审胜诉的当事人。由于一审胜诉，往往二审时对诉讼重视不够，代理词也过多依赖一审的主要观点和意见。事实上二审上诉人为了改变一审判决的内容，大多都会尽可能提出新意见。如果被上诉人代理意见对此不能给予足够的重视，就难以使当事人的利益得到充分的保护。二是不应回避上诉人提出的新证据。被上诉人代理词应对上诉人新证据和意见给予足够重视。因为这些新证据、事实可能是能够改变一审判决的主要依据。

四、民事二审审判规则

（一）法官释明

由于我国民事诉讼当事人诉讼能力较低，律师代理率偏低，律师的专业能力差异较大，使得当事人之间对抗能力失衡，为保证结果公正，应当加强法官对当事人的指导与释明。法官释明权是大陆法系诉讼制度中的概念，是指法院为救济当事人在诉讼过程中存在的能力上的不足，通过发问、指导、阐释等方式，以澄清或落实当事人所主张的某些事实，以引导和协助当事人对案件的主要事实和主要证据进行有效的举证和积极辩论的权力。[1] 释明包括程序性事项的释明和实体性事项的释明。

1. 程序性事项释明。

（1）原告不适格，告知当事人依据《民事诉讼法》第119条之规定，原告是与本案有直接利害关系的公民、法人和其他组织，如不具有诉权，则可以变更适格原告另行起诉，如果拒绝变更，法院将会裁定驳回起诉。

（2）被告不适格，告知原告，应当另行起诉适格被告，如果拒绝变更，法院将会裁定驳回起诉。

（3）漏列被告，从程序效率、案件事实的认定、实体责任的承担以及执行等方面向当事人阐明利害关系，并询问是否追加。

---

[1] 沈志先主编：《驾驭庭审》，法律出版社2010年版，第237页。

以上释明内容，应记入笔录。

（4）拒绝第三人参加诉讼。法院不允许案外人以有独立请求权的第三人身份参加诉讼时，应当告知申请人另行起诉并说明理由。法院不同意追加案外人作为无独立请求权的第三人的，应当说明理由并记入笔录。

（5）法院依职权做出中止诉讼、终结诉讼等重大程序性事项时，应当向当事人说明理由。

2. 实体性事项释明。

（1）诉讼请求固定释明。当事人提出的诉讼主张不明确、不充分、诉讼标的不正确时，法官可以指出该诉讼请求的矛盾之处，促使其将自己的诉讼请求陈述清楚。在当事人诉讼请求不充分时，法院可以向当事人发问，探知当事人之真意，如果当事人确实不知道可以提出如此之多的诉讼请求，法院应当行使释明权。当人只向法院陈述了案件事实，但没有主张以何种方式追加对方责任时，法官应向当事人说明不同法律关系选择产生的法律后果，由当事人自行选择并决定诉讼标的。

（2）审前程序告知举证、提示举证不能风险承担释明。审前阶段，法官通过向当事人送达举证通知书，指导当事人根据自己的诉讼请求进行举证。法官告知当事人举证责任的分配原则与要求；向法院申请调查取证的权利及具体适用情形；还要围绕争点，引导当事人积极、全面地举证。告知负有举证责任的当事人，不提供证据材料或者提供的证据材料不足以证明案件事实的真伪，就应当承担败诉的风险。

（3）证据交换参加审前会议的释明。法官应当告知当事人交换的规则和顺序，所出示证据的形式要求。依职权向当事人提出关于事实或法律上的质问，促请当事人提出证据，以明确己方的诉求；征询当事人的意见，指导当事人有针对性地进行举证，并对有异议的证据提出理由，或对有争议的问题提出鉴定等等。即告知当事人已经交换并表示无异议的证据，非经法定程序不得随意更改或撤销其对证据发表的意见，庭审时法院也不再就此进行质证。告知当事人审前会议的内容，其目的是固定争议焦点，促使当事人披露真实诉讼主张，认真举证、质证。

（4）质证中法官的释明。在质证中法官处于听证的地位，在听取双方的质辩时，对当事人质证中未涉及或者未质辩清楚的问题，进行引导和发问，以此查明案件事实。对当事人争议的事项，认为需要通过审计、鉴定、评估才能查明的，法官应告知负有举证责任的当事人可以申请鉴定。对于新出现的争议焦点，向当事人说明进一步举证的必要。

（5）妨碍举证的释明。《民诉解释》第112条规定书证在对方当事人控制之下的，承担举证证明责任的当事人可以在举证期限届满前书面申请人民法院责令对方当事人提交。对方当事人无正当理由拒不提交的，人民法院可以认定申请人所主张的书证内容为真实。本条是妨碍举证的推定。在诉讼中，法官应当告知持有证据一方，无正当理由拒不提供的认定及其后果。

（6）推定自认释明。对一方当事人陈述的事实，另一方当事人既未表示承认也未否认，经审判人员充分说明并询问后，其仍不明确表示肯定或否定的，视为对该项事实的承认。"说明"是指对当事人沉默的法律后果的说明；"询问"是法官就另一方当事人陈述的真实性而向当事人进行的核对和发问。并应将审判人员的说明和询问当事人的过程认真记录在卷，以此作为认定当事人自认的重要依据。

3. 法官行使释明权应遵循的原则：

（1）探求真实原则。法官在审理案件中行使释明权的目的是探明案件真实，为公正裁判做准备，这是法官释明权行使的职业道德底线，不能为其他目的行使释明权。

（2）中立原则。法官在行使释明权时应在双方当事人之间保持中立，当事人的诉讼权利是平等的，对当事人诉讼权利的释明要等量齐观，决不能厚此薄彼。不能成为一方当事人的代理人，产生权利错位。

（3）适度原则。所谓适度，是指释明权的行使应使当事人足以清楚法官释明的意图，明了自身诉讼行为的后果和案件的审理趋势，并且不至于损害另一方当事人的合法权益。当然通过立法是不可能对释明权的限度进行详细规范的，释明权的适度使用，更主要的还是要依靠法官的办案经验及公允良心。

（二）二审民事案件模拟庭审提纲

[庭前准备]

书记员：请当事人、诉讼代理人入庭。

书记员：请肃静，现在宣布法庭纪律。

1. 未经允许不得录音、录像和摄影；

2. 不准进入审判区，不准随意走动；

3. 不准鼓掌、喧哗和其他妨碍审判活动的行为；

4. 不准擅自发言、提问，如对法庭的审判活动有意见可在休庭后口头或书面向法庭提出；

5. 不准吸烟、吃槟榔、香糖和随地吐痰；

6. 在法庭审理期间，关闭移动通讯工具。

书记员：全体起立，请审判长、审判员入庭。

书记员：报告审判长，上诉人××，代理人××，被上诉人××，代理人××已全部到庭。[上诉人（被上诉人）的证人××，鉴定人××庭外候传]，庭前准备就绪，请开庭。

[开庭审理]

（审判长核对当事人身份）

审判长：上诉人及代理人的身份情况：

1. 如为自然人的，姓名、性别、出生年月日、民族、工作单位、职务、住址、身份证号码；如为单位的，应陈述单位全称、住所地、法定代表人姓名及职务。

2. 如上诉人有法定代理人的，姓名、性别、出生年月日、民族、工作单位、职务、住址，身份证号码，与上诉人之间的关系。

3. 上诉人委托代理人的，如为公民代理，应问其姓名、性别、出生年月日、民族、职业、住址；如委托代理人是律师的，则宣读其姓名及所在律师事务所名称。同时，应说明代理人的权限。

（审判长核对被上诉人及原审被告身份的内容同上）

审判长：上诉人是否在三日前收到开庭传票？

审判长：上诉人对今天到庭的被上诉人方的出庭人员有无异议？

审判长：被上诉人是否在三日前收到开庭传票？

审判长：被上诉人对今天到庭的上诉人方的出庭人员有无异议？

审判长：参加今天诉讼的当事人及诉讼代理人符合法律规定，可以参加本案诉讼。

审判长：××市中级人民法院民事审判第一庭依照《中华人民共和国民事诉讼法》第134条、第136条之规定，今天公开开庭审理上诉人××与被上诉人××，××（案由）纠纷一案，现在宣布开庭。

现在宣布合议庭组成人员：审判长由本院民事审判第一庭审判员×××担任，与审判员×××、×××组成合议庭，由书记员×××担任法庭记录。

下面向双方当事人告知当事人享有的权利和应承担的义务。民事诉讼当事人有以下权利：①对合议庭组成人员、书记员、记录员有申请回避的权利；②有向法庭提供证据的权利；③对双方争议的事实，有相互辩论的权利；④双方当事人有请求法院调解的权利。民事诉讼当事人应承担以下义务：①对自己提出的主张有举证的责任；②应如实陈述案件事实和理由；③应自觉遵守法庭纪律；④对发生法律效力的判决、裁定和调解协议必须履行。

审判长： 上诉人，你对以上宣布的合议庭组成人员、书记员及诉讼权利、义务是否听清？是否申请回避？

审判长： 被上诉人，你对以上宣布的合议庭组成人员、书记员及诉讼权利、义务是否听清？是否申请回避？

审判长： 下面进行法庭调查。

[法庭调查]

审判长： 上诉人或委托代理人陈述诉讼请求及案件的简要事实和理由。

审判长： 由被上诉人发表答辩意见。

审判长： 根据双方当事人的陈述，本庭归纳本案的争议焦点为：①……②……③……

审判长： 上诉人，对本庭归纳的争议焦点有无异议及补充？

审判长： 被上诉人，有无异议及补充？

审判长： 双方当事人对本庭对纳的争议焦点均无异议，本庭予以确认。下面请双方当事人围绕本案的争议焦点列举、简要说明在一审法院指定的举证期限内已向法院提交的证据。（对在原审法院庭审中已经举证、质证，当事人没有异议的证据，不组织质证。对当事人在原审举证期限内提出，质证时上诉方提出异议，原审法院没有采纳的，二审应组织重新质证。）下面首先由上诉人向法庭列举、简要说明（仍称为上诉人举证，被上诉人同此）。

（上诉人举证）

注：对于当事人在一审中没有提出，在二审当事人在法庭上提

出新的证据的，人民法院应当依照《民事诉讼法》第65条第2款规定和《民诉解释》相关规定处理。

审判长：被上诉人，对上诉人的列举、说明有无异议？对有争议的证据重新发表质证意见？

审判长：对该证据是否确认并说明理由。（如暂不确认可表述为：合议庭在合议时将结合其他证据的情况再决定对该证据是否确认。）

（上诉人举证完毕后由被上诉人向法庭出示证据）

审判长：上诉人，对被上诉人所举证据有无异议？

审判长：对该证据是否确认并说明理由。

审判长：下面就必要的问题向双方当事人进行询问。

审判长：法庭调查结束，下面进行法庭辩论。

[**法庭辩论**]

审判长：法庭辩论要围绕争议的焦点进行，对双方意见一致的问题不再辩论；辩论的内容主要是针对争议问题如何分清是非责任、正确适用法律发表各自的意见，已经发表过的意见不要重复；辩论的顺序为：上诉人及其代理人发表辩论意见；被上诉人及其代理人发表辩论意见；原审被告及其代理人发表辩论意见。

审判长：上诉人发言。

审判长：被上诉人发言。

审判长：经过第一轮辩论，双方当事人已经详尽地阐明了各自的观点，法庭已记录在卷，如果没有新的辩论意见，将结束法庭辩论。

审判长：上诉人，有无新的辩论意见？

审判长：被上诉人，有无新的辩论意见？

审判长：法庭辩论结束，依据《中华人民共和国民事诉讼法》第141条的规定，当事人有最后陈述的权利。

审判长：上诉人，有无最后陈述？

审判长：被上诉人，有无最后陈述？

［法庭调解］

审判长：依据《中华人民共和国民事诉讼法》第 142 条的规定，法庭辩论终结后，还可以进行调解。

审判长：上诉人，是否同意本庭调解？

审判长：被上诉人，是否同意本庭调解？

审判长：因上诉人（被上诉人）不同意当庭调解，本庭不进行当庭调解。合议庭将在评议后进行判决。

审判长：现在宣布休庭，何时宣判另行通告。当事人核对笔录无异议后签字。

五、民事二审法律文书

（一）二审民事判决书

1. 二审民事判决书的概念。二审民事判决书，是中级以上人民法院对当事人不服第一审民事判决提起上诉的民事案件，依照《民事诉讼法》规定的第二审程序进行审理后，依法作出维持或者改变第一审民事判决的书面处理决定。

2. 二审民事判决书的法律依据。二审民事判决书的法律依据包括：《民事诉讼法》第 152 条、第 170 条第 1 款第 1～3 项的规定。二审民事判决书适用于以下情形：一是原判决认定事实清楚，适用法律正确，判决驳回上诉，维持原判决的；二是原判决认定事实错误或者适用法律错误，判决依法改判、撤销或者变更；三是原判决认定基本事实不清二审查清事实后依法改判的。

3. 二审民事判决书的结构、内容和写作方法。二审民事判决书由首部、正文和尾部三部分组成。

（1）首部。二审民事判决书的首部包括标题、案号、当事人的称谓和基本情况、案由、案件来源和审理经过等四部分。

①标题，写法与一审民事判决相同。

②案号，（××××）×民终字第×号。

③当事人的称谓和基本情况。二审当事人的称谓与一审不同，二审民事判决书中当事人的称谓为"上诉人"和"被上诉人"。《民事诉讼法》第317条规定，双方当事人和第三人都提起上诉的，均列为上诉人。第319条规定，必要共同诉讼人中的一人或者部分人提出上诉的，按下列情况处理：

该上诉人与对方当事人之间权利义务分担有意见，不涉及其他共同诉讼人利益的，对方当事人为被上诉人，未上诉的同一方当事人仍依原审诉讼地位列明；该上诉只对共同诉讼人之间权利义务分担有意见，不涉及对方当事人利益的，未上诉的同一方当事人为被上诉人，对方当事人仍依原审诉讼地位列明；该上诉对双方当事人之间以及共同诉讼人之间权利义务承担都有意见的，未提出上诉的其他当事人均为被上诉人。

为了反映二审当事人在一审中的诉讼地位，试行样式要求在上诉人或者被上诉人称谓的后面，用括号注明其在一审时的诉讼称谓，如"上诉人（原审被告）"。无民事行为能力人或者限制民事行为能力人的法定代理人，代为当事人提起上诉的，"上诉人"仍应写无民事行为能力人或者限制民事行为能力人，其法定代理人在二审中仍处于法定代理人的诉讼地位。

④案由、案件来源和审理经过。二审民事判决书首部应当写明案由，上诉人不服一审判决提起上诉的情况。在行文上一般这样表述："上诉人×××因（案由）一案，不服×××人民法院（××××）×民初字第××号民事判决，向本院提起上诉。"对于不开庭审理的案件，在判决书中的表述与开庭审理的案件不同。一般在叙述了案件由来后，续写"本院依法组成合议庭审理了本案，现已

审理终结"。开庭审理的案件，其写法与第一审民事判决书相同。

（2）正文。正文包括事实、理由和判决结果三部分。

①事实。二审民事判决书分两部分叙写。第一部分，要概括写明原审认定的事实、判决理由和判决结果。简述上诉人提起上诉的请求和主要理由，被上诉人的主要答辩以及第三人的意见。第二部分，写明二审经审理认定的事实和证据。

②理由。二审判决的理由，要围绕原判决是否正确，上诉是否有理进行分析、论证。理由部分需要论述的内容较多的，可分层次分问题进行论证。在援引法律条款方面，维持原判的，只需援引《民事诉讼法》第170条第1款第1项；全部改判、部分改判的，除了应当援引《民事诉讼法》的有关条款外，还应当援引改判所依据的实体法的有关条款。在顺序上，应当先引用程序法，后引用实体法。

③判决结果。二审民事判决书的判决结果，应当对当事人争议的实体问题作出终审结论。二审判决结果有四种：维持原判、全部改判、部分改判和维持原判又加判内容。二审的判决结果的写法见后述"文书格式"部分。

（3）尾部。

①诉讼费用负担的写法，应当区分两种情况：一是驳回上诉，维持原判的，只需写明二审诉讼费由谁负担即可；二是改判的，应根据最高人民法院《关于适用〈诉讼费用交纳办法〉的通知》的有关规定，除写明当事人对二审诉讼费用的负担外，还应将变更一审诉讼费用负担的决定一并写明。

②第二审民事判决是终审判决，判决一经作出即发生法律效力。因此，第二审民事判决的尾部应当写明："本判决为终审判决。"依照《民事诉讼法》第40条第1款关于"人民法院审理第二审民事案件，由审判员组成合议庭"的规定，二审民事判决书应

当由审理该案的合议庭组成人员署名。

(4) 制作二审民事判决书应当注意的问题。

①二审判决认定的事实部分，要注意区分原判认定事实清楚和原判认定事实错误或者认定事实不清两种情况。对于原判认定事实清楚，上诉人对事实并无异议的，一般对原判认定的事实，可概括予以确认；如果上诉人对原判认定的事实有异议，则应当重点针对有异议的事实，运用具体证据进行分析，来证明为什么原判认定的事实是清楚的。对于原判认定事实错误或者认定事实不清的，二审查明的事实应当详细叙述，并运用证据加以证明。如二审是根据当事人提出的新证据而改判的，根据最高人民法院《关于民事经济审判方式改革问题的若干规定》第 38 条的规定，判决书中应当写明对新证据的确认。

②二审判决的理由部分，要注意区分三种情况：

第一种是驳回上诉，维持原判的二审判决的理由，要着重从两个方面加以论证：一是一审判决为什么正确。论证时切忌使用套话、空话，要有根有据地说明一审判决认定事实清楚、适用法律正确。二是上诉人的上诉理由为什么不能成立。论证时要紧紧扣住其上诉理由和请求，以案件事实、法律规定说明上诉理由不能成立，上诉请求不予支持。

第二种是一审判决认定事实清楚，适用法律错误，改判的二审判决的理由。首先要分析、论证一审判决适用法律错在何处。其次，对上诉的理由和请求作出分析，对的予以支持，不对的不予支持。

第三种是一审判决认定事实错误或者认定事实不清，证据不足，二审查清事实后改判的二审判决的理由。则要根据二审查清和认定的事实，依照有关法律、法规，针对原判错误和上诉人的上诉理由及请求，全面进行分析、论证。

第四种是鉴于二审民事判决书比一审民事判决书在制作方面有较大的难度，制作时既要符合制作民事判决书的一般要求，又要反映二审的特点；既要概括写明一审判决认定的事实，又要写明二审查明确认的事实；既要针对一审判决认定的事实和适用的法律进行评述，又要针对上诉人的上诉理由与请求进行分析、论证。要注重对各部分的详略繁简安排适当，避免文字上的明显重复。

4. 文书格式（二审民事判决用）。

×××人民法院
民事判决书

（××××）×民终字第××号

上诉人（原审×告）……（写明姓名或名称等基本情况）。

被上诉人（原审×告）……（写明姓名或名称等基本情况）。

第三人……（写明姓名或名称等基本情况）。

（当事人及其他诉讼参加人的列项和基本情况的写法，除双方当事人的称谓外，与一审民事判决书样式相同）。

上诉人×××因……（写明案由）一案，不服×××人民法院（××××）×民初字第××号民事判决，向本院提起上诉。本院依法组成合议庭，公开（或不公开）开庭审理了本案。……（写明当事人及其诉讼代理人等）到庭参加诉讼。本案现已审理终结。（未开庭的，写："本院依法组成合议庭审理了本案，现已审理终结。"）

……（概括写明原审认定的事实和判决结果，简述上诉人提起上诉的请求和主要理由；被上诉人的主要答辩，以及第三人的意见。）

经审理查明，……（写明二审认定的事实和证据）。

本院认为，……（根据二审查明的事实，针对上诉请求和理由，就原审判决认定事实和适用法律是否正确，上诉理由能否成立，上诉请求是否应予支持，以及被上诉人的答辩是否有理等，进行有分析的评论，阐明维持原判或者改判的理由）。依照……（写明判决所依据的法律条款项）的规定，判决如下：

……［写明判决结果。分四种情况：

第一，维持原判的，写：

"驳回上诉，维持原判。"

第二，全部改判的，写：

"一、撤销×××人民法院（××××）×民初字第××号民事判决；

二、……（写明改判的内容，内容多的可分项书写）。"

第三，部分改判的，写：

"一、维持×××人民法院（××××）×民初字第××号民事判决的第×项，即……（写明维持的具体内容）；

二、撤销×××人民法院（××××）×民初字第××号民事判决的第×项，即……（写明撤销的具体内容）；

三、……［写明部分改判的内容，内容多的可分项书写。如果原判在认定事实和法律适用均无错误，只对某一项具体数额有所变动的，则可不采用先撤销再改判的写法，而直接写为'变更×××人民法院（××××）×民初字第××号民事判决第×项的……为……'即可]。"

第四，维持原判，又有加判内容的，写：

"一、维持×××人民法院（××××）×民初字第××

号民事判决；

　　二、……（写明加判的内容）。"]

　　……（写明诉讼费用的负担）。

　　本判决为终审判决。

审判长　×××

审判员　×××

审判员　×××

××××年××月××日

（院印）

本件与原本核对无异

书记员×××

　　（二）二审民事裁定书

　　二审民事裁定书的首部和尾部与第二审民事判决书基本相同，主要是正文部分的书写不同。本书仅就正文部分进行阐述：

　　1. 二审民事裁定正文部分的制作。二审民事裁定分三类，发回重审裁定、不予受理裁定和驳回管辖权异议裁定。

　　（1）发回重审的，写为：本院认为：……（概括写明发回重审的理由，如原判决认定事实错误或者认定事实不清、证据不足，或者违反法定程序可能影响案件正确判决等）。依照《中华人民共和国民事诉讼法》第×条第×款第×项的规定，裁定如下：

　　"一、撤销×××人民法院（××××）×民初字第××号民事判决；二、发回×××人民法院重审。"

　　（2）对原审不予受理的上诉，写为：上诉人×××不服×××人民法院（××××）×民×字第××号不予受理起诉的民事裁定，向本院提出上诉。上诉人×××称，……（简述上诉理由和请求）。

本院经审查认为，……（简要写明驳回上诉或者撤销原裁定的理由）。依照《中华人民共和国民事诉讼法》第一百七十条第×项（维持）或者第一百七十条第×项（撤销）的规定，分别裁定如下：

维持原裁定的，写：驳回上诉，维持原裁定。

撤销原裁定的，写："一、撤销×××人民法院（××××）×民初字第××号民事裁定；二、本案由×××人民法院立案受理。"

（3）对管辖权有异议的上诉，写为：上诉人×××不服×××人民法院（××××）×民初字第××号民事裁定向本院提出上诉。……（写明上诉请求与理由、被上诉人的答辩）。

本院经审查认为，……（简要写明二审驳回上诉或者撤销原裁定的事实根据和理由）。依照《中华人民共和国民事诉讼法》第一百七十条第×项的规定，裁定如下：

维持原裁定的，写：驳回上诉，维持原裁定。

撤销原裁定的，写："一、撤销×××人民法院（××××）×民初字第××号民事裁定；二、本案由×××人民法院管辖（在本辖区外的，写：本案移送×××人民法院处理）。"

对原审驳回起诉上诉的民事裁定书和准许或不准许撤回上诉的民事裁定书等可参见《法院诉讼文书样式》的固定格式。

2. 二审裁定书格式。

××××人民法院
民事裁定书

（××××）×民终字第××号

上诉人（原审××）……（写明姓名或名称等基本情况）。

被上诉人（原审××）……（写明姓名或名称等基本情况）。

（当事人及其他诉讼参加人的列项和基本情况的写法，与二审维持原判或者改 判用的民事判决书样式相同。）

上诉人×××因……（写明案由）一案，不服×××人民法院（××××）×民初字第××号民事判决，向本院提起上诉。本院依法组成合议庭，公开（不公开）开庭审理了本案。……（写明到庭的当事人、诉讼代理人等）到庭参加诉讼。（未开庭的，写"本院依法组成合议庭审理了本案。"）本院认为，……（概括写明发回重审的理由。如原判决认定事实错误或事实不清，证据不足，或者违反法定程序可能影响案件正确判决等）。依照……（写明裁定所依据的法律条款项）的规定，裁定如下：

一、撤销×××人民法院（××××）×民初字第××号民事判决；

二、发回××××人民法院重审。

审判长　×××

审判员　×××

审判员　×××

××××年××月××日

（院印）

本件与原本核对无异

书记员　×××

第十章

行政一审攻防与审判

一、行政一审庭审概述

随着公民权利意识、法律意识的增强，行政诉讼案件逐渐增多。但是，与其相反的现象是一些行政机关千方百计不当被告，这就导致很多应当通过诉讼解决的纠纷进入了信访渠道，官民矛盾尖锐剧烈。正是在这种大背景下，2014 年 11 月 1 日我国的《行政诉讼法》进行了修改。在对行政诉讼目的进行重新审视以后，加大了司法独立裁判解决纠纷的制度确立。

（一）行政诉讼的受案范围

1. 概括式：公民、法人或者其他组织认为行政机关和行政机关工作人员的行政行为侵犯其合法权益，有权向人民法院提起诉讼。新行政诉讼法将"具体"二字去掉，防止法院以该行为不是具体行政行为为借口不立案。

2. 肯定列举式：人民法院受理公民、法人或者其他组织提起的下列诉讼：

（1）对行政拘留、暂扣或者吊销许可证和执照、责令停产停业、没收违法所得、没收非法财物、罚款、警告等行政处罚不服的。

（2）对限制人身自由或者对财产的查封、扣押、冻结等行政强制措施和行政强制执行不服的。

（3）申请行政许可，行政机关拒绝或者在法定期限内不予答复，或者对行政机关作出的有关行政许可的其他决定不服的。

（4）对行政机关作出的关于确认土地、矿藏、水流、森林、山岭、草原、荒地、滩涂、海域等自然资源的所有权或者使用权的决定不服的。

（5）对征收、征用决定及其补偿决定不服的。

（6）申请行政机关履行保护人身权、财产权等合法权益的法定职责，行政机关拒绝履行或者不予答复的。

（7）认为行政机关侵犯其经营自主权或者农村土地承包经营权、农村土地经营权的。

（8）认为行政机关滥用行政权力排除或者限制竞争的。

（9）认为行政机关违法集资、摊派费用或者违法要求履行其他义务的。

（10）认为行政机关没有依法支付抚恤金、最低生活保障待遇或者社会保险待遇的。

（11）认为行政机关不依法履行、未按照约定履行或者违法变更、解除政府特许经营协议、土地房屋征收补偿协议等协议的。

（12）认为行政机关侵犯其他人身权、财产权等合法权益的。

除前述规定外，人民法院受理法律、法规规定可以提起诉讼的其他行政案件。

3. 否定排除式：人民法院不受理公民、法人或者其他组织对下列事项提起的诉讼：

（1）国防、外交等国家行为。

（2）行政法规、规章或者行政机关制定、发布的具有普遍约束力的决定、命令。

（3）行政机关对行政机关工作人员的奖惩、任免等决定。

（4）法律规定由行政机关最终裁决的行政行为。

（二）起诉

1. 下列公民、法人和其他组织有原告资格：①行政行为的相对人以及其他与行政行为有利害关系的公民、法人或者其他组织，有权提起诉讼。②有权提起诉讼的公民死亡，其近亲属可以提起诉讼。③有权提起诉讼的法人或者其他组织终止，承受其权利的法人或者其他组织可以提起诉讼。

2. 下列机关有资格成为被告：

（1）作出行政行为的行政机关和复议机关。复议机关维持原行政行为的，作出原行政行为的行政机关和复议机关是共同被告；复议机关改变原行政行为的，复议机关是被告。复议机关在法定期限内未作出复议决定，公民、法人或者其他组织起诉原行政行为的，作出原行政行为的行政机关是被告；起诉复议机关不作为的，复议机关是被告。

（2）两个以上行政机关作出同一行政行为的，共同作出行政行为的行政机关是共同被告。

（3）行政机关委托的组织所作的行政行为，委托的行政机关是被告。谁委托，谁被告。

（4）行政机关被撤销或者职权变更的，继续行使其职权的行政机关是被告。

3. 下列人可以成为第三人：同被诉行政行为有利害关系但没有提起诉讼的人，或者同案件处理结果有利害关系的人，可以作为第三人。

4. 起诉的期限。

（1）未经复议直接向法院起诉，应当自知道或者应当知道作出行政行为之日起 6 个月内提出。法律另有规定的除外。因不动产提起诉讼的案件自行政行为作出之日起超过 20 年，其他案件自行政行为作出之日起超过 5 年提起诉讼的，人民法院不予受理。

（2）申请复议不服复议决定的，可以在收到复议决定书之日起15日内向人民法院提起诉讼。复议机关逾期不作决定的，申请人可以在复议期满之日起15日内向人民法院提起诉讼。法律另有规定的除外。

（3）公民、法人或者其他组织申请行政机关履行保护其人身权、财产权等合法权益的法定职责，行政机关在接到申请之日起两个月内不履行的，公民、法人或者其他组织可以向人民法院提起诉讼。法律、法规对行政机关履行职责的期限另有规定的，从其规定。

公民、法人或者其他组织在紧急情况下请求行政机关履行保护其人身权、财产权等合法权益的法定职责，行政机关不履行的，提起诉讼不受前述规定期限的限制。

5. 起诉的方式：口头、书面皆可。

6. 提起诉讼应当符合下列条件：①原告是符合《行政诉讼法》第25条规定的公民、法人或者其他组织；②有明确的被告；③有具体的诉讼请求和事实根据；④属于人民法院受案范围和受诉人民法院管辖。

（三）受理

1. 受理的处理：

（1）符合立案条件，立即登记受理。

（2）不能确定是否符合条件，应当接收起诉状，出具注明收到日期的书面凭证，并在7日内决定是否立案。

（3）不符合起诉条件的，作出不予立案的裁定。裁定书应当载明不予立案的理由。

（4）对起诉状存在瑕疵的处理：起诉状内容欠缺或者有其他错误的，应当给予指导和释明，并一次性告知当事人需要补正的内容。不得未经指导和释明即以起诉不符合条件为由不接收起诉状。

（5）对不立案的处罚与救济：①对于不接收起诉状、接收起诉状后不出具书面凭证，以及不一次性告知当事人需要补正的起诉状内容的，当事人可以向上级人民法院投诉，上级人民法院应当责令改正，并对直接负责的主管人员和其他直接责任人员依法给予处分。②人民法院既不立案，又不作出不予立案裁定的，当事人可以向上一级人民法院起诉。上一级人民法院认为符合起诉条件的，应当立案、审理，也可以指定其他下级人民法院立案、审理。

（四）举证责任

1. 原告举证责任的承担：

（1）提供证明行政行为违法的证据。

（2）起诉被告不履行法定职责的案件中，原告应当提供其向被告提出申请的证据。但有下列情形之一的除外：①被告应当依职权主动履行法定职责的；②原告因正当理由不能提供证据的。

（3）在行政赔偿、补偿的案件中，原告应当对行政行为造成的损害提供证据。因被告的原因导致原告无法举证的，由被告承担举证责任。

2. 被告举证责任的承担：

（1）对作出的行政行为负有举证责任，应当提供作出该行政行为的证据和所依据的规范性文件。被告不提供或者无正当理由逾期提供证据，视为没有相应证据。但是，被诉行政行为涉及第三人合法权益，第三人提供证据的除外。在诉讼过程中，被告及其诉讼代理人不得自行向原告、第三人和证人收集证据。

（2）例外，被告在作出行政行为时已经收集了证据，但因不可抗力等正当事由不能提供的，经人民法院准许，可以延期提供。原告或者第三人提出了其在行政处理程序中没有提出的理由或者证据的，经人民法院准许，被告可以补充证据。

二、原告方技能训练与规则

（一）确定被告

原则上，行政行为文件上盖章的机关或者单位就是适格被告，如果同一法律文件中有两个以上行政机关，它们都可以做被告。经过复议的行政行为，无论复议机关是否改变原行政行为，如果对复议结果不服均可以将复议机关列为被告。

（二）选择诉讼请求

行政诉讼的诉讼请求是法定的，目前的诉讼请求主要包括：①撤销之诉；②确认之诉；③责令履行法定职责之诉；④变更之诉；⑤赔偿之诉。律师在代理行政案件中，应当正确提出诉讼请求。如果提出的诉讼请求超出了法院的职权范围，该请求必定是被驳回的。

（三）选择法院

由于司法不独立，行政干预司法在行政诉讼中的表现与民事诉讼相比较更为明显，因此，在法院选择上，在符合级别管辖的基础上，尽量选择上级法院，在地域管辖上尽可能选择不在被告辖区的法院来起诉。《行政诉讼法》第18条第2款规定："经最高人民法院批准，高级人民法院可以根据审判工作的实际情况，确定若干人民法院跨行政区域管辖行政案件。"这就为避免行政干预司法提供了有效的法律支持，原告可以作出对自己有利的管辖选择。

（四）行政起诉状

1. 概念及法律依据。行政起诉状是公民、法人或其他组织，认为行政主体及其工作人员的具体行政行为侵犯了他的合法权益，依据事实和法律，向人民法院提起行政诉讼，要求裁判时提交的书面请求。

《行政诉讼法》第49、26条规定了提起行政诉讼的条件、适格被告的确定等，前文已有详细阐述，此处不赘。

2. 结构、内容和写作方法。

（1）首部。首部应当写明标题、原告和被告的有关情况。原告要写明姓名、性别、年龄、民族、籍贯、地址等情况；被告要写明被告机关或组织的全称、地址，以及其法定代表人或负责人的姓名、职务。其写作方法与民事起诉状相同。

（2）正文

①诉讼请求。这一部分要围绕"行政行为是否合法"这一重点，提出要求。如果认为被告的行政行为所依据的主要证据不足，适用法律、法规错误，违反法定程序，或者超越职权、滥用职权等，可以提出撤销或者部分撤销行政行为的诉讼请求；如果认为被告不履行或者拖延履行法定职责，可以提出判令被告在一定期限内履行法定职责的诉讼请求；如果认为被告所作出的行政处罚显失公正，可以提出判令变更行政处罚的诉讼请求；如果认为被告的错误行政行为侵犯了自己的合法权益而造成了损失，可以提出判令被告赔偿的诉讼请求。

②事实与理由。这部分要写清楚提出诉讼请求的事实根据和法律依据。事实是人民法院审理案件的依据，起诉状必须写明被告侵犯起诉人合法权益的事实经过、原因及造成的结果，指出行政争议的焦点。如果是经过行政复议后不服提出起诉的，还要写清楚复议行政机关作出复议决定过程和结果。理由是在上叙述事实的基础上，依据法律法规进行分析，论证诉讼请求合理合法。

（3）尾部。①致送人民法院名称；②附项；③原告签名；④起诉日期。

3. 文书格式。

行政起诉状

　　原告：姓名，性别，年龄，民族，籍贯，文化程度，职业或职务，单位或住址。

　　法定代理人（或委托代理人、指定代理人）：姓名，性别，年龄，民族，籍贯，文化程度，职业或职务，单位或住址，与原告关系（如果委托律师代理诉讼，不需写律师基本情况，只写："委托代理人：姓名，某律师事务所律师"）。

　　被告：_____（单位全称）_____（所在地址）。

　　法定代表人（或主要负责人）：姓名，职务，电话。

　　诉　讼　请　求

　　事　实　和　理　由

　　证据和证据的来源，证人姓名和住址。

　　此致

_____人民法院

具状人：_____

（签名或盖章）

_____年____月_____日

　　附：

　　1. 本诉状副本_____份；

　　2. 证物____（名称）____件；

　　3. 书证____（名称）____件。

（五）行政案件代理词

1. 行政案件代理词的概念。行政案件代理词，是指行政诉讼案件代理人接受当事人的委托后，依照《行政诉讼法》的规定，在参与行政诉讼活动中，在法庭辩论阶段针对法庭调查、举证、质证情况，依据事实和法律所发表的综合性代理意见。

2. 行政案件代理词的内容和制作方法。行政案件代理词也分为首部、正文和尾部三部分。

（1）首部，首部包括标题、称呼语和引言三部分。写作方法与民事案件代理词相同，在此不再赘述。

（2）正文，正文包括代理意见和结论两部分。对于代理意见，律师应根据担任不同对象当事人（一审原告或被告、二审上诉人或被上诉人）的代理人，严格在授权范围内，依据事实和法律，详细、完整论述。对于结论，对代理意见作出结论性概括和归纳。

（3）尾部，最后注明律师事务所名称和承办律师的姓名以及代理意见发表的日期。

3. 制作行政案件代理词应当注意的问题。

（1）应根据不同的案件事实，对案件的焦点问题进行充分的论证，以明确具体的行政行为是否合法、妥当。阐述时层次要清晰，要符合逻辑性。

（2）适用法律法规要准确、完整。代理词中往往需要引用法律和司法解释的规定。在引用法律时必须遵循准确、完整的原则，以支持代理人的观点，切不可断章取义或者曲解法律规定。

（3）不同的诉讼地位，决定了代理词的侧重点不同。一审中，作为原告方的代理人，代理意见是以起诉书为基础，通常以其所掌握的事实和证据来分析论证被告的具体行政行为不具备合法性。作为被告方的代理人，代理意见是以答辩状为基础，针对原告的起诉书所列举的事实、证据和诉讼请求，进行反驳和辩解。

（4）发表代理词应严格限定在授权范围之内。代理词是否涉及实体处分权，完全取决于律师被授权的范围。只有经过特别授权，代理律师才可以在代理词中发表涉及实体权利的代理意见。

4. 文书格式。文书格式与民事案件代理词相同，略。

三、被告方技能训练与规则

（一）在答辩期限内提交证据和依据并准确提出答辩

《行政诉讼法》第 67 条规定：被告应当在收到起诉状副本之日起 15 日内向人民法院提交作出行政行为的证据和所依据的规范性文件，并提出答辩状。对律师代理工作来讲，应当从以下三个方面着手：

1. 答辩期内要确定答辩思路，包括原告是否有诉权，原告是否在法定期限内起诉，是否属于行政诉讼受案范围等，均应作出准确判断。

2. 准确举证责任分配范围，然后根据被告是否承担举证责任确定答辩内容和提供证据范围。

3. 要按照行政诉讼的证据规则整理全部行政案卷材料并提交法庭。①剔除与行政机关作出的行政行为无关的材料；②对于提供的证据要求作出证据目录、证据说明；③提供行政机关作出行为的法律依据。

（二）代理收集证据、延期提供证据、补充证据规则

1. 在诉讼过程中，被告及其诉讼代理人不得自行向原告、第三人和证人收集证据。有些行政行为的案件证据材料散落在该机关的各个部门，或者由上下级行政机关分别持有，而这些均是行政机关行为的依据。律师应当主动汇集、整理这些案件证据并作为行政机关行政行为的依据。这些在行政行为作出前已经被作为依据的证据材料的整理不属于收集证据。

2. 被告在作出行政行为时已经收集了证据，但因不可抗力等正当事由不能提供的，经人民法院准许，可以延期提供。

3. 原告或者第三人提出了其在行政处理程序中没有提出的理由或者证据的，经人民法院准许，被告可以补充证据。

（三）行政答辩状

1. 行政答辩状的概念和法律依据。行政答辩状是行政诉讼的被告或被上诉人，针对原告的行政起诉状或上诉人的上诉状，作出答复和辩驳的文书。

《行政诉讼法》第67条规定："人民法院应当在立案之日起5日内，将起诉讼副本发送被告。被告应当在收到起诉状副本之日起15日内向人民法院提交作出行政行为的证据和所依据的规范性文件，并提出答辩状。人民法院应当在收到答辩状之日起5日内，将答辩状副本发送原告。被告不提出答辩状的，不影响人民法院审理。"

2. 行政答辩状的结构、内容和写作方法。内容和写法与民事答辩状基本相同。

（1）首部。应写明文书名称"行政答辩状"；答辩人的姓名或名称等基本情况。

（2）正文。①案由，对何人起诉或上诉的什么案件提出答辩。②答辩事实与理由。对原告或上诉人陈述的有异议的部分，要作为重点问题给予答辩。一般先从事实上，再从理由上进行辩驳。为了澄清争议的焦点，答辩状应当写明原告指控的行政行为发生的时间、地点、经过、结果、危害程度等具体情况。应当阐明事实真相，揭示原告起诉状中陈述的事实和依据的证据的不实之处。提出自己的看法，引用法律法规证明自己实施的行政行为的正确及合法。最后应当列出证据和证据来源，证人姓名和住址等情况。

（3）尾部。①受诉法院名称；②附件的名称和份数；③由答辩人签名或者盖章；④写明答辩日期。

3. 行政答辩状格式。

行政答辩状

答辩人名称：

所在地址：

代表人姓名：　　　　　　职务：

因　　　　一案，提出答辩如下：

（写明案件的经过、具体内容、纠纷产生的原因以及相关的法律依据）

此致

××人民法院

附：本答辩状副本　　份

答辩人：

年　月　日

四、行政一审审判规则和技能

由于行政诉讼法关于一审程序制定得较为粗浅，因此，各省市高级人民法院分别依照《行政诉讼法》结合《民事诉讼法》制定本省行政诉讼一审、二审的审判提纲。下面以海南省高院制定的行政一审庭审流程为模拟蓝本结合 2015 年实施的新《行政诉讼法》给大家模拟。

（一）行政诉讼一审流程模拟提纲

[预备庭操作规范]

根据案件的实际需要，法庭可以在开庭前召开预备庭。案情简单不需要召开预备庭的，法庭组织当事人交换证据或者以送达的方式进行证据交换。

预备庭由审判长或者审判长指定的法官、法官助理主持。决定召开预备庭的，应当于开庭前 3 日通知当事人及其他诉讼参与人。

为了避免诉累和减轻当事人差旅费用负担，预备庭和正式开庭可以连接进行。

预备庭庭审程序和操作规范如下：

1. 庭前准备工作。

（1）书记员检查诉讼参加人出席的情况，核对其身份。

（2）书记员确认证人、鉴定人、勘验人、检查人、专家出庭情况和核对其身份，并请其退席，等候传唤。

（3）主持人入席后，经确认诉讼参加人身份无异后，宣布开庭。

2. 组织当事人陈述。

主持人宣布：首先由当事人陈述。

主持人宣布：请原告宣读起诉状或者简要陈述诉讼请求及所依据的事实和理由。在原告宣读起诉状之前，主持人可以要求其先宣读或说明本案被诉行政行为的主要内容，也可以由法庭宣读或说明。

主持人宣布：请被告宣读答辩状或者简要陈述诉讼主张及所依据的事实和理由。本案被诉行政行为还未宣读或说明的，主持人可以要求被告先宣读和说明，然后再答辩。

主持人宣布：请第三人宣读答辩状或者简要陈述诉讼主张及所依据的事实和理由。

当事人陈述的内容如果超出诉状范围的，主持人可提示当事人另作补充陈述。当事人未提交诉状或者逾期提交诉状的，主持人应予以说明。

实践中，主持人认为组织当事人宣读诉状确无实际必要的，可以省略"宣读诉状"这一环节。

在当事人宣读诉状的基础上，主持人根据案件的需要可以组织当事人进行补充陈述，并宣布：现在，由当事人作补充陈述。即指示原告、被告、第三人依次作补充陈述。

主持人应引导当事人针对对方当事人的陈述，补充陈述相应的事实和理由。陈述的内容应避免重复。

在当事人主动陈述的基础上，主持人根据案件的需要可以有针对性地向当事人发问，以理清案情、明确无争议的事实和讼争焦点。

主持人宣布：法庭现就案件的事实问题，向当事人发问。

对法庭的发问，当事人应如实进行答问陈述；同时，针对当事人的答问陈述，主持人应当征询对方当事人的质证意见。

3. 组织证据交换。

主持人宣布：现在进行证据交换。

交换证据的范围主要是书证、物证、视听资料、证人书面证言、鉴定结论、勘验笔录和检查笔录等。当事人应当提供原物、原件、原始载体；不能提供原物、原件、原始载体的，应当说明理由，并提交复印件、抄录件、照片等复制品。当事人也可以主张在正式开庭时提供原件、原物和原始载体。

有证人、鉴定人、勘验人、检查人和专家等出庭作证的，举证当事人应提供其名单、基本情况以及说明其证明的对象，并在规定的期限内提出传唤申请。是否需要传唤证人、鉴定人、勘验人、检查人和专家等在预备庭中出庭作证，由合议庭决定。证人、鉴定人、勘验人、检查人和专家在预备庭中出庭作证的，视为出庭作证。

在进行证据交换时，主持人指示当事人逐一出示和说明，由对方当事人辨认、核对，并作出是否认可的意见表示。对无异议的证据材料和有异议的证据材料，指示书记员按证明对象的分类记录在卷。预备庭不组织当事人进行质证辩论。

4. 归纳小结。

（1）主持人宣布：本案的诉讼请求是：……

在确认之前，主持人可以与原告进行必要的沟通。确认后，主持人可进一步说明：除有法定理由外，原告在诉讼中申请变更诉讼请求的，人民法院不予支持。

原告提出的诉讼请求，原则上应当与行政诉讼法规定的判决方式相对应。

（2）主持人宣布：当事人没有争议的事实有：……

在确认之前，主持人应经征询当事人的意见。确认后，主持人可进一步说明：以上当事人没有争议的事实是否可以直接予以认定，由法庭审查决定。

在归纳当事人没有争议的事实时，应当与法庭有针对性的发问结合起来，尽可能扩大当事人无争议的范围，缩小争议的范围。

（3）主持人宣布：本案诉讼争议的焦点有：……

在确认之前，主持人应经征询当事人的意见。确认后，主持人可进一步说明：法庭调查的范围，合议庭将根据当事人争议的焦点并结合案件的实际情况予以确定。

（4）主持人宣布：当事人提供的证据的情况如下：……

除"当事人陈述"外，可以将各方当事人提供的证据材料编列序号，根据证据交换的情况逐一注明有无异议的意见，经当事人确认无异议后予以确定。

5. 自行协商解决争议和径行协调。

在双方当事人自愿的条件下，主持人可以组织双方当事人自行协商解决行政争议。主持人也可以径行组织协调。如果当事人达成和解或者协调协议的，原告申请撤诉的，提交合议庭审查决定。

行政赔偿诉讼在行政侵权行为被确认之后，主持人可径行组织调解。

6. 其他事项。

其他事项需要预备庭作出处理的，依法作出处理。

7. 宣布闭庭。

预备庭的议程进行完毕后，主持人宣布：闭庭。

书记员应当告知当事人审阅笔录并签字。

[开庭准备和开庭宣布]

1. 庭前准备工作。

书记员应先期到达法庭，做好以下开庭前准备工作：

（1）宣布：请诉讼参加人入庭就座。检查诉讼参加人出庭情况。如有一方诉讼参加人未到庭的，应立即报告审判长处理。

（2）宣布：请诉讼参加人出示身份证件。到案前核对诉讼参加人的身份。如确认有证人、鉴定人、勘验人、检查人、专家出庭的，还应核对其身份后请其退席，等候传唤。

（3）核实《当事人诉讼权利义务告知书》、《举证通知书》、《告知审判庭组成人员通知书》和开庭《传票》及《通知书》以及诉状等诉讼材料的收悉情况。

（4）公开开庭的，应当检查参加旁听的人员是否适合，是否有现场采访的记者。

如发现有未成年人（经批准的除外）、精神病人和醉酒的人以及其他不宜旁听的人旁听开庭的，应当请其退出法庭。

如发现有记者到庭采访，应当确认其是否办理审批手续。如未经批准，不得录音、录像或者摄影；但应当允许记者作为旁听人员参加旁听和记录。

2. 宣布法庭规则和法庭纪律。

书记员宣布：现在宣布法庭规则和法庭纪律。法庭规则和法庭纪律的具体内容以《法庭规则》的有关规定为准。另外可以特别提示：全体人员应当关闭手机和传呼机的铃响。

3. 法官入庭和报告庭审前准备情况。

书记员宣布：全体起立！然后引领审判长、审判员（人民陪审员）入庭。

待法官坐定后，书记员宣布：请坐下。

如果法官在书记员做准备工作或宣布法庭纪律时进入法庭的，书记员应中止手头工作，主持法官入庭仪式后，再恢复手头的工作。

准备工作就绪后，书记员向审判长报告庭审前准备工作情况：

（1）出庭的诉讼参加人有：……

（2）出庭的其他诉讼参与人有：……

（3）经批准到庭旁听采访的新闻单位及记者有：……

最后，书记员报告：法庭准备工作就绪，请审判长主持开庭。

4. 核对确认诉讼参加人的身份。

在书记员已核对诉讼参加人身份的基础上，审判长简单核对即可。

经征询各方当事人：对对方出庭人员的身份是否有异议。经各方当事人确认无异议后，即宣布：经法庭当庭核对确认，出庭的诉讼参加人符合法律规定，准予参加本案的庭审活动。

5. 宣布开庭。

审判长先敲击法槌，然后庄严宣布：……人民法院现在开庭！

开庭宣布也可以在核对确认诉讼参加人的身份之前，或者在宣布法庭调查之前。

6. 宣告案名、案件由来、审理程序和方式。

宣告案名：本庭现审理的是：原告×××诉（与）被告×××及第三人×××……（案由）一案。

宣告案件由来：原告×××因不服被告……（时间和被诉具体

行政行为），于……（时间）向本院提起诉讼；本院于…（受理时间）决定受理本案。如有追加当事人、延长审限、召开预审庭等情形的，应一并予以说明。本案系再审案件、合并审理案件的，还应当说明。

宣告审理的方式和程序：依照《中华人民共和国行政诉讼法》的规定，本庭依照第一审程序，公开开庭审理本案。如不公开开庭审理的，应当说明理由。

7. 介绍审判人员。

审判长宣告：本院受理本案后，依法组成合议庭。然后具体介绍合议庭组成人员和书记员，并说明其基本职务情况。如果合议庭组成人员和书记员临时变更的，应当予以说明，并征求当事人意见。当事人要求延期审理的，法庭应当准许。当事人确认无异议的，庭审活动得以继续进行。

8. 告知诉讼权利义务，并征询申请回避意见。

在开庭前已经将《当事人的权利义务告知书》送达各方当事人的基础上，审判长逐一询问各方当事人：是否知悉自己在诉讼中的权利和义务？

在当事人确认知悉诉讼权利义务后，审判长逐一询问各方当事人：是否申请合议庭成员和书记员回避？如果当事人提出回避申请，应当要求其说明理由。当事人提出回避的理由属于法定的回避事由的，法庭不必审查该理由是否成立即宣布休庭。当事人确认不提出回避申请的，庭审活动得以继续进行。

9. 宣告庭审的阶段。

审判长宣布：庭审活动分为：法庭调查、法庭辩论、当事人最后陈述和休庭评议后进行宣判。如果系行政赔偿案件，应当在当事人最后陈述后进行法庭调解，调解不成的，法庭再休庭评议和宣判。

审判长还可以强调：各方当事人应当正确行使诉讼权利，切实履行诉讼义务，遵守法庭规则，服从法庭指挥，确保庭审活动的顺利进行。

庭审活动一般由审判长主持。根据庭审的需要，审判长也可以委托其他合议庭法官主持部分庭审活动，但应向诉讼参加人说明。

10. 诉讼指导。

在庭审过程中，当事人可以要求法庭对诉讼权利义务、诉讼风险和举证责任的具体内容予以释明。法庭也可以对诉讼能力比较低的当事人给予适当诉讼指导，以确保审判的公正和公平。

[法庭调查]

1. 宣布法庭调查。

主持人宣布：现在进行法庭调查。

法庭可对法庭调查顺序予以说明：法庭调查一般按当事人陈述、归纳小结、当事人当庭举证、当庭质证、法庭认证的顺序进行。

2. 当事人陈述。

组织当事人陈述的程序参照预备庭中的"当事人陈述"的程序进行。

实践中，如果已召开预备庭，并已组织当事人陈述的，法庭认为再行组织当事人陈述已无实际必要的，经作必要的说明后可以省略或者简略进行。

3. 归纳小结。

庭审归纳小结的程序参照预备庭中的"归纳小结"的程序进行。

（1）主持人归纳诉讼请求：本案的诉讼请求是：……

（2）主持人归纳当事人没有争议的事实：当事人没有争议的事实有：……

如果当事人没有争议的事实能够直接认定的或者部分能够直接认定的，经说明后即当庭宣布：以上事实，各方当事人陈述一致或均予认可，足以认定。并宣告：以上经法庭认定的事实，无须当事人举证、质证。

实践中，如果当事人对案件事实没有或者基本没有争议，且根据当事人陈述即可直接认定全案事实的，经合议庭评议确认后，即可宣布法庭调查结束。

（3）主持人归纳诉讼争议的焦点：本案诉讼争议的焦点有：……

（4）主持人归纳证据交换或者举证的情况：当事人提供的证据的情况如下：……

（5）在庭审归纳小结的基础上，经合议庭事先评议或者当庭评议确定法庭进一步调查的范围：法庭进一步调查的范围如下：……

法庭确定调查的范围时无须征询当事人的意见。法庭调查的范围不以当事人诉讼争议的内容为限；但二者不一致的，法庭应予以释明。

法庭调查的范围确定后，法庭还宣布：当事人当庭举证、质证应当围绕法庭确定的范围进行。

4. 当庭举证。

法庭调查范围内的事项应当逐一、有序地展开调查。确定法庭调查的具体事项后，主持人宣布：现在，法庭调查……。请当事人当庭举证。然后指示当事人当庭出示证据和进行说明。由法庭调取的证据由法庭或者申请调取该证据的当事人出示和说明。

法庭应当引导举证当事人根据具体调查事项，有针对性地提供证据材料。具体包括：

（1）书证和物证，应出示原件、原物；不能出示原件原物的，可以出示复印件、复制品、照片或者抄录件等，并说明证据的名称、种类、来源、内容以及证明对象等。

（2）视听资料，应出示原始载体并当庭播放；不能出示原始载体或者当庭播放有困难的，可以以其他方式播放或者提供抄录件等，并说明证据的名称、种类、来源、内容以及证明对象等。

（3）证人书面证言、鉴定结论、勘验笔录、检查笔录应当出示原件，说明证人、鉴定人、勘验人、检查人因故未出庭作证的理由，并说明证据的名称、种类、来源、内容以及证明对象等。

如证人、鉴定人、勘验人、检查人以及专家出庭作证的，另按出庭作证的程序举证、质证。

5. 当庭质证。

举证完毕，主持人宣布：请当事人质证。

当庭质证一般以"一举一质"或"类举类质"的方式进行。

法庭应当引导当事人围绕证据的真实性、关联性、合法性，针对证据证明力有无以及证明力大小，进行辨认与辩驳。质证时，法庭应当引导质证当事人首先作出是否认可的意思表示。如不认可，应提出具体的理由，并组织当事人展开质辩。法庭不得把质辩作为法庭辩论的内容，制止当事人在质证中进行质辩。

质辩至少进行一个轮回。即在质证当事人提出反驳的基础上，主持人宣布：请……（举证当事人）辩解。举证当事人辩解后，宣布：请……（质证当事人）辩驳。法庭认为有必要，可以组织当事人进行多轮次的质辩。

在质证中，质证当事人提出相应的反证的，法庭应当当庭组织举证和质证。

6. 证人、鉴定人、勘验检查人以及专家出庭作证和当庭质证。

（1）传唤。在当庭举证的过程中，举证当事人申请传唤证人出庭作证的，应向法庭提出。经法庭审查准许后，主持人即宣布：传×××到庭。

（2）保证。证人出庭就座后，主持人宣布：请证人报告本人的基本情况，并说明与本案当事人的关系。在确认其知道作证的权利和义务以及作伪证应当承担的法律责任后，请证人当庭保证或者在保证书上签名。

（3）作证。证人出庭作证陈述的一般顺序：①根据法庭提示的调查事项，证人就其了解的事实作连贯性陈述；②举证当事人发问，法庭指示证人答问；③质证当事人发问，法庭指示证人答问。法庭根据需要也可以发问。当事人或者证人对发问有异议的，可以向法庭提出。异议是否成立，由合议庭评议确定。

（4）退庭。证人回答发问结束后组织质证。主持人宣布：请证人退庭。可提示证人退庭后到休息室休息，休庭后还要审阅笔录和签名。如果需要再次出庭的再行传唤。

（5）质证。针对证人证言，法庭组织当事人进行举证说明和当庭质证。主持人先宣布：请×××（举证当事人）说明。举证当事人说明后，主持人宣布：请×××（质证当事人）质证。法庭可以组织质辩。

鉴定人、勘验检查人、专家出庭作证的具体程序，参照证人出庭作证的程序执行（除出具保证外）。

7. 当庭认证。

证据经当庭举证、质证后，合议庭当庭评议或者暂时休庭评议，对证据进行审查核实并作出认证结论。能够当庭宣布认证结论的，由审判长当庭宣布；不能当庭宣布的，在下次开庭时或者宣判时宣布。不能当庭认证的，应当向当事人作出说明。

认证结论的表述主要有以下两种方式：

（1）确认证据足予采信的，认证结论为：经合议庭评议确认，……（证据名称）内容真实，形式合法，可以作为认定……（案件事实）的根据。

完整的认证结论包括两部分内容：一是确认证据的有效性；二是有效证据可以证明的案件事实。如果法庭不能当庭作出完整的认证结论的，可以作出部分认证结论：①确认证据的真实性、合法性、关联性及其证明效力，至于该证据可以作为认定案件哪一具体事实的根据，可另行评议确认。②或者仅确认证据的真实性或合法性或关联性；至于该证据是否有证明效力，可另行评议确认。法庭当庭不能作出完整的认证结论的，应予以说明，避免当事人产生歧义。

（2）确认证据不予采信的，认证结论为：经合议庭评议确认，……（证据名称），因……（不予采信的理由），故不能作为本案认定事实的根据（不予采信）。

证据不予采信的理由包括：①证据缺乏真实性或合法性或关联性，以致没有证明效力，故不能作为本案认定事实的根据；②该证据虽然有证明效力，但与其他证据相冲突，经比较证明力大小而不予采信，故不能作为本案认定事实的根据。还有些证据不能简单地审查其"三性"，而是因为"孤证"，不能单独作为认定案件事实的根据。

8. 发问和答问。

法庭根据案件审理的需要，可以给当事人相互发问的机会。

主持人宣布：当事人有问题需要向对方当事人发问的，经法庭许可，可以发问。经逐一征询各方当事人，如果当事人申请发问的，请发问。法庭审查确认后，指示被问当事人答问。

法庭根据案件审理的需要，也可以向当事人发问。

当事人对发问有异议的，可以向法庭提出。异议是否成立，由合议庭评议确定。

9. 其他事项的调查。

法庭调查范围内的调查事项调查完毕后，可以征询当事人：是否还有其他事实需要调查或者有其他证据需要出示。

当事人申请调查其他事实，经法庭评议许可后，组织当事人当庭举证、质证。如果法庭经评议认为无调查必要的，可以驳回当事人的申请。

当事人申请出示其他证据的，应当说明理由和证明的对象。经法庭审查后决定是否进行质证和认证。如属于无须举证、质证范围内的证据，可以驳回当事人举证的申请。

10. 宣布法庭调查结束。

经确认各方当事人没有新的证据提供和其他事实需要调查后，主持人宣布：法庭调查结束。

[**法庭辩论**]

1. 宣布法庭辩论。

主持人宣布：现在进行法庭辩论。

主持人可以确定法庭辩论的范围：当事人应当围绕各自的诉讼请求或者诉讼主张，主要围绕法律的具体适用问题展开辩论。

当事人对证据和事实的认定产生的争议属于法庭调查的内容，一般不应作为法庭辩论的范围。

主持人可以强调法庭辩论规则：在法庭辩论中，辩论发言应当经法庭许可；注意用语文明，不得使用讽刺、侮辱的语言；语速要适中，以便法庭记录；发言的内容应当避免重复。在法庭辩论的过程中，如有违反规则的言行，法庭应予制止。

主持人说明法庭辩论阶段：法庭辩论分为对等辩论和互相辩论。

法庭认为不需要明确划分对等辩论和互相辩论阶段的，也可以灵活掌握。

2. 对等辩论。

主持人宣布：首先由当事人进行对等辩论。随即指示原告、被告、第三人依次进行辩论发言。

辩论发言一般不宜重复诉状的内容。

一轮辩论结束，法庭可根据实际情况决定是否进行下一轮辩论；如进行下一轮辩论的，应强调发言的内容不宜重复。

法庭根据需要可限定每一轮次各方当事人辩论发言的时间。

3. 互相辩论。

主持人宣布：现在进行互相辩论。

主持人应当告知：当事人要求辩论发言的，可以向法庭举手示意。经法庭许可，方能发言。

在互相辩论中，当事人未经许可而进行自由、无序的辩论发言或者辩论发言的内容重复的，法庭应予以制止。

4. 法庭调查阶段的回转。

在辩论中发现有关案件事实需要进行调查，或者需要对有关证据进行审查的，应当宣布：中止法庭辩论，恢复法庭调查。

法庭调查结束后，宣布：恢复法庭辩论。庭审活动恢复到中止时的阶段。

5. 宣布法庭辩论结束。

在确认各方当事人辩论意见陈述完毕后，主持人即可宣布：法庭辩论结束。

［当事人最后陈述］

主持人宣布：现在，由当事人陈述最后意见。随即指示原告、被告、第三人依次作最后陈述。

当事人最后陈述的内容，主要是归纳本方诉讼意见，以及就案件的具体处理，向法庭提出最后请求。最后陈述的内容应简明扼要，言简意赅。

在当事人作最后陈述时，法庭有必要给予当事人一次自由的发言机会，以切实保障当事人充分表达思想的权利；同时也可以满足当事人的心理需求，在一定程度上有利于提高审判的法律效果和社会效果。因此，合议庭成员应当认真、耐心听取当事人陈述。法庭一般情况下不宜打断或制止当事人发言。

[**法庭调解**]

1. 宣布法庭调解。

主持人宣布：现在进行法庭调解。

法庭调解仅适用于行政赔偿案件。而且调解必须在被诉具体行政行为被判决或者其他方式确认违法的前提下进行（除了直接起诉事实行为和提起行政赔偿的外）。

法庭要把握时机，根据案件审理的实际情况，在法庭调查和法庭辩论中适时组织调解。在法庭辩论之后，当事人或者法定代理人出庭参加诉讼，或者委托的代理人有特别授权的，法庭应当组织调解。如果当事人或者法定代理人未出庭参加诉讼，而且委托的代理人也没有特别授权的，法庭不能当庭组织调解。庭后有调解必要和可能的，应当于休庭后组织调解。

2. 询问当事人调解的意愿。

主持人征询各方当事人：是否愿意调解。各方当事人均表示愿意调解的，法庭即可组织调解；有一方当事人不同意调解的，主持人宣布：终结调解。随即宣布休庭。

由于刚经过法庭调查和法庭辩论，当事人情绪对立可能比较严重。法庭应注意调整庭审气氛，讲究工作方法，在做好思想工作的基础上，适时征询当事人调解意愿和开展调解工作。即使不能当庭调解，但确有再行调解的必要和可能的，应当在休庭后进一步做调解工作。

3. 组织调解。

经确认各方当事人均有调解意愿的，主持人宣布：现由法庭组织调解。

法庭调解的一般程序：

（1）先由原告方提出调解方案，征询被告的意见。

（2）如被告同意原告的调解方案的，法庭予以审查确认；被告拒绝的，则由被告提出新的调解方案，并征询原告的意见。

（3）原告同意被告提出的新的调解方案的，法庭予以审查确认；原告拒绝的，法庭可以再进行调解或者终止调解程序。

（4）当事人各方提出的调解方案均被对方拒绝的，法庭可以提出调解方案，并征询当事人的意见。

对当事人达成的调解协议，法庭经审查确认调解协议内容的合法性和当事人意思表示的真实性后，制作调解书。调解书经双方当事人签收后，即具有法律效力。调解成功后，审判长宣布闭庭。

4. 终结调解。

调解不成，主持人宣布：法庭调解结束。

如果法庭认为有调解的必要和可能的，可以在休庭后进一步组织调解。无须调解或者调解不成的，应当及时评议，作出判决。

［休庭、评议和宣判］

1. 宣布休庭。

审判长先宣布：现在休庭，然后敲击法槌。

宣布休庭后应告知当事人复庭的时间；如果决定不当庭宣判的，应当告知宣判的时间或者交待：宣判时间另行通知。

2. 法官退庭和评议。

决定当庭宣判的，应于休庭后立即进行评议；择期宣判的，应在庭审结束后5个工作日内进行评议。

合议庭评议案件时，先由承办法官对认定案件事实、证据是否确实、充分以及适用法律等发表意见，审判长最后发表意见；审判长作为承办法官的，由审判长最后发表意见。对案件的裁判结果进行评议时，由审判长最后发表意见。审判长应当根据评议情况总结合议庭评议的结论性意见。合议庭成员应当认真负责，充分陈述意见，独立行使表决权，不得拒绝陈述意见或者仅作同意与否的简单表态。同意他人意见的，也应当提出事实根据和法律依据，进行分析论证。

评议后，合议庭应当依照规定的权限，及时对已经评议形成一致或者多数意见的案件直接作出判决或者裁定。

3. 法官入庭和宣布继续开庭。

庭审准备就绪，书记员宣布：全体起立——请审判长、审判员（人民陪审员）入庭。

待法官坐定后，书记员再宣布：请坐下。

审判长敲击法槌后，即宣布：现在继续开庭。

4. 宣布评议结果。

原定当庭宣判的，但经合议庭评议后未能作出裁判或评议决定不当庭宣判的，审判长应予说明，后宣布休庭。

经合议庭评议，能够当庭宣判的，审判长应宣告：经过合议庭评议，评议结论已经作出。现予宣布……

宣判的内容包括：①认证结论（先前已宣布的认证结论除外）；②裁判理由；③裁判结果以及诉讼费的负担。关于当事人的基本情况、案由、当事人陈述等部分内容，在当庭宣判时无须宣读。

在审判长宣告裁判结果（主文）前，由书记员宣布：全体人员起立。合议庭成员和书记员，以及诉讼参加人、旁听人员均应起立。

宣读完毕，审判长敲击法槌；然后书记员宣布：请坐下。

5. 征询意见。

宣判后，审判长依次询问当事人：对本判决（裁定）有何意见？

当事人陈述意见后，审判长不必与当事人纠缠，指示书记员：请将当事人的意见记录在案。

6. 交待诉权和说明文书的送达方式。

当庭宣判的，审判长宣布：如不服本判决（裁定），可在判决（裁定）书送达之日起×日内，向本院递交上诉状，并按对方当事人的人数提出副本，上诉于×××法院。

书面文本的说明：除判决（裁定）结果外，本判决（裁定）的其他具体内容以书面文本为准。

文书送达的说明。经询问确认当事人或者其诉讼代理人、代收人同意在指定的期间内到人民法院接受送达的，审判长宣告：请当事人于××（时间）到××（地点）领取判决书（裁定书）。无正当理由逾期不来领取的，视为送达。当事人要求邮寄送达的，审判长宣告：法庭将根据当事人确认的地址邮寄送达。邮件回执上注明的收到或者退回之日即为送达之日。

7. 宣布闭庭。

审判长宣布：庭审结束。现在宣布——闭庭！然后敲击法槌。

书记员宣布：全体起立！

待合议庭成员退庭后，宣布：散庭。诉讼参加人和旁听人员方退庭。

8. 审阅笔录的说明。

散庭后，书记员向诉讼参与人交待阅读法庭笔录的时间和地点。能够当庭阅读庭审笔录的，请诉讼参与人阅读并签名。

诉讼参加人认为笔录有误，可以要求书记员更改；是否同意修改，应当由书记员决定。书记员不同意更改的，诉讼参与人可以予以注明或者提交书面说明附卷。

（二）行政诉讼一审庭审笔录

××省××市中级人民法院
开 庭 笔 录

案　　号：（2014）×中法行初字第42号

案　　由：其他

时　　间：2014 年 3 月 12 日 14 时 15 分

地　　点：本院第三法庭，第一次开庭

合议庭组成人员：

审　判　长：朱　×

审　判　员：肖×丽

代理审判员：姚　×

书　记　员：周×静

到庭诉讼参与人：区×坤、冯×艳、里×、高×林。

（宣布法庭规则略）下面核对当事人基本情况：

原告：区×坤，男，1953 年×月×日出生，汉族，住×市×区×大街×号之五。

委托代理人：冯×艳，××律师事务所律师。

被告：××省××委员会

地址：××市××南路××号大院省××厅办公大楼。

法定代表人：陈×胜，职务：主任。（未到庭）

委托代理人：里×，××律师事务所律师。

委托代理人：高×林，××市公职律师事务所律师。

审判长：各方当事人对对方出庭人员的身份有无异议？

众：没有异议。

审：核对当事人的身份（如前所述略）。各方当事人及代理人身份符合法律之规定，可以参与今天的庭审活动。

××省××市中级人民法院行政审判庭，根据《中华人民共和国行政诉讼法》第 45 条规定，今天在这里公开审理原告区×坤诉被告××省××委员会一案，现在开庭。

根据《中华人民共和国行政诉讼法》第 46 条规定，本案合议庭由行政审判庭审判员朱×、审判员肖×丽、代理审判员姚×组成，由朱×担任审判长，由姚×主审本案，书记员周×静担任法庭记录并担任其他书记员工作。根据《行政诉讼法》第47条规定，当事人认为合议庭的组成人员、书记员与本案有利害关系或其他关系，可能影响公正审判的，有权申请回避。当事人是否申请回避？

众：不申请。

审：根据行政诉讼法的有关规定，双方当事人在诉讼之中都有用本民族语言、文字进行行政诉讼的权利、有委托代理人、提供证据、进行辩论、申请保全证据、最后陈述、查阅本案庭审材料的权利。原告在判决宣告前有申请撤诉的权利。

根据行政诉讼法的有关规定，当事人在诉讼中应当履行下列义务：

1. 被告负有举证责任，提供作出具体行政行为的证据和可依据的规范性文件。在诉讼期间，被告不得自行向原告和证人收集证据。人民法院有权要求当事人提供或者补充证据。

2. 依法行使诉讼权利，遵守法庭秩序，服从法庭指挥。

3. 如实陈述案件事实。

审：各方当事人对以上的诉讼权利和义务听清楚了吗？

众：听清楚了。

审：告知：本庭分为两个阶段，第一个是法庭调查，第二个是综合陈述。本案的调查、辩论在调查的举证、质证阶段交叉进行。各方当事人是否听清楚了。

众：听清楚了。

审：开庭前，原告向法庭提交了变更诉讼请求的申请书。诉讼请求变更：1. 撤销被告作出的（2014）第6号《关于政府信息公开申请的答复》。2. 依法判令被告限期全面履行职责，按照原告申请要求公开关于××省计划生育社会抚养费征收和返还给计生部门作经费的法律依据。3. 依法确认被告违法。根据中华人民共和国最高人民法院《关于执行〈中华人民共和国行政诉讼法〉若干问题的解释》第 45 条的规定，起诉状副本送达给被告后，原告没有正当理由变更诉讼请求的，法院不予准许。原告有何正当理由？

原代：我方在 2014 年 3 月 1 日才收到了被告作出的（2014）第 6 号《关于政府信息公开申请的答复》，我方认为这属于正当理由，应该准许我方变更诉讼请求。

原：第一次的《关于政府信息公开申请延期答复告知书》被告是用特快专递邮寄给我的，但是作出（2014）第 6 号《关于政府信息公开申请的答复》后却是以挂号信的形式邮寄的。众所周知，挂号信的送达是很久的，一个星期或者一个月都有可能，被告应该知道原告还没有收到答复是会提起行政诉讼的。

审：被告针对原告变更诉讼请求有何意见？

被代：我方不同意原告变更诉讼请求。理由是通过其变更诉讼请求可以看出被告所邮寄的（2014）第 6 号《关于政府信息公开申请的答复》原告已经收到，也就是说本案原告诉被告行政不作为是不成立的，现原告变更的诉讼请求与原告起诉时的事由不一样。鉴于此，我方认为原告现在的诉讼请求应该通过另案审查。

审：被告，你方是通过什么方式向原告送达（2014）第 6 号《关于政府信息公开申请的答复》？

被代：我方邮寄了两次（地址与电话都与原告已签收的《关于政府信息公开申请延期答复告知书》的地址和电话是一致的），第一次是在 2014 年 1 月 23 日通过挂号信的方式邮寄的，邮局的邮戳上是显示 1 月 24 日寄出的。在得知该邮件被退件后，被告于 2014 年 2 月 27 日再次通过 EMS 特快专递将 (2014) 第 6 号《关于政府信息公开申请的答复》重新邮寄。

审： 为何挂号信上没有写文号？

被代： 在信封封面的左下角是有标注的。

原代：（核对原件后）我方收到被告的证据中关于信封的有两份，该两份都没有显示文号。我方不排除被告刚才原件的信封封面的文号是被告事后补充的，因此我方对该证据的真实性不予认可。

被代： 法律没有规定必须要在封面标识标题，现在的问题是逾期无人领取。

原代： 有无人领取，被告没有提供证据证明邮局或者被告有通知到原告领取。如果在信封没有标注文号如何证明与答复有何关联性，该关联性是不能成立的。

原： 如果我没有收到，被告可以事先打电话给我。之前的特快专递还没有收到，被告的工作人员都有打电话问，为何后来寄挂号信又不打个电话给我，告知我一下已经寄出。我认为被告该信封的文号是事后自己添加上去的。

审： 鉴于原告当庭变更诉讼请求，合议庭需要休庭合议。

众： 清楚。

（休庭 20 分钟）

审： 经合议庭评议认为，对于原告当庭变更诉讼请求予以准许。被告是否需要新的答辩期？

被代： 不需要。

审： 下面进行法庭审查。先由原告陈述事实及理由。

原代： 我方认为，一、被告未依法履行其信息公开的职责。被告公开的政府信息不符合原告在申请中的内容，未完全履行其职责。二、被告未能依法有效送达其作出的答复，无法证明其合法的按期履行职责，因而确认违法。

审： 被告针对原告的诉讼请求、事实与理由陈述答辩意见？

被代： 一、被告已经依照相关法律规定，就原告的政府信息公开申请按期作出了答复，由于原告没有及时领取答复书导致退件。在得知原告没有领取时，被告再次邮寄，原告也已经收到了。二、被告作出的答复内容是完整的、全面的，不存在未完全履行信息公开的情形。被告就原告所提出的问题，即公开关于××省计划生育社会抚养费征收和返还给计生部门作经费的相关法律依据已经在答复书中予以答复，至于原告假设的称"相关社会抚养费返还计生部门作经费"是原告自己设定的假命题，也就没有相应的法律依据予以公开。依照《政府信息公开条例》第2条的规定，所谓的政府信息是行政机关在履行职责过程中制作或者获取，以一定形式记录、保存的信息。原告要求被告答复不存在的法律法规是没有依据的，因此我方认为原告的诉求是不成立的，应该予以驳回。

审： 原告，你方的第三项"依法确认被告违法"的诉请不明确，请予以明确。

原代： 我方坚持保留第三项诉讼请求，即确认被告作出的(2014)第6号《关于政府信息公开申请的答复》违法。该答复并没有按照原告申请的内容进行答复，而且该答复是逾期答复。

审： 根据《行政诉讼法》的相关规定，被告负有举证责任，提供作出具体行政行为的证据和可依据的规范性文件。现由被告进行举证。

被代： 原告提出政府信息公开申请后，我方严格按照法律规定的期限作出答复，该答复也是如期送达，虽然不知道是邮局原因还是原告自身原因被退回。法庭需要注意的是原告退件是 2 月 26 日，原告起诉是在 2 月 10 日，我方再次邮寄是在 2 月 27 日。关于答复的内容，被告的答复是非常全面和负责任的答复。原告要求被告公开的信息是不存在的信息，被告可以更简单地作出回应，但是被告仍然将社会抚养费征收的相关规定以及计生部门的经费来源等问题作了详细的解答。我方的答复内容包括征收社会抚养费的具体法定职责单位以及其所依据的法律职权是什么。因此，被告作出的答复是合法的，符合法律规定的。原告在信息公开申请书中的表述是"据说"，该表述是虚无的，也就是说其也是听说的，没有相应的证据予以证实。

审： 被告，你方庭前提交三份证据是否为原告变更诉求后本案的证据？

被代： 是的。证据如下：①《关于政府信息公开申请延期答复告知书》（［2012］第 2 号）邮递单及查询单 10302140940 04；证明被告依法作出延期答复通知。②2014 年 1 月 21 日《关于政府信息公开申请的答复》（2014）第 6 号，《挂号信》×B60782595344 查询单；证明被告于 2014 年 1 月 21 日正式作出《关于政府信息公开申请的答复》（2014）第 6 号，并以挂号信的方式邮寄给原告，因其怠于领取，导致逾期退件。③EMS 特快专递邮寄单 1092975020900；《查询单》；证明被告于 2014 年 2 月 27 日再次通过 EMS 特快专递的方式，将《关于政府信息公开申请的答复》（2014）第 6 号重新邮寄给原告，此次已签收。

审： 原告发表你方的质证意见。

原代： 关于答复的送达问题，我方认为被告是没有依法有效送达其作出的具体行政行为，而且原告在该问题上不存在过错。参照民事诉讼法关于邮寄送达的规定，应该是在直接送达有困难的情况下才可以邮寄送达。被告在可以电话联系到原告可以直接送达或者可以采取之前成功用 EMS 方式送达的情况下，其采取其他方式送达，而且没有通知原告也没有确认邮件的送达情况是违反法律规定的。原告收到的答复中被告也没有附上送达回证。据此可以看出被告在送达上是存在过错的，可以认定被告逾期回复。我方想问被告是什么时候收到原告的起诉状及证据？

审：根据本院的查询，被告是在 2014 年 2 月 26 日收到的，被告，你方是什么时候向本院提交答辩状以及证据？

被代：我方是在 3 月 6 日向法院提交答辩和证据的。

原代：我方认为被告 2 月 26 日收到我方的起诉状，其在 2 月 26 日才查询我方的签收记录，在这之前，被告没有向邮局或原告确认是否已经签收，被告程序上存在过错。关于被告答复的内容，我方认为被告没有根据原告信息公开的申请进行答复，而且没有提交相关的法律依据，即使被告刚才提出没有这方面的依据，根据《政府信息公开条例》第 21 条的规定，该政府信息不存在的，也应该在答复中告知申请人。被告的证据只有关于其是否有按期送达答复原告，而没有就答复的合法性进行举证，包括其相关的法律依据和事实依据。根据《行政诉讼法》第 32 条的规定，被告对其作出的具体行政行为有举证责任。根据最高人民法院《关于执行〈中华人民共和国行政诉讼法〉若干问题的解释》，被告不提供其作出具体行政行为的证据和依据应当认定其具体行政行为没有任何证据和依据，据此可以认定其违法，被告就应该承担其未充分举证的不利后果。

被代：我方的送达完全符合法律规定，没有任何过错，该送达方式也是符合法律规定的。至于原告称被告有义务查询或者应该通过电话通知是没有法律依据的。我方作出信息公开的法律依据是《政府信息公开条例》，我方的答复是全面的。

审： 被告，你方什么时候收到原告的信息公开申请？

被代： 2013 年 12 月 16 日原告向被告提出《政府信息公开申请书》，依照法律规定应当在 15 日内作出答复，详见我方的答辩状。

审： 原告对被告的证据的三性发表意见。

原代： 对证据 1 的三性予以确认，被告曾用 EMS 的方式成功将《政府信息公开申请书》送达原告。证据 2 我方是在 2014 年 3 月 1 日收到的，对证据 2 的三性不予确认，我方对答复内容是有异议，我方无法确认该答复是否在是 2014 年 1 月 21 日作出，挂号信是不予确认的。证据 2 中的查询单也无法证实是有寄答复给原告的，邮局无法领取的批条也无法证明邮局有通知原告领取，无法证明原告在领取上存在过错。证据 3 的三性予以确认，但是无法证明其在 2014 年 2 月 27 日再次邮寄。

被： 挂号信的邮寄方式是合法的，而且挂号信的信封上也写了文号，挂号信上不可能详细记录答复的内容和文号，该挂号信足以证明被告已经按时邮寄了被诉答复。

原代： 被告在 EMS 单上详细地写了文号，为何在挂号信上不能清楚写明，所以被告的理由不能成立。

原： 被告没有证据证明邮局给我派送过答复书。被告称是在 2014 年 1 月 21 日作出的答复书，但是被告通过 EMS 寄出的显示的日期是 2014 年 2 月 28 日。

被代： 中国邮政公司是独立的第三方，如果原告对中国邮政公司有异议，应该另寻解决或者追加中国邮政公司作为本案第三人。

审：原告，你方有何证据向法庭提交？

原代：①致××省××委《政府信息公开申请书》；②政府信息公开申请收件回执；上述证明原告申请信息公开的情况。③（2014）第2号《关于政府信息公开申请延期答复告知书》；证明被告应作出答复的法定期限。④社会抚养费征收管理办法；⑤南方日报的报道；⑥南方都市报的报道；上述证明原告提起其申请所描述内容的依据。刚才被告称原告的《政府信息公开申请书》是以据说，是虚无的，但是原告提供了相应的证据和线索证明原告的观点，并不是被告所说的假命题。

审：被告发表你方的质证意见。

被代：对证据1至证据4的三性予以认可。对证据5至证据6的三性不予确认。

原代：我方的证据5、证据6是相关的新闻报告，被告如果对此有异议或者不予认可，应该在答复中有相关的回应，但是被告并没有回应。

原：被告的答复没有根据我信息公开申请的要求以及诉讼请求进行答复，被告答非所问。

被代：原告的证据5、证据6是在诉讼中才提交的，并没有在信息公开申请阶段提交。

原：我在信息公开阶段有提交，如果被告认为没有应该举证证明。

被代：原告的证据4恰恰证明我方的答复是符合法律规定的。

原代：相关的规范性文件应该由被告提出而不是原告提出。被告没有充分举证应该承担举证不能的后果。我方提出政府信息公开申请其中的依据就是社会抚养费征收管理办法，而且在申请书中也有提及，被告明知原告有相应的法律法规，仍然在答复中重复进行答复，我方认为被告是答非所问，其并没有依职责对待原告的申请。

审：原告，针对（2014）第6号《关于政府信息公开申请的答复》有无提出过行政复议？

原代：没有。

审：各方对被诉行为的合法性进行了充分发言，现在法庭调查结束。下面进行综合发言，针对被诉行为、要点发表关键的陈述。

原代：一、被告没有完全履行其职责，没有就原告信息公开申请进行答复。在原告提出的申请中包括四个方面的内容：①社会抚养费的概念及性质；②社会抚养费在××省的征收情况；③社会抚养费返还作为经费的情况；④要求被告就返还的具体数据及法律依据的信息进行公开。我方在被告的答复内容中没有办法一一对应。被告没有关于社会抚养费已缴纳、上缴以及纳入地方财政的相关证据，被告答复的内容是对原告申请的简单回复，根本没有对原告要求公开的内容进行答复。根据《政府信息公开条例》第6条的规定，行政机关应当及时、准确的公开政府信息，显然被告违反了上述规定。二、我方认为被告未尽到充分举证的责任。其没有提交作出具体行政行为的合法证据和依据，比如上缴国库的相关证据。原告在起诉时原诉讼请求二是要求被告履行法定职责，被告明知上述情况仍然回避，只回答是否按期答复和送达的问题，而没有就其作出答复的合法证据证明其观点，被告应该承担举证不利的后果。

被代：我方认为原告的《政府信息公开申请书》是非常明确的，其第一个是返还具体数据是多少，第二个是法律依据是什么。原告提到的上缴国库的相关证据已经超出了其《政府信息公开申请书》的范围，也超出了本案的审查范围。原告坚持要求我方公开返还社会抚养费的依据，但是原告提交的相关媒体报道并不能支持其要求公开的内容。根据相关法律规定，我方作出的答复符合法律规定。

原：我方不知道社会抚养费返还了多少才要求被告公开的，如果我有证据就不会要求被告公开了，法律没有规定信息公开需要申请人提供证据。

审：本庭将在合议庭评议后，另行宣判。现在休庭。各方当事人看笔录签名。

审判员（签名）：

庭审书记员（签名）：

五、行政一审法律文书

（一）一审行政判决书

1. 一审行政判决书的概念。一审行政判决书指各级法院在受理行政诉讼案件后，按照行政诉讼法的一审程序审理终结，依照法律和行政法规、地方性法规的规定，参照有关行政规章，就案件的实体问题作出的书面处理决定。

为了规范行政裁判文书的样式，提高行政裁判文书的制作水平，最高人民法院总结了经验，于2004年12月8日下发了《一审行政判决书样式（试行)》，包括一审作为类行政案件用行政判决书，一审不作为类行政案件用行政判决书和一审行政赔偿案件用行政判决书三种样式。

2. 一审行政判决书的法律依据。《行政诉讼法》第69~79条，分别规定了判决的类型。归纳起来行政诉讼中的判决形式主要有六种，具体如下：

（1）维持判决。维持判决即是人民法院对行政机关具体行政行为合法性的确认。法院维持判决的条件：①行政行为证据确凿，适用法律、法规正确，符合法定程序；②或者原告申请被告履行法定职责或者给付义务理由不成立的。

（2）撤销判决。撤销判决是人民法院在查清全部案件事实的基础上确认行政机关的具体行政行为部分或全部违法，从而部分或全部撤销并责令行政机关重新作出具体行政行为的判决。撤销判决的条件：①主要证据不足的；②适用法律、法规错误的；③违反法定程序的；④超越职权的；⑤滥用职权的；⑥明显不当的。

（3）履行判决。履行判决是针对被告不履行自己法定职责所作的判决，是法院用判决的形式敦促行政机关履行法定职责的一种判决。这种判决有两种情形：①被告不履行法定职责的，判决被告在一定期限内履行；②被告依法负有给付义务的，判决被告履行给付义务。

（4）变更判决。变更判决是指人民法院审理行政案件时，运用国家审判权直接变更被诉的具体行政行为的内容而进行的判决。变更判决的条件：①行政处罚明显不当，或者其他行政行为涉及对款额的确定、认定确有错误的，人民法院可以判决变更；②法院判决变更，不得加重原告的义务或者减损原告的权益，但利害关系人同为原告，且诉讼请求相反的除外。

（5）确认判决。确认判决是指人民法院在某些特定情况下，对被诉的具体行政行为是否合法所作的一种评判，是就被诉具体行政行为是否合法作出认定，从而决定被诉具体行政行为是否能够继续有效的一种判决。确认判决种类及适用情形：

第一，确认行政行为无效。实施主体不具有行政主体资格或者没有依据等重大且明显违法情形。

第二，判决确认违法，但不撤销。适用情形：①行政行为依法应当撤销，但撤销会给国家利益、社会公共利益造成重大损害的；②行政行为程序轻微违法，但对原告权利不产生实际影响的。

第三，判决确认违法，不需要撤销或者判决履行。适用情形：①行政行为违法，但不具有可撤销内容的；②被告改变原违法行政行为，原告仍要求确认原行政行为违法的；③被告不履行或者拖延履行法定职责，判决履行没有意义的。

（6）驳回原告诉讼请求判决。驳回原告诉讼请求判决是指人民法院不支持原告的诉讼要求，从而予以驳回的判决。有下列情形之一的，可以作出驳回原告诉讼请求的判决：①起诉被告不作为理由不能成立的；②被诉行政行为合法但存在合理性问题的；③被诉具体行政行为合法，但因法律、政策变化需要变更或者废止的；④其他应当驳回诉讼请求的情况。

3. 一审行政判决书的结构、内容和写作方法。

（1）首部。

①标题，应当写明制作的人民法院名称和文书名称。

②文书编号，由年度号、法院代字、案件性质和审判程序代字、顺序号等部分组成。

③当事人及代理人基本情况。

当事人的基本情况：首先，原告是自然人的应当列写其姓名、性别、年龄、民族、籍贯、职业或工作单位及职务、住址等。原告是法人、组织的第一项列写其名称和所在地址。第二项列写其法定代表人或代表人的姓名、职务。其次，被告的基本情况。应当写明被告行政机关或授权组织的名称和地址。然后在下一项中列写其法定代表人或代表人的姓名、职务。涉及第三人的在被告之后列写。

诉讼代理人的基本情况：应当具体写明是法定代理人还是指定代理人、委托代理人。法定代理人、指定代理人的，应当写明姓名、性别、职业或工作单位及职务、住址，并注明其与被代理人的关系。委托代理人如果是律师的，写明其姓名、所在律师事务所、职务。非律师的应当写明其姓名、性别、工作单位和职务、住址。

④案由，案由部分应当写明案件由来、审判组织、审判方式和审理经过。具体可以表述为："原告×××不服××××（行政机关名称）××××年××月××日（××××）×××字第××号××××处罚决定（或复议决定、其他具体行政行为），向本院提起诉讼。本院受理后，依法组成合议庭，公开（或不公开）开庭审理了本案。……（写明到庭的当事人、代理人等）到庭参加诉讼。本案现已审理终结。"如果有被告经两次合法传唤而未到庭的，应当在"本案现已审理终结"之前写明"被告经本院两次合法传唤，无正当理由拒不到庭"。

（2）正文。

①事实。事实部分应当写明当事人行政争议的内容，以及法院审理确认的事实和证据。

第一，当事人产生行政争议的事实。行政诉讼是因为原告不服行政机关的行政行为，因此，首先应较为详细地叙写被诉行政行为的所经历的行政程序和行政行为的主要内容，包括行政行为认定的事实、适用的法律规范和处理结果，使得需要进行合法性审查的行政行为得到充分展示。如果被诉行政行为是非要式行为，则可结合被告作出行政行为时的内部报告或者庭审中双方认可的结论，确定行政行为的内容。接下来，叙述被告于×年×月×日向本院提供了作出被诉行政行为的证据和依据（指法律、法规依据），以突出被告对作出的行政行为负有举证责任这一原则。列举的证据应写明证据的名称及内容，写明证据的证明目的。为体现被告必须在法定期限内向法院提供证据的要求，应当写明被告提供证据的时间。对于经法院批准延期提供证据的，应当予以说明。

其次，以"原告诉称"的形式，概括写明原告的诉讼请求及理由，但应避免照抄起诉状或者详细叙述诉讼请求中的具体理由。在原告诉讼请求之后，写明原告提供的证据。

最后，以"被告辩称"的形式，概括写明被告答辩的主要理由和要求。但要注意避免与已有内容的重复。

如有第三人参加诉讼，以"第三人述称"的形式，概括写明第三人的意见和其提供的证据。

第二，法院审理确认的事实和证据。在叙述案件事实时，首先要写庭审举证（或者交换证据）、质证、认证的事实。所有证据材料均应写明证据的具体内容，即证明了什么问题，不能只罗列证据的名称；尤其是对双方当事人有异议的事实、证据，应当在质证的基础上进行具体的分析、认证，写明认证的结果，阐明采信证据的理由。法庭对证据的认证应当从证据的属性即关联性、合法性和真实性来阐述，确定证据材料与案件事实之间的证明关系，排除那些不具有关联性的证据材料，准确认定案件事实。如有法院依职权调取证据的情况，则须写明被调取证据的名称、证明目的和双方当事人（或者第三人）的观点；法院根据原告和第三人的申请依职权调取的证据，应当作为原告或者第三方的证据，不作为法院举证的证据。对于根据原告或者第三人、被告的申请，委托鉴定部门进行鉴定的，应写明鉴定部门、鉴定事项和鉴定结论以及双方当事人（第三人）的意见。依法公开开庭审理的案件，案件事实未经法庭公开开庭调查不能认定；证明案件事实的证据，除了无须证明的事实外，未在法庭公开举证、质证，不能作为证据使用，因而不能写在判决书上。法庭认定的事实要客观、真实。表述要准确、具体，还应当将行政争议发生的时间、地点、经过、内容、情节、结果、因果关系等交待清楚。

②理由。理由部分应当根据法庭查明的事实和有关法律的规定，就行政机关所作的行政行为是否合法，原告的诉讼请求是否有

理，进行分析论述。理由部分一般以"本院认为"开头。

第一，判决的理由应当结合具体案情，着重就被诉行政行为是否合法，原告的诉讼请求是否有理，从法理上、法律上进行充分的分析、论证，阐明人民法院的观点和判决的理由，论述被诉行政行为的合法性。具体包括：被告是否具有法定职权；被诉行政行为是否符合法定程序；被诉行政行为认定事实是否清楚，主要证据是否充分；适用法律、法规、司法解释、行政规章和其他规范性文件是否正确；被告是否超越职权、滥用职权，行政处罚是否显失公正。对双方当事人在适用法律方面的不同意见，应当作出明确的回答，阐明是否予以采纳及其理由。总之，理由的论证一定要有针对性，要结合个案的具体案情讲理讲法，恰如其分，合乎逻辑。

第二，判决所依据的法律、法规条文根据《行政诉讼法》和最高人民法院司法解释的规定，审理行政案件应当以法律和行政法规、地方性法规、自治条例和单行条例为依据。地方性法规适用于本行政区域内发生的行政案件。同时应当参照国务院各部、委根据法律和国务院的行政法规、决定、命令制定、发布的规章，以及省、自治区、直辖市和省、自治区人民政府所在地的市和经国务院批准的较大的市的人民政府，根据法律和国务院的行政法规制定或者发布的规章。如果被诉行政机关与受诉人民法院不在同一地区，人民法院审理行政案件适用地方性法规时，应当以作出行政行为的行政机关依法所适用的地方性法规为依据。由于行政审判涉及的法律规范层级和门类较多，《立法法》施行以后有关法律适用规则也发生了很大变化，在法律适用中经常遇到如何识别法律依据、解决法律规定冲突等各种疑难问题。

③判决结果。判决结果是法院对当事人之间的行政诉讼争议作出的实体处理结论，第一审行政判决书判决结果分为九种情况，具体判决情形如下：

第一，维持行政机关行政行为的，具体可以表述为："维持××××（行政主体名称）××××年××月××日（××××）×××字第××号……（行政行为名称)。"

第二，撤销被诉行为的，具体可以表述为：

"一、撤销××××（行政主体名称）××××年××月××日（××××）×××字第××号……（行政行为名称）；二、责令××××（行政主体名称）在××日内重新作出行政行为（不需要重作的，此项不写；不宜限定期限的，期限不写)。"

第三，部分撤销被诉行政行为的，具体可以表述为：

"一、维持××××（行政主体名称）××××年××月××日（××××）×××字第××号……（行政行为名称）的第×项，即……（写明维持的具体内容）；二、撤销××××（行政主体名称）××××年××月××日（××××）×××字第××号（行政行为名称）的第×项，即……（写明撤销的具体内容）；三、责令××××（行政主体名称）在××日内重新作出行政行为（不需要重作的，此项不写；不宜限定期限的，期限不写)。"

第四，判决变更行政处罚的，具体可以表述为：变更××××（行政主体名称）××××年××月××日作出的（××××）××字第××号行政处罚决定（或复议决定、其他行政行为），改为……（写明变更内容）。

第五，驳回原告诉讼请求的，具体可以表述为：驳回原告要求撤销（或变更、确认违法等）××××（行政机关名称）××××年××月××日作出的（××××）×××字第××号……（行政行为名称）的诉讼请求。

第六，确认被诉行政行为合法或者有效的，具体可以表述为：确认××××（行政机关名称）××××年××月××日作出的（××××）×××字第××号……（行政行为名称）合法（或有效）。

第七，确认被诉行政行为违法或者无效的，具体可以表述为："一、确认×××（行政机关名称）××××年××月××日作出的（××××）×××字第××号……（行政行为名称）违法（或无效）。二、责令被告××××（行政主体名称）在……（限定期限）内，……（写明采取的补救性措施，不需要的不写。）。"

第八，驳回原告赔偿请求的，具体可以表述为：驳回原告×××关于……（赔偿请求事项）的赔偿请求。

第九，判决被告予以赔偿的，具体可以表述为：被告××××（行政主体名称）于本判决生效之日起××日内赔偿原告××××……（写明赔偿的金额）。

（3）尾部。①写明诉讼费用的负担；②交代上诉权、方法、期限和上诉审法院；③合议庭组成人员署名；④判决日期；⑤"本件与原本核对无异"的戳记；⑥书记员署名。

4. 文书格式（一审行政案件用）。

××××人民法院
行政判决书

（××××）×行初字第××号

原告……（写明起诉人的姓名或名称等基本情况）。

法定代表人（或代表人）……（写明姓名和职务）。

法定代理人（或指定代理人）……（写明姓名等基本情况）。

委托代理人……（写明姓名等基本情况）。

被告……（写明被诉的行政机关名称和所在地址）。

法定代表人（或代表人）……（写明姓名和职务）。

委托代理人……（写明姓名等基本情况）。

第三人……（写明姓名或名称等基本情况）。

法定代表人（或代表人）……（写明姓名和职务）。

法定代理人（或指定代理人）……（写明姓名等基本情况）。

委托代理人……（写明姓名等基本情况）。

原告×××不服××××（行政机关名称）×××年××月××日（××××）×××字第××号×××处罚决定（或复议决定、其他行政行为），向本院提起诉讼。本院受理后，依法组成合议庭，公开（或不公开）开庭审理了本案。……（写明到庭的当事人、代理人等）到庭参加诉讼。本案现已审理终结。

……（概括写明被告所作的行政行为的主要内容及其事实与根据，以及原告不服的主要意见、理由和请求等）。

经审理查明，……（写明法院认定的事实和证据）。

本院认为，……（根据查明的事实和有关法律规定，就行政机关所作的行政行为是否合法，原告的诉讼请求是否有理，进行分析论述）。依照……（写明判决所依据的法律条款项）的规定，判决如下：

……〔写明判决结果。分六种情况：

第一、维持行政机关行政行为的，写：

"维持××××（行政机关名称）××××年××月××日（××××）×××字第××号处罚决定（或复议决定、其他行政行为）。"

第二、撤销行政机关行政行为的，写：

"一、撤销××××（行政机关名称）××××年××月××日（××××）×××字第××号处罚决定（或复议决定、其他行政行为）；

二、……（写明判决被告重新作出行政行为的内容。如果是不需要重新作出行政行为的，此项不写。如果是确认被告的行政行为侵犯原告合法权益而须承担行政赔偿责任的，应当写明赔偿的数额和交付时间等。）"

第三、部分撤销行政机关具体行政行为的，写：

"一、维持××××（行政机关名称）××××年××月××日（××××）×××字第××号处罚决定（或复议决定、其他行政行为）的第×项，即……（写明维持的具体内容）；

二、撤销××××（行政机关名称）××××年××月××日（××××）×××字第××号处罚决定（或复议决定、其他行政行为）的第×项，即……（写明撤销的具体内容）；

三、……（相对撤销部分写明判决被告重新作出行政行为的内容。如果是不需要重新作出行政行为的，此项不写。如果是确认被告侵犯原告合法权益而须承担行政赔偿责任的，应当写明赔偿的数额和交付时间等）。"

第四、判决行政机关在一定期限内履行法定职责的，写：

"责成被告××××……（写明被告应当履行的法定职责内容和期限）。"

第五、判决变更行政处罚的，写：

"变更××××（行政机关名称）××××年××月××日（××××）×××字第××号处罚决定（或复议决定），改为……（写明变更后的处罚内容）。"

第六、单独判决行政赔偿的，写：

"被告××××赔偿原告×××……（写明赔偿的金额、交付时间，或者返还原物、恢复原状等）。"〕

……（写明诉讼费用的负担）。

如不服本判决，可在判决书送达之日起十五日内，向本院递交上诉状，并按对方当事人的人数提出副本，上诉于×××
×人民法院。

审判长　×××
审判员　×××
审判员　×××

××××年××月××日
（院印）

本件与原本核对无异

书记员　×××

（二）一审行政裁定书

1. 行政裁定书的概念。行政裁定书，是指人民法院依照《行政诉讼法》的规定，为解决行政诉讼中的程序问题作出的书面决定。裁定可分为两种：书面裁定和口头裁定。行政诉讼中的不同阶段，都可能产生程序问题，因此需要制作裁定书，以保障行政诉讼的顺利完成。行政裁定与行政判决具有同样重要的作用，都是人民法院常用的主要的行政裁判文书。按照诉讼的程序不同，行政裁定书可分为第一审行政裁定书、第二审行政裁定书和再审行政裁定书。

第一审行政裁定适用下列范围：起诉不予受理；驳回起诉；诉讼期间停止行政行为的执行或者驳回停止执行的申请；财产保全和先予执行；准许或者不准许撤诉；中止或者终结诉讼；补正判决书中的笔误中止或者终结执行；其他需要裁定的事项（如管辖等），

共九种情况。其中对前两种情况的裁定，当事人可以上诉。

2. 第一审行政裁定书的结构、内容和制作方法。人民法院在审理第一审行政案件过程中，为解决程序问题依法作出的书面决定。文书结构分为首部、正文和尾部三部分。

（1）首部。依次写明标题、编号、当事人及其代理人的基本情况，其写法基本上与第一审行政判决书相同。

（2）正文。依次写明事实、理由和裁定结果三项内容。该处以三种裁定为例简要叙述：

①起诉不予受理的。正文第一段写明起诉的事由，要求文字简明概括；第二段写不予受理的理由，比如，原告所诉事项不属于人民法院的受案范围，或者不属于受诉法院管辖，或者当事人主体资格不合格等等。然后引用相应的法律条款项；第三段写明裁定结果。如格式：

"××××年××月××日，本院收到×××的起诉状，……。

经审查，本院认为，……。依照……的规定，裁定如下：

对×××的起诉，本院不予受理。"

②驳回起诉的。写为：

"原告×××不服××××（行政机关名称）××××年××月××日×××字第××号处罚决定（复议决定或其他行政行为），向本院提起诉讼。本院受理后，依法组成合议庭，公开（或不公开）开庭审理了本案。

……（简述原告起诉的事由）。

本院认为，……（写明驳回起诉的理由）。依照……（写明引用的法律条款项）的规定，裁定如下：

驳回原告×××的起诉。"

③准许或不准撤诉的。写为：

"原告×××不服××××（行政机关名称）××××年××

月××日×××字第××号处罚决定（复议决定或其他行政行为），向本院提起诉讼，本院已依法受理。在审理过程中，原告×××……（简要写明原告提出的撤诉请求和理由）。

经审查，本院认为，……（写明准许撤诉或不准撤诉的理由）。依照《中华人民共和国行政诉讼法》规定，裁定如下：

准许原告×××撤回起诉（或不准原告×××撤诉，本案继续审理。）"

其中裁定的理由一定要明确透彻。因为原告处理自己的诉讼权利，必须在法律规定的范围内进行，以不损害国家、社会的利益以及他人的合法权益为前提；即使行政机关改变其所作的行政行为，原告同意并申请撤诉的，也必须以合法为条件。

对于不准撤回起诉的案件，一般可以口头裁定，必要时可制作书面裁定。

（3）尾部。不同的裁定，尾部的要求不同，根据具体情况包括以下内容：①诉讼费用的负担；②上诉事项的交代或者复议事项的交代；③署名和日期。

3. 一审行政裁定书格式（驳回起诉用）。

××××人民法院
行政裁定书

（××××）×行初字第××号

原告……（写明姓名或名称等基本情况）。

被告……（写明行政机关名称和所在地址）。

第三人……（写明姓名或名称等基本情况）。

（当事人及其他诉讼参加人的列项和基本情况的写法，与一审行政判决书样式相同。）

原告×××不服××××（行政机关名称）××××年×
×月××日×××字第××号处罚决定（复议决定或其他行政
行为），向本院提起诉讼。本院受理后，依法组成合议庭，公
开（或不公开）开庭审理了本案。

……（简述原告起诉的事由）。

本院认为，……（写明驳回起诉的理由）。依照……（写
明引用的法律条款项）的规定，裁定如下：

驳回原告×××的起诉。

……（写明诉讼费用的负担。）

如不服本裁定，可在裁定书送达之日起十日内，向本院递
交上诉状，并按对方当事人的人数提出副本，上诉于×××
人民法院。

审判长 ×××

审判员 ×××

审判员 ×××

××××年××月××日

（院印）

本件与原本核对无异

书记员 ×××

第十一章

行政二审攻防与审判

一、行政二审庭审概述

（一）提起上诉的条件

当事人行使上诉权提起上诉，必须具备以下几个条件：

1. 必须有上诉的法定对象：一审尚未生效的判决和裁定，裁定仅仅是可上诉的裁定。

2. 必须有合格的上诉人和被上诉人。

3. 必须遵守上诉的法定期限。判决上诉期 15 日，裁定上诉期 10 日。

4. 上诉必须递交上诉状。

5. 必须依法交纳诉讼费用。

（二）提起上诉的程序

1. 当事人上诉，一般应向原审人民法院提出，但也可以直接向第二审法院提出。当事人直接向二审法院提起上诉的，二审法院应当在 3 日内将收到的上诉状交原审法院。

2. 原审法院收到上诉状后应当在 5 日内通知对方当事人。

（三）上诉案件的审理范围

对原审人民法院的判决、裁定和被诉行政行为进行全面审查。

（四）上诉案件的审理结果

1. 原判决、裁定认定事实清楚，适用法律、法规正确的，判决或者裁定驳回上诉，维持原判决、裁定；

2. 原判决、裁定认定事实错误或者适用法律、法规错误的，依法改判、撤销或者变更；

3. 原判决认定基本事实不清、证据不足的，发回原审人民法院重审，或者查清事实后改判；

4. 原判决遗漏当事人或者违法缺席判决等严重违反法定程序的，裁定撤销原判决，发回原审人民法院重审。

原审人民法院对发回重审的案件作出判决后，当事人提起上诉的，第二审人民法院不得再次发回重审。

二、上诉方技能训练与规则

（一）第二审诉讼中当事人及其代理人的主要工作

行政诉讼当事人不服人民法院作出的第一审判决、裁定，有权提起上诉。当事人可以委托律师、基层法律服务工作者、当事人的近亲属或者工作人员、当事人所在社区、单位以及有关社会团体推荐的公民作为其代理人参加行政案件第二审程序的诉讼活动。

第二审程序中当事人及其代理人的主要工作有：

1. 上诉人制作行政上诉状。行政上诉状是上一级人民法院开始第二审程序的书面依据。如果上诉人仅是表达了上诉的意愿，还未提起上诉，就应当及时制作行政上诉状，经签名或盖章后提交人民法院。

2. 被上诉人制作书面答辩状。第二审答辩状的内容重点主要在于针对上诉人所提出的上诉理由和上诉请求的不实之处进行有理有据地反驳，并阐明被上诉人对第一审判决的认识和主张。行政答辩状经当事人签名或者盖章后提交人民法院。

3. 代理人向案件的审理人员提交委托协议书、授权委托书及律师事务所律师代理函等法律文书，明确代理人在第二审诉讼中的身份和资格，便于人民法院安排和通知开庭时间。

4. 查阅案卷。开庭前，代理人应当到法院查阅案卷，客观、全面地了解案件的事实情况以及双方当事人在一审诉讼中提供的有关证据材料，分析、判断一审判决、裁定是否正确，并制作阅卷笔录。

5. 参加法庭审理。及时参加二审的法庭审理，充分地行使诉讼权利，履行诉讼义务，并发表辩论意见。

（二）第二审应该注意的问题

1. 没有参加一审诉讼的二审代理人，应及时查阅复制有关案卷资料，全面了解一审情况。在查阅一审案卷时，重点审查以下几个方面：①一审认定案件基本事实是否清楚，证据是否确实充分；②根据证据规则，法院有无违反证据规则采信或拒绝采信的错误；③一审认定的事实与判决、裁定的结果之间是否违背逻辑关系；④一审裁判适用法律是否正确，适用的规范性法律文件是否已经废止；⑤一审法院是否遗漏当事人或者违法缺席判决等严重违反法定程序的情况。

2. 二审案件开庭审理的，律师参加庭审的规则与一审相同；二审案件不开庭审理的，律师应及时提交书面代理词。

（三）行政上诉状

1. 行政上诉状的概念和法律依据。行政上诉状是行政诉讼当事人不服一审法院的判决或裁定，在法定期限内依法向上一级法院提出上诉，要求撤销、变更原裁判的一种书面请求。

我国《行政诉讼法》第85条规定："当事人不服人民法院第一审判决的，有权在判决书送达之日起15日内向上一级人民法院，提起上诉。当事人不服人民法院第一审裁定的，有权在裁定书送达之日起10日内向上一级人民法院提起上诉；逾期不提起上诉的，人民法院的第一审判决或者裁定发生法律效力。"上述规定是制作行政上诉状的法律依据。

2．行政上诉状的结构、内容和写作方法。行政上诉状有下列两种情形：一是公民当事人提起上诉的，一是法人或其他组织提出上诉的。其格式和制作方法与民事上诉状相同，但内容上要反映行政案件的特点。

（1）首部。

①标题，应当写明"行政上诉状"。

②上诉人和被上诉人的基本情况。包括姓名、性别、年龄、民族、籍贯、职业、住址或行政机关名称和所在地址等。

（2）正文。

①案由，即上诉人因何案不服哪个法院的什么裁判提出上诉。

②上诉请求，对一审判决的看法及要求。撤销或者改判一审的判决，如何提出请求，根据具体案件来确定。

③上诉的事实与理由，这是行政上诉状的核心部分，先写明一审时如何认定，而根据证据证明的事实应当是怎样的。一审法律法规的适用情况，而正确的法律应该是什么，其理由如何等，以求说明原判决或裁定是错误的，必须撤销或改判。

（3）尾部。参照民事上诉状，与民事上诉状尾部相同。

3．行政上诉状格式。

行政上诉状

上诉人：×××（写明姓名、性别、年龄、民族、籍贯、职业或者工作单位和职务、住址，如果是法人或者其他组织，应写明名称、法定代表人、住所、联系地址和邮政编码等，如果是行政机关作为被上诉人的，则应写明行政机关的名称、法定代表人和住所）。

被上诉人：×××（写明姓名、性别、年龄、民族、籍贯、职业或者工作单位和职务、住址，如果是法人或者其他组织，应写明名称、法定代表人、住所、联系 地址和邮政编码等，如果是行政机关提起上诉，则应写明行政机关的名称、法定代表人和住所）。

（如果一审原告、被告都不服判决，提起上诉，则都列为上诉人）

上诉人因×××××一案（写明一审判决或者裁定书所列的案由），不服×× ×人民法院×年×月×日（××）字第××号判决（或者裁定），现提出上诉。

上诉请求：

（写明要求上诉审法院解决的事由，如撤销原判；重新判决等。）

上诉理由：

（写明一审判决或者裁定不正确的事实根据和法律依据）

此致

×××人民法院

附：本上诉状副本　份

上诉人：×××

××年×月×日

三、被上诉方技能训练与规则

行政案件二审答辩状的格式和写作方法与民事答辩状相同，在此不再赘述。下面仅仅列出答辩状范文。

行政答辩状

答辩人（被上诉人）：××市××区××街道办事处。

住所地：××市××区××街道龙福小区10栋。

法定代表人：徐××，××街道办事处主任。

电话：×××××××××

委托代理人：胡××，××律师事务所律师。

因上诉人不服××市××区人民法院【2013】×行初字第00007号《行政裁定书》提起上诉一案，答辩人现根据事实和法律提出答辩如下：

一、答辩人作出《××区集体土地被拆迁房屋补偿面积认定会审表》（以下简称《会审表》）没有超越职权。

《××市征地补偿实施办法》（2008年2月17日市第13届人民政府第3次常务会议通过，自2008年4月1日起施行）第6条规定：乡（镇）人民政府、街道办事处承担下列征地补偿安置工作：①协助征地补偿登记、调查；②督促、指导农村集体经济组织实施征地补偿安置方案具体事项；③监督农村集体经济组织对征地补偿费用的管理、使用、分配、公开等情况；④协助处理征地补偿纠纷及遗留问题。

根据该规范性法规文件的规定，××市××区××街道办事处在征地拆迁工作中有"协助征地补偿登记、调查"的职权和职责，而作出《××区集体土地被拆迁房屋补偿面积认定会审表》即是履行该职责的体现。答辩人作出《会审表》的行为，性质上属于征地补偿登记、调查行为，该行为并没有超越职权，依据即是上述规范性法规文件的明确授权。

二、《会审表》并非是对上诉人"房屋合法性"的认定，而是对其"补偿面积"的认定。

1. 上诉人以"答辩人并非规划行政主管部门，无权对房屋的合法性进行认定"为由，认为答辩人超越了法定职权。对此，答辩人认为，上诉人错误地将"房屋补偿面积认定"等同于"房屋合法性认定"，混淆了概念与事实。

《会审表》并没有认定上诉人的房屋哪些合法，哪些违法，合法面积多少，违法面积多少，《会审表》只是认定在征地拆迁中依法应该给予上诉人征地拆迁补偿的"房屋补偿面积"的多少。

2. 答辩人认定上诉人"房屋补偿面积"依据的是《××市征地补偿实施办法》（即××市人民政府103号令）。《××市征地补偿实施办法》第11条规定，取得市、县（市）房屋产权管理部门2006年7月1日以后颁发的房屋权属证书的，其房屋合法建筑面积以房屋权属证书为依据。第12条规定，未取得市、县（市）房屋产权管理部门2006年7月1日以后颁发的房屋权属证书的，其房屋合法建筑面积由区、县（市）土地行政主管部门按下列规定认定：①1987年1月1日以后兴建的房屋，一律以建设用地批准文件、建设工程规划许可证为依据；②市区范围内，1982年4月1日至1986年12月31日兴建的房屋，属原基改建和占用非耕地建房的，须经乡（镇、场、街道）批准；属占用耕地建房的，须经区建设行政主管部门批准；未经批准的，按违法建筑处理。1982年3月31日以前兴建的房屋未进行改建、扩建的，按合法建筑对待。③县（市）辖区内，1987年1月1日以前兴建的房屋，根据国家有关规定和实际情况进行认定。

答辩人根据上述规定，认定上诉人的房屋补偿面积，合理合法，作出这样的认定，并不越权，亦不违法。

三、《会审表》不具备可诉性。

1. 答辩人作出《会审表》是一种准备行为，属于部分性行政行为，是为最终作出权利义务安排进行的程序性、阶段性工作行为。

一个项目的征地拆迁工作，是一项程序繁杂的系统工程。从建设单位申请用地、批准用地、拟定征地方案、发布征地公告，到最后补偿安置、拆迁腾地，要经过许多环节和程序。这些程序中的很多工作是流程性的，有些属于资料调查登记，有些属于准备工作，这些工作主要是为作出具体行政行为之前所作出的各种准备行为。如果这些行为都是可诉的，无疑会彻底打乱整个征地拆迁工作的连贯性和延续性，大大降低工作效率，提高行政成本和时间成本，浪费很多人力物力，甚至使整个征地拆迁工作无法进行。

以答辩人作出的《会审表》来说，该《会审表》是一种资料调查、登记、确认行为，既未送达上诉人，亦未经过行政复议程序复议，未经复议的行政行为，属于尚未成熟的行政行为。《会审表》依附于其后续的决定行为，本身缺乏独立性。《会审表》是 2012 年 6 月 8 日作出的，在《会审表》作出之前，工作人员已经就上诉人房屋补偿面积问题做了大量的调查、核实工作；在《会审表》作出之后，尚有《征地补偿告知书》、《限期腾地决定书》。在这些程序中，如果抽掉《会审表》，对上诉人被拆迁房屋认定的补偿面积是不会发生变化的。故《会审表》不能单独地影响上诉人的合法权益。答辩人只是依据事实，进行确认，没有增加或者减少上诉人的权利义务，不属于可诉的具体行政行为。如果《会审表》是无后续行为的，也就是说，其具有影响上诉人权益的独立性，才是可诉的具体行政行为。

根据最高人民法院《关于执行〈中华人民共和国行政诉讼法〉若干问题的解释》（法释［2000］8 号）第 1 条第 2 款第 6 项之规定，对公民、法人或者其他组织权利义务不产生实际影响的行为，不属于人民法院行政诉讼的受案范围。

2. 答辩人并未将《会审表》送达上诉人，答辩人作出《会审表》的行为不具备具体行政行为的拘束力和执行力。

具体行政行为一经作出，对管理相对人来说立即产生拘束力。

拘束力，是指具体行政行为一经生效后行政机关和对方当事人都必须遵守，其他国家机关和社会成员必须予以尊重的效力。对于已经生效的具体行政行为，不但对方当事人应当接受并履行义务，作出具体行政行为的行政机关也不得随意更改，而且其他国家机关也不得以相同的事实和理由再次受理和处理同一案件，其他社会成员也不得对同一案件进行随意的干扰。

执行力，是指使用国家强制力迫使当事人履行义务或者以其他方式实现具体行政行为权利义务安排的效力。

综合言之，行政诉讼法意义上的具体行政行为是一种行政主体行使对外管理职权实施的产生"规制"效果的行政行为。所谓"规制"效果，是指该行为能产生规范、处分相对人权利、义务的法律效果，也就是说该行为实际影响、侵害到了相对人为法律所保护的权益。如果不能产生"规制"的法律效果，就不是行政诉讼法意义上的具体行政行为。

本案中，《会审表》只是一个房屋面积认定材料，不具备具体行政行为所具有的拘束力与执行力，不具有法律的强制效力，并不满足"规制"法律效果的要件。

综合上述事实和理由，答辩人作出《会审表》的行为并没有超越职权，亦不违法，该行为不具备可诉性。××市××区人民法院【2013】×行初字第00007号《行政裁定书》认定事实清楚，适用法律正确，答辩人据此请求法院驳回上诉人的诉讼请求。

此致

××市中级人民法院

答辩人：××市××区××街道办事处

二〇一三年十二月十日

四、行政二审审判规则和技能

（一）行政二审模拟提纲

行政诉讼第二审程序庭审操作规范（试行）

[开庭准备和开庭宣布]

1. 庭前准备工作。

书记员应先期到达法庭，做好开庭前准备工作。

2. 宣布法庭纪律。

诉讼参加人在二审庭审时有变化的，书记员在宣布法庭纪律的同时，可以宣布法庭规则。

3. 法官入庭和报告庭审前准备情况。

法官就座，报告开庭前准备情况后，书记员报告：法庭准备工作就绪，请审判长主持开庭。

4. 核对确认诉讼参加人的身份。

经核对，并征询各方当事人确认无异议后，即宣布：经法庭当庭核对确认，出庭的诉讼参加人符合法律规定，准予参加本案的庭审活动。

5. 宣布开庭。

审判长先敲击法槌，然后庄严宣布：……人民法院现在开庭！

6. 宣告案名、案件由来、审理程序和方式。

宣告案名：本庭现审理的是：（原告在二审中的称谓）×××诉（与）（被告在二审中的称谓）××××及（第三人在二审中的称谓）×××……（案由）一案。

宣告案件由来：上诉人×××因本案，不服……（一审法院）于……（时间）作出的……（判决或者裁定名称和案号），于……（时间）向本院提起上诉；本院于……（受理时间）决定受理本案。如延长审限、召开预审庭等情形的，应一并说明。

宣告审理的方式和程序：依照《中华人民共和国行政诉讼法》的规定，本庭依照第二审程序，公开开庭审理本案。如不公开开庭审理的，应当说明理由。

7. 介绍审判人员和征询回避意见。

二审法院不必在再行书面告知当事人诉讼权利义务。如有必要，法庭可以当庭告知当事人的诉讼权利义务相关的内容即可。

当事人确认不提出回避申请的，审判长还可以强调：各方当事人应当正确行使诉讼权利，切实履行诉讼义务，遵守法庭规则，服从法庭指挥，确保庭审活动的顺利进行。

[法庭调查]

1. 宣布法庭调查。

2. 当事人陈述。

在当事人陈述之前，法庭可以宣布原审判决或者裁定的主要内容。

当事人宣读诉状或者简要陈述上诉请求或者主张，以及所依据的事实和理由后，法庭认为有必要，可以组织当事人补充陈述和发问陈述。

3. 归纳小结。

主持人宣布：根据当事人陈述，结合案件的其他诉讼材料，法庭归纳小结以下几个方面的内容：……

具体内容包括：①上诉人的上诉请求；②当事人没有争议事实；③诉讼争议的焦点；④当事人举证、质证和原审认证的情况；⑤法庭进一步调查的范围。

法庭调查的范围确定后，法庭还宣布：当事人当庭举证、质证应当围绕法庭确定的范围进行。

4. 当庭举证。

逐一确定法庭调查的具体事项后，主持人宣布：现在，法庭调查……。请当事人当庭举证。然后指示当事人当庭出示证据并说明。

5. 当庭质证。

举证完毕，主持人宣布：请当事人质证。

质证时，法庭应当引导质证当事人首先作出是否认可的意思表示。如不认可，应提出具体的理由，并组织当事人展开质辩。

6. 证人、鉴定人、勘验检查人以及专家出庭作证和当庭质证。

7. 当庭认证。

证据经当庭举证、质证后，合议庭当庭评议或者短暂休庭评议，对证据进行审查核实并做出认证结论。能够当庭宣布认证结论的，由审判长当庭宣布；不能当庭宣布的，在下次开庭时或者宣判时宣布。不能当庭认证的，应当向当事人作出说明。

8. 发问和答问。

法庭根据案件审理的需要，可以给当事人相互发问的机会。

9. 其他事项的调查。

10. 宣布法庭调查结束。

经确认各方当事人没有新的证据提供和其他事实需要调查后，主持人宣布：法庭调查结束。

［法庭辩论］

1. 宣布法庭辩论。

2. 对等辩论。

3. 互相辩论。

4. 宣布法庭辩论结束。

在确认各方当事人辩论意见陈述完毕后，主持人即可宣布：法庭辩论结束。

［当事人最后陈述］

主持人宣布：现在，由当事人陈述最后意见。随即指示上诉人、被上诉人、原审当事人依次作最后陈述。

［法庭调解］

1. 宣布法庭调解。

2. 询问当事人调解的意愿。

3. 组织调解。

4. 终结调解。

法庭调解结束后，经合议庭评议认为没有进一步调解的必要或可能的，应当休庭评议，及时作出判决。

[休庭、评议和宣判]

1. 宣布休庭。

审判长先宣布：现在休庭，然后敲击法槌。

宣布休庭后应告知当事人复庭的时间；如果决定不当庭宣判的，应当告知宣判的时间或者交待：宣判时间另行通知。

2. 法官退庭和评议。

决定当庭宣判的，应于休庭后立即进行评议；择期宣判的，应在庭审结束后 5 个工作日内进行评议。

3. 法官入庭和宣布继续开庭。

庭审准备就绪，书记员宣布：全体起立——请审判长、审判员入庭。待法官坐定后，书记员再宣布：请坐下。

审判长敲击法槌后，即宣布：现在继续开庭。

4. 宣布评议结果。

原定当庭宣判的，但经合议庭评议后未能作出裁判或评议决定不当庭宣判的，审判长应予说明，后宣布休庭。

经合议庭评议，能够当庭宣判的，审判长应宣告：经过合议庭评议，评议结论已经作出。现予宣布……

宣判的内容包括：①认证结论（先前已宣布的认证结论除外）；②裁判理由；③裁判结果以及诉讼费的负担。关于当事人的基本情况、案由、当事人陈述等部分内容，在当庭宣判时无须宣读。

在审判长宣告裁判结果（主文）前，由书记员宣布：全体人员起立。合议庭成员和书记员，以及诉讼参加人、旁听人员均应起立。

宣读完毕，审判长敲击法槌；然后书记员宣布：请坐下。

5. 征询意见。

宣判后，审判长依次询问当事人：对本判决（裁定）有何意见？

当事人陈述意见后，审判长不必与当事人纠缠，指示书记员：请将当事人的意见记录在案。

6. 说明文书的送达方式。

书面文本的说明：除判决（裁定）结果外，本判决（裁定）的其他具体内容以书面文本为准。

文书送达的说明。经询问确认当事人或者其诉讼代理人、代收人同意在指定的期间内到人民法院接受送达的，审判长宣告：请当事人于…（时间）到…（地点）领取判决书（裁定书）。无正当理由逾期不来领取的，视为送达。当事人要求邮寄送达的，审判长宣告：法庭将根据当事人确认的地址邮寄送达。邮件回执上注明的收到或者退回之日即为送达之日。

7. 宣布闭庭。

审判长宣布：庭审结束。现在宣布——闭庭！然后敲击法槌。

书记员宣布：全体起立！

待合议庭成员退庭后，宣布：散庭。诉讼参加人和旁听人员方退庭。

五、行政二审法律文书

（一）二审行政判决书

1. 二审行政判决书的概念。二审行政判决书，是第二审人民法院依照行政诉讼法规定，对不服一审判决的上诉案件审理终结后，就实体问题依法作出的维持原判或者改判的书面决定。二审行政判决书的作用是审查一审裁判，对其裁判是否正确进行评判，纠正一审可能发生的错误，维护当事人的合法权益。二审行政判决书应当体现二审的特点，强调针对性和说服力。

2. 二审行政判决书的法律依据。第二审人民法院审理上诉案件，应当对原审人民法院的裁判和被诉具体行政行为是否合法进行全面审查。《行政诉讼法》第 89 条规定，人民法院审理上诉案件，按照下列情形，分别处理：①原判决、裁定认定事实清楚，适用法律、法规正确的，判决或者裁定驳回上诉，维持原判决、裁定；②原判决、裁定认定事实错误或者适用法律、法规错误的，依法改判、撤销或者变更；③原判决认定基本事实不清、证据不足的，发回原审人民法院重审，或者查清事实后改判；④原判决遗漏当事人或者违法缺席判决等严重违反法定程序的，裁定撤销原判决，发回原审人民法院重审。原审人民法院对发回重审的案件作出判决后，当事人提起上诉的，第二审人民法院不得再次发回重审。人民法院审理上诉案件，需要改变原审判决的，应当同时对被诉行政行为作出判决。这是制作第二审行政判决书的法律依据。第二审人民法院通过对上诉案件的审理，不仅可以纠正一审行政判决中可能发生的错误，使当事人的合法权益得到及时保护，而且有利于上级人民法院监督下级人民法院的行政审判工作。因此，制作二审行政判决书有重要的意义。

3. 二审行政判决书的结构、内容和写作方法。二审行政判决书由首部、正文和尾部三部分组成。

（1）首部。

①标题与一审相同，文书编号应用"行终"字，如"（××××）×行终字第×号。"

②当事人及其代理人的基本情况。除称谓为上诉人被上诉人外，其他与一审判决书相同。

③案由、审判组织和审判方式。根据《行政诉讼法》第 86 条规定："人民法院对上诉案件，应当组成合议庭，开庭审理。经过阅卷、调查和询问当事人，对没有提出新的事实、证据或者理由，

合议庭认为不需要开庭审理的，也可以不开庭审理。"因此，第二审程序的审理方式有两种，即开庭审理和书面审理。但开庭审理是原则，不开庭审理是例外。最高人民法院《关于执行〈中华人民共和国行政诉讼法〉若干问题的解释》第 67 条第 2 款规定："当事人对原审人民法院认定的事实有争议的，或者第二审人民法院认为原审人民法院认定事实不清楚的，第二审人民法院应当开庭审理。"未开庭的，写："本院依法组成合议庭，对本案进行了审理。现已审理终结。"实行开庭审理的表述方法与第二审民事判决书相同。

（2）正文。正文包括事实、理由和判决结果三部分。

①事实。二审行政判决书的事实部分，由两个方面的内容构成：

第一，上诉争议的内容。包括：原审认定的事实、适用的法律、法规和判决的结果；上诉人的上诉请求及其主要理由；被上诉人答辩的主要内容。叙述要概括、简练、准确，抓住争议焦点，防止照抄原审判决书、上诉状和答辩状，但又要不失原意。

第二，二审查明认定的事实和证据。要注意根据案件的不同情况书写。如果原审判决认定的事实清楚，上诉人亦无异议的，简要地确认原判认定的事实即可；如果原审判决认定的事实清楚，但上诉人提出异议的，则应当对有异议的事实、证据进行重点叙述，并进行具体的分析、认证，阐明采信证据的理由；如果原审判决认定的事实不清，证据不足，经二审查清事实后改判的，则应当具体叙述查明的事实和有关证据。所引证据都应写明所证明的事实，不要只罗列证据的名称。

②理由。二审行政判决书的理由部分，也由两个方面的内容构成：

第一，维持、改判或者发回重审的理由。应当针对上诉请求和理由，就原审判决认定的事实是否清楚，适用法律、法规是否正确，有无违反法定程序，上诉理由是否成立，上诉请求是否予以支持，以及被上诉人的答辩是否有理等，进行充分论证，阐明维持原判或者撤销原判予以改判的理由。理由一定要有针对性和说服力，注意事理分析和法理分析，回答上诉争议的主要问题，引出合乎逻辑的公正结论。

第二，二审判决所依据的法律条文。应当分别引用《行政诉讼法》第 89 条第 1 ~ 3 项的规定。其中，全部改判或者部分改判的，除先引用《行政诉讼法》的有关条款外，还应当同时引用改判所依据的实体法的有关条文。

③判决结果。二审判决结果可分以下四种情况书写：

第一，维持原判的，写为："驳回上诉，维持原判。"

第二，对原审判决部分维持、部分撤销的，写为："一、维持×××人民法院（××××）×行初字第×号行政判决第×项，即……（写明维持的具体内容）；二、撤销×××人民法院（×××）×行初字第×号行政判决第×项，即……（写明撤销的具体内容）；三、……（写明对撤销部分作出改判的内容。如无须作出改判的，此项不写）。"

第三，撤销原审判决，维持行政机关的具体行政行为的，写为："一、撤销×××人民法院（××××）×行初字第×号行政判决；二、维持××××（行政机关名称）××××年××月××日（××××）×字第×号处罚决定（复议决定或者其他行政行为）。"

第四，撤销原审判决，同时撤销或者变更行政机关的行政行为的，写为："一、撤销×××人民法院（××××）×行初字第×号行政判决；二、撤销（或者变更）××××（行政机关名称）××××年××月××日（××××）×字第×号处罚决定（复议决定或者其他行政行为）；三、……（写明二审法院改判结果的内容。如无须作出改判的，此项不写）。"

（3）尾部。尾部与第二审民事判决书相同，在此不再赘述。

4. 二审行政判决书格式。

××××人民法院
行政判决书

（××××）×行终字第××号

上诉人（原审××）……

被上诉人（原审××）……

上诉人×××因……（写明案由）一案，不服××××人民法院（××××）×行初字第××号行政判决，向本院提起上诉。本院依法组成合议庭，公开（不公开）开庭审理了本案。……（写明到庭的当事人、诉讼代理人等）到庭参加诉讼。本案现已审理终结。（未开庭的写："本院依法组成合议庭，对本案进行了审理，现已审理终结。"）

……（概括写明原审认定的事实和判决结果，简述上诉人的上诉请求及其主要理由和被上诉人的主要答辩的内容）。

经审理查明，……（写明二审认定的事实证据）。

本院认为，……（写明维持原判或改判理由）。依照……（写明判决所依据法律条款项）的规定，判决如下：

……（写明判决结果。分四种情况，详见前文表述。）

……（写明诉讼费用的负担）。

本判决为终审判决。

审判长　×××

审判员　×××

审判员　×××

××××年××月××日

（院印）

本件与原本核对无异

书记员　×××

（二）二审行政裁定书

1. 二审行政裁定书的概念。二审行政裁定书，是第二审人民法院依照《行政诉讼法》规定的第二审程序，在审理上诉案件过程中，为解决程序问题作出的书面决定。二审行政裁定书的适用范围与一审行政裁定书基本相同。但也有上诉审的特点，如发回重审裁定、维持或者撤销第一审裁定等。

2. 二审行政裁定书的结构内容与制作方法。

（1）首部，与二审行政判决书相同。

（2）正文。

①驳回上诉或者撤销一审裁定，是指人民法院对上诉人不服一审裁定不予受理起诉或者驳回起诉的案件，经审理后，决定维持或者撤销原裁定。具体可表述为："上诉人×××不服×××人民法院（××××）×行初字第×号行政裁定，向本院提起上诉。本院依法组成合议庭，审理了本案。本院认为：……（写明二审裁定的理由）。依照……（写明引用的法律条款项）的规定，裁定如下：……（写明裁定结果）。"分两种情况：

第一，驳回上诉，维持原裁定的，应表述为："驳回上诉，维持原裁定。"

第二，撤销原裁定，应予立案受理的，应表述为：

"一、撤销×××人民法院（××××）×行初字第×号行政裁定；

二、本案由×××人民法院立案受理。"

裁定书的正文部分，应当写明二审裁定的理由。对上诉的理由是否成立，上诉人提起的行政诉讼是否符合法定条件，原审裁定是否正确等进行论证，阐明二审法院的观点。

②发回重审裁定。按照第二审程序审理后，认为原判决事实不清，证据不足，或者违反法定程序，决定撤销原判，发回原审法院

重新审判。具体可表述为：

"上诉人×××因……（写明案由）一案，不服×××人民法院（××××）×行初字第×号行政判决，向本院提起上诉。本院依法组成合议庭，公开（或者不公开）开庭审理了本案（未开庭的，写：本院依法组成合议庭，审理了本案）。本院认为：……（写明发回重审的理由）。依照《中华人民共和国行政诉讼法》第六十一条第（三）项的规定，裁定如下：一、撤销×××人民法院（××××）×行初字第×号行政判决；二、发回×××人民法院重审。"裁定书的正文部分，对于发回重审的理由，只需概括地指明原判决认定事实不清，证据不足，或者由于违反法定程序而可能影响正确判决。至于该案存在哪些具体问题，应另行附函向重审法院具体说明。

③准许或者不准许撤回上诉裁定，裁定书的正文部分，应当对上诉人申请撤回上诉的行为是否合法作出评断，写明准许撤回上诉或者不准许撤回上诉的理由。采取财产保全、先予执行、中止或者终结诉讼、补正裁判文书中的笔误和中止或者终结执行的二审行政裁定书，可以参照二审民事裁定书制作。

（3）尾部，与二审行政判决书相同。

3. 二审行政裁定书格式。

××××人民法院
行政裁定书

（××××）×行终字第××号

上诉人（原审××）……（写明姓名或名称等基本情况）。

被上诉人（原审××）……（写明姓名或名称等基本情况）。

（当事人及其他诉讼参加人的列项和基本情况的写法，与二审维持原判或改判用的行政判决书样式相同。）

上诉人×××不服××××人民法院（××××）×行初字第××号行政裁定，向本院提起上诉。本院依法组成合议庭，审理了本案。

本院认为，……（写明二审裁定的理由）。依照……（写明引用的法律条款项）的规定，裁定如下：

……〔写明裁定结果。分两种情况：

第一、驳回上诉，维持原裁定的，写：

"驳回上诉，维持原裁定。"

第二、撤销原裁定，应予立案受理的，写：

"一、撤销××××人民法院（××××）×行初字第××号行政裁定；

二、本案由××××人民法院立案受理"〕。

本裁定为终审裁定。

审判长　×××

审判员　×××

审判员　×××

××××年××月××日

（院印）

本件与原本核对无异

书记员　×××